图书馆服务效能提升理论与实践
——成都市公共图书馆2020年学术年会论文集

成都图书馆 成都市图书馆学会 编

肖平 主编

西南交通大学出版社

·成都·

图书在版编目（ＣＩＰ）数据

图书馆服务效能提升理论与实践：成都市公共图书馆 2020 年学术年会论文集 / 成都图书馆，成都市图书馆学会编；肖平主编. —成都：西南交通大学出版社，2020.12

ISBN 978-7-5643-7840-0

Ⅰ. ①图… Ⅱ. ①成… ②成… ③肖… Ⅲ. ①公共图书馆 – 图书馆服务 – 成都 – 学术会议 – 文集 Ⅳ. ①G259.277.11-53

中国版本图书馆 CIP 数据核字（2020）第 230324 号

Tushuguan Fuwu Xiaoneng Tisheng Lilun yu Shijian
——Chengdu Shi Gonggong Tushuguan 2020 Nian Xueshu Nianhui Lunwenji

图书馆服务效能提升理论与实践
——成都市公共图书馆 2020 年学术年会论文集

成都图书馆　成都市图书馆学会　编
肖　平　主编

责 任 编 辑	罗爱林
封 面 设 计	原谋书装
出 版 发 行	西南交通大学出版社
	（四川省成都市金牛区二环路北一段 111 号
	西南交通大学创新大厦 21 楼）
发 行 部 电 话	028-87600564　028-87600533
邮 政 编 码	610031
网　　　址	http://www.xnjdcbs.com
印　　　刷	四川煤田地质制图印刷厂
成 品 尺 寸	185 mm × 260 mm
印　　　张	16
字　　　数	313 千
版　　　次	2020 年 12 月第 1 版
印　　　次	2020 年 12 月第 1 次
书　　　号	ISBN 978-7-5643-7840-0
定　　　价	120.00 元

公共图书馆发展策略

公共图书馆阅读推广

传统文化保护及传承

公共图书馆数字化建设

公共图书馆管理服务

PART ONE

公共图书馆发展策略

关于公共图书馆文旅融合服务的实践探析
——以成都图书馆为例

张笑然

（成都图书馆　四川成都　610041）

【摘　要】　在当前文旅融合发展的趋势下，成都图书馆利用自身的馆藏优势，研究和宣传本地的历史文化；尝试与书店、学校、青少年宫、公交公司等社会力量跨界合作，联合开展推进文旅融合的特色服务。针对文旅融合的现状，本文对公共图书馆如何进一步创新服务模式，提升图书馆自身影响力提出了建议。

【关键词】　成都图书馆；文旅融合；服务；探析

1　背　景

2018 年，文化和旅游部正式组建挂牌，"诗与远方"携手并进，意味着文化事业产业与旅游资源的融合发展迈向新的阶段。随着物质生活水平的不断提高，人们对精神文化的需求也越发强烈。缺乏文化体验与地域特色的传统旅游项目，不再受到消费者的青睐。文旅融合发展不仅可以促进两大产业的转型升级，形成文化旅游产业业态，而且还可以推动文化旅游的品牌化发展，通过塑造品牌文化、品牌产品、品牌服务，不断满足旅游消费者日益增长的个性化、多元化的文化旅游需求。

2　成都图书馆文旅融合服务的实践探索

在新的时代背景下，公共图书馆的创新与发展必然要融入文旅融合的理念，将阅读推广、文化传播更有效地渗透到人们的生活中。成都图书馆借助自身的馆藏优势、馆员优势，深入挖掘地方资源的文化内涵，寻求多行业的跨界合作，探索图书馆创新服务的新路径。

2.1 利用馆藏资源宣传天府文化

成都是国务院首批的 24 个历史文化名城之一，也是国家旅游局①和世界旅游组织联合命名的"中国最佳旅游城市"之一。得天独厚的历史文化资源，是成都旅游开发中的核心资源。加强天府文化的研究与宣传，既有利于成都城市文化形象的塑造，也有利于丰富旅游文化的内涵。成都图书馆发挥传统文献服务的优势，深入开展地方特色文化资源的开发和利用，主动承担起研究、宣讲天府文化的责任。

2.1.1 承担起本土文史的研究与馆藏建设

成都图书馆与社会各界搭建合作，收集、整理成都地方文史资料，已建成成都非物质文化遗产数字博物馆数据库和锦绣成都——成都地方文献专题数据库，还有在建数据库"老成都影像馆数据库"。成都图书馆还承担起对本土文史的研究，通过对成都市所藏早期川剧剧本的调查研究，完成了关于"民国间川剧剧本"的课题研究。此外，参与中国新诗百年"百千万"工程，在百年新诗发展历程中挑选出 10 000 册诗集纳入成都图书馆"诗歌馆"馆藏，并收入《中国新诗百年大系》出版发行。

2.1.2 做好本土文化的宣讲工作

传承巴蜀文明，宣讲天府文化。成都图书馆先后推出了"读城"系列讲座、"天府文化系列"精品讲座，邀请了天府文化研究院、四川大学、澳门大学等机构的专家学者围绕成都城市文化特征、天府文化的历史脉络等主题开讲。与此同时，成都图书馆还针对少年儿童推出了"品天府文化系列活动"，邀请专业老师为未成年读者介绍天府文化的形成与发展。

2.2 跨界合作延伸文献服务

"图书馆＋"服务形式是一种新的服务业态模式，通过与其他行业跨界融合，合力打造新的文化旅游项目。借助其他行业的资源优势，延伸图书馆的业务范畴，拓展图书馆服务外延，多方位、多形式地推动图书馆公共文化服务的有效开展。

2.2.1 城市阅读空间

从传统的行业划分来看，书店只是文化产业服务的一环，与旅游业毫不相干。现如今越来越多的实体书店创新发展，服务内容不再局限于图书销售，而是将图书、艺术、创意、生活融入书店，建立自有的文化品牌。例如台湾诚品书店早已成为很

---

① 2018 年 3 月，根据第十三届全国人民代表大会第一次会议批准的国务院机构改革方案，将国家旅游局的资源整合，组建中华人民共和国文化和旅游部，不再保留国家旅游局。

多游客必去的文化景点。近年来，实体书店蓬勃发展，成都书店的整体发展更为亮眼。2020 中国书店大会发布了《2019—2020 中国实体书店产业报告》，报告指出 2019 年中国实体书店数量超过 70 000 家，成都以书店数量 3 522 家位居榜首。成都市委宣传部发布的《建设书香成都发展实体书店三年行动计划》提出，2022 年成都要建成"中国书香第一城"。图书馆借助书店的影响力可以扩大公共文化服务的辐射范围，同时保障公民平等地享有免费阅读和获取信息资源的权力。

"图书馆 + 书店"模式有两种：一种是文献采选合作，以"你读书、我买单"的方式将图书馆新书的采购权交给读者，读者可以在书店自主挑选图书借阅，由图书馆买单，实现借、采、藏一体化流程；另一种就是将书店作为图书馆的分馆。成都图书馆"城市阅读空间"于 2018 年 4 月 23 日正式启动，由成都图书馆携手方所、言几又、三联韬奋等首批 20 家实体书店共同打造，前者负责向各个"城市阅读空间"提供 2 000 册图书，并实现与其他"城市阅读空间"、全市公共图书馆的通借通还服务。后者提供不低于 20 平方米、不少于 10 个座位的场所，并为读者提供全年不低于 20 场的阅读活动。将公共图书馆与实体书店结合，从买书到看书、借书，彻底拆掉读者阅读的门槛，这在当时属于全国首创。

2.2.2 成都图书馆大熊猫主题分馆

在成都文化元素中，"熊猫文化"是最具代表性的文化元素之一。弘扬大熊猫文化，建立大熊猫品牌，深入发掘、发展"熊猫文化"，有利于文旅产业的发展。围绕大熊猫，提炼、创意、创新大熊猫的文化内涵，即"熊猫文化"，是成都地域文化内涵的核心价值和灵魂精髓所在，以此引领成都旅游文化，可以更好地推广成都、宣传成都，提升成都的国际知名度和影响力。成都图书馆与成都市熊猫路小学联合开办大熊猫主题图书馆，主题图书馆馆舍面积 382 平方米，有 9 482 种、23 000 多册图书，其中 111 种、2 000 余册为大熊猫主题图书。该分馆将致力于收集大熊猫相关图书和音像资源，建立大熊猫文献资源库，成立大熊猫文创实践活动中心，打造"熊猫讲坛"。未来还计划成立研学点位，并依托互联网技术，创建大熊猫主题图书馆云平台。

2.2.3 研学旅行

研学旅游是一种将学习、教育、阅读、旅游结合在一起，通过图书阅读、生活体验、情感交流、知识分享等活动，让参与者在阅读中学习，在旅行中体验，达到研究与学习目的的生活、学习、旅游方式。参与者通过阅读掌握知识，再通过旅游实地研究，加深学习与体验。成都图书馆分别以不同的角色参与了研学旅行服务：一是将自身作为研学旅游的目的地，组织或接待游客、学生等参观图书馆，并提供讲解服务及体验活动；二是参与中小学生的研学旅行实践教育服务，为未成年读者提供文献资源、场地资源，并组织研学旅行活动。如2019年4月21日，成都图书馆联合成都市青少年宫开展"品天府文化，游升庵故里"少儿主题文化研学活动，组织40名青少年参观杨升庵博物馆，开展升庵文化主题讲座，之后在成都图书馆举办分享会交流此次研学活动的心得体会。

2.2.4 "阅读正铛时"流动阅读新阵地

让图书馆馆藏资源走出去，打造移动阅读新场景。成都图书馆联手成都文旅公交旅游发展有限公司共同举办了"阅读正铛时——打造城市流动阅读新阵地"活动。搭乘成都多条旅游公交线路的旅行巴士——"铛铛车"，游客通过扫描车上的二维码可以轻松获取天府书目推荐、成都文旅信息、精品讲座等成都图书馆的云端数字资源。"流动阅读新阵地"让旅客在旅游之余，还可以了解成都深厚的历史文化，感受"书香成都"的魅力。

3 关于公共图书馆文旅融合发展的思考

3.1 强化公共图书馆的旅游公共服务属性

通过空间场所的互联互通，公共文化机构可以成为全域旅游的重要节点，实现由传统提供公共文化服务的阵地，向文旅融合发展的多功能空间场所的转型。公共图书馆应注重馆舍建设、空间布局、文化服务等方面的旅游资源开发，逐步打破传统单一的借阅服务模式，重视图书馆空间服务的延伸与拓展，建成城市新的文化地标。

3.2 增强公共图书馆的旅游服务意识

公共图书馆应加强建立文旅融合的系统思维。首先，要结合区域发展特点、本地文化特色，探索与之相适应的发展方向和具体办法；其次，要与其他产业协同发展，充分利用各自优势，联合开发文化资源，建设融入旅游产业发展的创新路径，促进公共图书馆向旅游业的延伸服务。

3.3 重视品牌产品的开发

公共图书馆应结合自身的馆藏资源，联系当地的历史典故、文人逸事等，开发、打造具有一定规模和影响力的主题系列活动，建立彰显地方特色与优势的品牌服务。

同时，在打造服务品牌中，应突出图书馆文化价值的内涵，展示自身的价值观，通过优质的服务和读者感知价值提升图书馆的声誉，树立图书馆服务形象，从而提升图书馆服务品牌的竞争力。

3.4 主动参与文旅融合的项目

文化产业与旅游业之间存在一定的交叉性，旅游为文化的传承与传播提供了重要的途径，而文化又为旅游提供了丰富的内容，充实了旅游的内在价值。同时，当前的政策背景和体制环境，以及科学技术的创新与应用，为文旅融合型产品的开放创造了更加丰沃的土壤。图书馆应以积极主动的姿态参与文旅融合项目，围绕"住、食、行、游、购、娱" 6 个旅游要素，与相关企业、机构合作，创新、有效地提升自身的文化形象，借势提升图书馆的文化影响力。

参考文献

[1]　厉建梅. 文旅融合下文化遗产与旅游品牌建设研究——以山东天上王城为个案[D]. 山东：山东大学，2016.

[2]　2019—2020 中国实体书店产业报告[EB/OL]. [2020-07-07]. https：//tech. sina.com.cn/roll/2020-07-07/doc-iirczymm1026114.shtml?cre = tianyi&mod = pcpager_tech&loc = 17&r = 9&rfunc = 7&tj = none&tr = 9.

[3]　胡增颖. 以"熊猫文化"为核心的成都旅游文创商品品牌管理策略研究[D]. 成都：电子科技大学，2018.

[4]　单红波. 公共图书馆与旅游融合的模式与路径研究[J]. 图书与情报，2019（3）.

[5]　金武刚，赵娜，等. 促进文旅融合发展的公共服务建设途径[J]. 图书与情报，2019（4）.

基于"以公共图书馆为集成建设主体"
建设城市记忆的可行性研究

罗 玲

（成都图书馆 四川成都 610041）

【摘 要】 保护城市记忆是一项全民都应竭尽全力推崇的工程，而随着城市记忆工程不断推进，却又面临各种质疑和障碍。本文简单介绍了城市记忆的内容，对建设主体这一方面所遇到的障碍进行阐述，并就此提出以公共图书馆为集成建设主体建设城市记忆的方案，重点研究和剖析了以公共图书馆为集成建设主体建设城市记忆的可行性，并分析其优势，以期为城市记忆工程建设主体的最终确定提供参考。

【关键词】 城市记忆；公共图书馆；建设主体；障碍；优势

1 引 言

每个人，每件物品都有属于自己的一段特别记忆。城市，这个经历岁月的冲洗与历练、不断发展变化的大物也有属于自己的独家记忆。而这些记忆寄存在一只绣着牡丹的瓷碗上，夹杂在一首悠扬、让人肝肠寸断的琵琶曲里，随着往昔的风尘来来回回，凝结在城市上空的厚重的空气中，埋藏在人们的最心底，永恒不变。再美的东西都有失去的一天，再深的记忆也有淡忘的一天。在岁月和历史的长河中，10年，20年，30年……不过是短短的一瞬，然而，城市的形成、变迁和发展就是在这个无数的一瞬保留下来的，对这些历史记录以信息的方式加以编码、储存和提取，形成了独特的"城市记忆"。

它囊括了自然、历史、文化、社会、情感等丰厚要素，承载着人们世代生活繁衍的历史信息，反映着城市在不同时代发展变迁的轨迹，是彰显城市特色与地方性魅力的重要基石。近年来，伴随着全球化和城市化的快速推进，城市建设发展和城市记忆保护之间的矛盾愈发突出。包含丰厚历史信息和文化内涵的城市记忆不断流失，这引发了学界和社会各界的广泛关注。而本文就关于谁应该承担起城市记忆的建设主体这一问题进行了分析和研究。

2 关于城市记忆

对于城市记忆尚未形成明确、固定的表达，而外界对它的理解也呈多样化，它经常与"城市的记忆""城市的历史记忆"交叉互用，而且在使用中它既可以指"物"，又可以指"事"，甚至指过去的人，这都有一定的道理，因而存在似是而非的混乱局面。即使如此，我们可以很确定的是城市记忆具有传承性、独特性和情感性。

对一个城市而言，城市记忆的意义非同寻常，上至城市精神的贯达、养成，下至市民情操素质的滋养，无不依赖于城市记忆的传承。保护城市记忆，有利于塑造一个城市的性格与特点，保留其独特的魅力。进入 21 世纪以来，中国经济高速发展，社会发展日新月异，而城镇化的建设高潮所带来的文化恐慌却成为一种社会问题，城市"失忆"现象受到更多关注。在此背景下，城市记忆的保护和利用问题越来越被政府和社会所重视。

从国外的研究范畴来看，涉及城市记忆的学科领域比较宽泛，包括记忆学、生态学、环境心理学、地理学、文化社会学、行为科学、人类学、民族志及城市学等，呈现多学科融合发展的态势。国内主要从研究内容方面进行分析，包括城市记忆保护、城市记忆和文化、城市街区、城市历史地段等的记忆研究、城市记忆与城市空间形态、城市记忆资源研究等。

结合表 1 的分类整理和部分网络数据进行分析，目前已开启"城市记忆工程"的城市中，大部分城市记忆的主要内容是利用影像资料记录城市面貌的变迁；然后是从档案资源建设着手，包括档案资料的收集、征集，档案资源的开发利用等；少数城市记忆会记录城市发展中的重大事件；关注民俗文化的相对较少。其中，对城市面貌的记录和城市档案资源建设有多数是重合的。可见，大部分"城市记忆工程"目前还处于记录城市面貌这一初始阶段，还只是以档案资源建设的方式来影响档案事业的发展。"城市记忆工程"还需更全面，而非单一主体的发展。

表 1

时间	城市	形式
2002	青岛	摄像、照相； 到 2006 年年底，"城市记忆工程"一期计划项目基本实现
2003	武汉	收集、拍摄照片； 《武汉史话丛书》全部出版； 2008 年计划出版《城市记忆工程·武汉工商业家族口述史》

续表

时间	城市	形式
2004	广州	文字、照片、电视专题片、画册展览、数据库等； 首期建设包含4个子项目
2005	上海	列入《上海市档案事业十一五发展规划》； 提出建设"世博与上海史料展示馆"； 2007年决定建立一座"特奥记忆墙"
2005	长沙	文字、图片、现代多媒体技术"三位一体"； 档案信息资源系统
2006	济南	照片、录像
2006	大连	文字、照片、口述
2008	重庆	启动"重庆市城市数字记忆"工程； 建设覆盖全市的分布式档案信息资源共享体系
2008	丹东	集文字、实物、多媒体平台和全息存储于一体

根据2007年在上海举办的"档案与城市记忆"论坛公布的数据和近年来相关新闻报道，目前我国已经开展"城市记忆工程"的城市有北京、上海、天津、重庆、武汉、广州、沈阳、太原、长沙、福州、大连、青岛、柳州、南通、苏州、威海等50余座城市。2015年，南京市档案馆辑录、整理抗战档案资源，形成"抗战记忆"；2016年，苏州市档案馆申报的"近现代苏州丝绸样本档案"成功入选《世界记忆亚太地区名录》

3 城市记忆在建设主体方面的障碍

关于城市记忆的建设方面，各行各业各部门或私人都在为其出力，虽然能够小范围地建立起部分城市记忆，但也恰恰由于这种各自行事的方式方法，使城市记忆的建设十分零散，杂乱无章，不能形成有机的整体。很容易注意到，城市各部门档案馆、图书馆、博物馆以及私人机构等都在各自分散建设，缺乏统筹机制。城市记忆是一个城市共同的记忆，"城市记忆工程"理应由整个社会共同建设。这种由各部门单一主导的"孤军奋战"模式不利于这项工程向深度、广度发展。

3.1 实施主体单一，缺乏系统联动性

现阶段，城市记忆工程主要由市级档案局馆开展大规模的历史文献开发利用工作，城建档案馆也进行了有关城建方面的城市记忆展览，博物馆、图书馆等都各自举办自己特色的城市记忆工程，这种局面的出现会让人们有一种错觉——到底什么是城市记忆，以致出现重复利用和管理分散混乱的局面。城市记忆是一个城市共有的记忆，"城市记忆工程"理应由整个社会共同建设，开展工作需要相关部门大力配合。但现实情况是，各部门缺乏联动开展"城市记忆工程"的责任意识，实际工作

中各自为政、互不配合的情况比较明显，档案部门在建设中居于绝对主导地位的状况并没有很大改观。

3.2 资源整合不够，缺乏顶层设计和统筹规划

目前对相关信息资源缺乏有效整合，没有形成完备的城市记忆资源库及其数据库；在其建设与管理过程中，不断形成的城市记忆档案信息资源，由于形成的主体管理体制不同，往往导致同一地域、时期、事件中形成的城市记忆档案信息资源"各自为政"的管理，难以实现属地化的有序整合。城市档案资源总体上处于分散状态，而各档案馆普遍存在着馆藏档案门类不全、结构单一等问题，给档案利用、信息开发带来了极大的困难。国内开展"城市记忆工程"建设和研究的机构众多，包括历史协会、图书馆、档案馆等不同部门，各机构之间采用竞争而非共享合作的关系。甚至在系统内部，由于条块分割的行政管理体制，以及资源的隶属关系，缺少资源保障体系和资源运行体制，缺乏资源整合与共享长效机制，各机构间很难进行资源的共享和整合。已有的资源库建设仅仅实现"城市记忆"资源的存储，没有从顶层角度考虑不同机构的资源集成，以及资源库作为"城市记忆"资源池为不同用户提供服务的作用。

3.3 建设工作缺乏深度，记录效果低下

在实际工作中，我们更注重于"看得见的部分"，即重点对城市原貌、建设与变化过程进行跟踪记录，并辅之以简单的编辑操作，这样的成果较为粗糙，也缺乏深度。在工作中，我们忽略了对城市之根的追忆。如虽然我们对古建筑等进行了拍摄，但没有挖掘古建筑所蕴含的历史渊源、文化元素等，制作成果无法反映历史文化背景信息，缺乏深度。目前，开展"城市记忆工程"的过程中，采用的记录方式普遍为摄影、摄像，且负责记录工作的人员水平不高，使用的摄录设备质量参差不齐，致使记录效果低下，很难如实反映建筑、景观等的真实面貌，更难以反映其中所蕴含的文化元素。现有资源构成，难以适应社会发展的需要以及公众对城市记忆档案利用的需求，资源不足与信息利用需求之间的矛盾日益凸显。拥有城市记忆资源的部门之间开发目的不同或受利益驱使，缺乏沟通机制，导致彼此之间对共同开发城市记忆资源缺乏信任与合作基础，形成碎片化的开发，难以形成重量级的以城市记忆为主题的文化成果。

3.4 技术平台受限，数字化程度相对较低

虽然城市记忆也开始加入互联网，然而网站上的内容还是有限的，还无法满足广大用户的需求，所以要将城市记忆数字化建设提上议程。数字化程度低直接导致

了馆藏开发利用程度低。虽然近年来各馆都在不遗余力地进行馆藏资源的电子化、数字化，检索方式的自动化、智能化，但是由于分散管理造成各馆网络系统不同，计算机管理环境不同，数字资源类型、格式、标引标准不同，缺乏内容共享的技术支撑和发布界面，导致信息导航与资源共享难以有效进行。城市记忆资源本身的多样性和其处理过程的复杂性导致在目前已有的"城市记忆工程"中，不同关系属性之间存在着同域不同标识的问题，即对同一资源的描述中元数据项的语义相同但名称不同，很大程度上也影响着资源的检索利用和共享程度。

3.5　管理体制不统一，法律法规不完善

相关研究对记忆资源的内涵、类别、组织、展示等相关环节尚未形成统一理论。工程建设的牵头部门分别由文化部门、图书馆、档案馆等不同机构担当。各部门基于自身资源开展工程建设实施，机构之间缺乏统一的建设指导原则和业务标准，从而使"城市记忆工程"在一定程度上有失规范性，对资源的开发、共享与交流也产生了较多限制。此外，资源库的系统建设缺少统一的实施过程体系，没有建立规范的项目管理架构和信息系统开发指导体系。法制建设的滞后使城市记忆档案信息资源的整合缺乏必要的制度保障，例如城市记忆档案信息资源整合受到现行档案法规的制约。另外，各馆馆藏资源中很多未公开出版发行，以及大量的视听资料、公开报道、摄影作品等，怎样处理这些可能涉及版权问题的资源，也是一个非常棘手的现实问题。

3.6　社会参与程度不高，重视度尚且不够

目前，我国社会力量参与"城市记忆工程"相对不足。从参与主体来看，主要是部分具有较高文化素养和文化自觉的公民、机构，总体参与度不高；从参与渠道来看，主要是档案馆等实施主体在信息资源建设上主动寻求社会合作，并没有建立起稳定可操作的大众参与制度，社会力量处于相对被动的位置，参与渠道有限；从参与环节来看，社会力量主要参与"城市记忆工程"的具体实施过程，较少涉及决策领域；从参与结果来看，与社会力量合作的重点在"城市记忆"的资源建设上，较少涉及"城市记忆"的传承，几乎很少引导公民思考城市的过去与未来。

4　以公共图书馆为集成建设主体的可行性

公共图书馆一直是"城市记忆工程"理论研究重地，是"城市记忆工程"的重要发起者以及"城市记忆"项目的重要参与者，因此提出"以公共图书馆为集成建设主体"的可行性解决方案的探讨。

4.1 形成以公共图书馆为集成建设主体，其他部门辅助配合的管理模式

实现多部门联动、齐抓共管的良好局面。要求公共图书馆为集成建设主体在工作中发挥主导作用，承担起相关工作职责，积极拓展工作领域，为开展工作提供人才保障与技术保障，使工作更具客观性、系统性、权威性和专业性；建立有效的考核机制，切实提高各相关部门的责任意识，营造多部门联动、齐抓共管的工作环境。在实际工作中，应要求各责任部门对照"城市记忆工程"的范围和内容，对各自负责领域的发展历程进行全过程跟踪记录；由公共图书馆为集成建设主体牵头，每年不定期地对"城市记忆工程"进行监督指导，内容包括工作开展情况、成果、问题以及今后的努力方向等，狠抓推进促成效，并可以引入权威组织、多次博弈和承诺行动的理念来平衡利益关系。

4.2 利用综合学科优势，解决理论技术实践问题

"城市记忆工程"是一项繁杂的工程，包括"城市记忆"的建构、保存和传承3个方面，涉及各行各业，需要多元化的专业人才，而恰好与公共图书馆中的各类学科相对应，知识产权法律研究、资源的文史价值判定、专业性的数字资源组织与描述、高水平的数字信息系统建设等，都能在公共图书馆里得到适当的解决，使艺术设计、市场营销、文物鉴定、建筑规划等各方面的专业人才共同参与保存城市记忆的事业。在公共图书馆里，成立各小组，如法律法规小组，文物鉴定小组，数字化技术研究小组，元数据整理小组等，分门别类地处理城市记忆工程中所涉及的事务。

4.3 借助公共图书馆平台，提高宣传教育

教书育人是办学的最初目的，在公共图书馆这个平台，可以传播各种好的思想，使城市记忆成为"活"的教材和研究素材，从而提高社会意识，营造全民参与的良好氛围。做好"城市记忆工程"，应当努力提高社会公众对这项工作的认知程度，不断提升他们的参与兴趣，在公共图书馆这个人头攒动、人流量集中的地方，通过各种渠道传播的信息速度极快，凭借与此可以为城市记忆做最好的宣传，依靠社会公众的力量为工作提供源源不断的人力支持和智力支持。目前，随着科技快速发展，"城市记忆工程"的记录工作不能只依靠相关部门的数码相机、摄像机等，公众的智能手机等也可实现记录功能。正是因为这个有着文化辐射的场所，可以不断地传播城市记忆，使之成为一代又一代人的心事。

5 结 语

城市记忆立足于地方，历经时代的变迁，成为城市历史发展的真实"守望者"

和"见证者"。生活在城市中的祖祖辈辈,因为沿袭的世代记忆而对这个地方产生特殊的依恋情结。通过各方面的努力,如果每一座城市都能成功地抵抗"野蛮"现代化、简单全球化对城市记忆的摧毁和侵蚀,并且有效地防止城市记忆虚拟化,那么这座城市将是幸福的。在这类幸福的城市中,自然而独特的城市面貌、绵延的城市文化和多样的城市生活,将构成城市人丰盈的集体记忆。

而对这些丰富的集体记忆,需要有人把它记录下来,保存下来,继续不停歇地传承下去,单一的部门总有不恰当的理由承担这个责任、完善这个任务,而唯有以公共图书馆为集成的建设主体才有这个潜力和能力去完成这个角色的担当,才能更好地传播城市记忆,保存城市记忆。

参考文献

[1] 周玮,朱云峰. 近20年城市记忆研究综述[J]. 城市问题,2015(3).

[2] 于波. 城市记忆研究[D]. 武汉:华中科技大学,2004.

[3] 刘乃芳,张楠. 多样性城市事件视角的城市记忆保护[J]. 城市文化,2016.

[4] 霍艳芳,陈可彦. 基于博弈论的"城市记忆工程"多方参与研究[J]. 档案学研究,2016(2).

[5] 杨谋幸. 中小城市"城市记忆工程"的实践探索[J]. 浙江档案,2016.

[6] 陈建娜. 拉住即将消失的城市记忆[J]. 城市问题,2013(4).

[7] 殷元松,薛晓军,雍俊. 加强城市记忆保护和利用的思考[J]. 档案建设,2017.

[8] 郭红解. 对"城市记忆工程"的考察和思考[OL]. [2017-03-01].上海档案信息网,2009-03-23.

[9] 聂勇浩,熊健怡. 建构"全民记忆"——"城市记忆工程"中的社会参与[J]. 档案学研究,2016(1).

[10] 张革联. 基于知识管理的图书馆、档案馆资源共享路径研究[J]. 图书馆工作与研究,2015.

[11] 牛力,焦恬雪. "城市记忆工程"背景下的数字资源元数据标准研究述评[J]. 档案学研究,2016(6).

[12] 戴志强. 以公共档案馆为主体整合共享性档案信息资源的思考[J]. 档案学研究,2010.

[13] 吴建华,戴晶晶,杭珊,顿琴,方燕平. 城市记忆工程背景下城市数字档案中心建设研究[J]. 档案学研究,2009(6).

[14] 李更发. "城市记忆工程"数字资源库建设研究[J]. 中国档案,2015.

[15] 崔伟. 北京数字档案馆(电子文件中心)建设综述[J]. 北京档案,2017(1).

浅议公共图书馆发展与天府文化建设

邹 彦

（武侯区图书馆　四川成都　610000）

【摘　要】　公共图书馆是一个地区内公共文化服务体系的重要组成部分，是地方文化发展、传承的重要载体，让城市传统文化得以延续、发扬。本文探讨公共图书馆利用其自身优势在天府文化建设与传承中的作用，提出公共图书馆参与天府文化建设的建议。

【关键词】　公共图书馆；天府文化建设；优势；措施

1　引　言

地方文化是某个地区特有的文化，具有一定的影响力和价值，反映了当地人民的生产、生活习惯和精神面貌。在全球化浪潮中，越来越多的本地文化正在流失。保存人类文化遗产是公共图书馆的重要职能。作为文化传承的重要载体，公共图书馆应积极参与当地文化建设服务，为继承本地文化创造良好条件。成都公共图书馆是天府文化建设中的重要组成部分，在挖掘、利用和传播当地文化资源和城市文化建设中发挥着举足轻重的作用。

2　天府文化建设的意义和价值

"天府之国"成都，历史悠久，文化底蕴深厚。成都自古就是文化重镇。古代蜀国祖先以治水为主线，从山脉到平原，从游牧到农耕，在迁徙中积累了文明，播种、培育了天府文化的种子；金沙遗址、三星堆遗址勾勒出3000多年的古蜀文明的发展；举世闻名的都江堰水利工程，奠定了成都平原水旱从人、不知饥馑的"天府之国"的基础；文翁治蜀开创了公立学校之先河。历朝历代创造的灿烂地方文化成就，给天府文化积累了丰富的精神财富，出现了"世平道治，民物阜康"的繁荣昌盛景象，让四川成为群贤汇聚、英才辈出、人杰地灵的"天府之国"。

习近平总书记在访问四川时高度赞赏了成都这片富饶土地的灿烂文化，又寄予成都弘扬中华文化、促进中华民族文化繁荣兴盛的重大使命。天府文化是中华文明重要的精神成就之一，具有不可替代的文化与社会价值。保护、传承和研究天府文化，有利于保护、弘扬和发展我们的民族文化。成都要牢记嘱托，增强文化自信，深入探索地域文化特色，建设区域文化和特色的文化符号，传承巴蜀文明。

3 公共图书馆在天府文化建设中的作用和优势

公共图书馆具有收藏、传播文化的功能，既为当地社会发展和经济建设服务提供文献保障，又是推广地方传统文化的重要手段。对天府文化古籍和文物的保护、整理和研究，能深入挖掘古蜀文明遗存和人文历史的独特魅力，使更多人了解、认识天府历史和文化，并通过典籍、方志、文献等多种形式对天府文化进行长期深入的宣传，记录城市的发展。

作为基础性公共文化设施和基本的公共文化服务机构，公共图书馆在满足人民精神文化需求方面扮演了重要角色。公共图书馆拥有来自政府的财政支持，为市民免费提供丰富的文献资源和信息服务，组织免费的文化活动，有责任和义务不断整合自身的优势资源，推广优秀传统文化，传承与发扬天府文化，积极促进当地文化事业的发展。因此，加强公共图书馆建设对天府文化的发展和繁荣具有重要意义。

公共图书馆另一重要的职能是保存社会文化遗产。随着国家对公共文化事业的重视，各地的购书经费也在不断增加。成都公共图书馆通过对天府文化资源有目的、有侧重、多途径地收集、采购有关天府文化建设文献资料，极大地丰富了天府文化馆藏资源，记载了天府文化的发展进程，利用丰富的文献资源，为传承和弘扬天府文化提供了有利条件。

4 公共图书馆参与天府文化建设

4.1 不断挖掘天府文化资源，助力天府文化建设

公共图书馆助力天府文化建设，第一，可通过广泛征集，现场采集、订购、社会捐赠等方式获得天府文化文献资料。收集天府文化资源不仅可以丰富图书馆馆藏，也可以起到传承和弘扬巴蜀优秀文化的重要作用。通过研究、传承、开发和利用天府文化资源，公共图书馆可真正融入成都本地社会文化当中，让天府文化走进寻常百姓家。

第二，发挥自身优势，主动与地方文化部门合作，获取支持和帮助，如当地的

地方志办公室、档案馆、博物馆、文联、宣传部、文化馆、党史办、出版社等专门出版本地书刊的编辑出版单位，及当地各机关、学校、企事业单位、科研机构、学术团队等地方出版物编辑出版单位。这些部门是资源采集的重要渠道，收藏有各种内部文献资料，包括过去和现在正式出版的书、报、刊，各机关、学术团体编印的内部书报刊等非正式出版物。如果能有效整合、利用这些地方文化信息资源，搞好地方文献资源建设，既是为当地社会发展和经济建设服务提供文献保障，又是完善馆藏资源和发挥地方特色服务的重要渠道、手段。

第三，建立天府文化资源数据库。现代网络技术飞速发展，信息资源数字化越来越成为一种趋势。网络信息资源的优势在于不受时间、空间等限制，罕见的纸本文献在网络上就可以查到。通过构建方便、快捷、高效的地方文化数据库，加快特色文化的资源数字化、信息化进程，有效促进资源共享。公共图书馆应充分利用其丰富的资源，为城市公共文化的创新和发展提供有益帮助，更好地推动我国城市文化的发展和繁荣。

4.2 构建特色地方文化资源，创建特色馆藏，保护天府文化

长期以来，公共图书馆馆藏普遍缺乏特色。天府文化资源具有丰富性、多样性，有利于公共图书馆形成办馆特色，丰富公共图书馆的馆藏资源。公共图书馆应加强地方特色文化资源的收集和整理，设立地方特色馆藏，将搜集到的文献加以整合、发掘，设置天府文献收藏室、陈列室、多媒体展厅等，建立天府文化文献专藏库或天府文化主题专区，构建"天府文化藏书体系"，通过地方文化的实物和多媒体宣传片等方式，帮助大家迅速、直观地了解天府文化的发展脉络，全面认识天府文化特色，感受天府文化历史的厚重，增强对地方文化的认同感，为地方经济建设和社会文化服务，推动文化创新发展。例如，成都图书馆致力打造"成都文献中心"，并在地方文献部设置"袁庭栋文化书库"，将突出天府文献特色的书库藏书与成都图书馆现有 2 万余册馆藏地方文献资源恰当地融合起来，构成较为完备的"天府文化藏书体系"，让它成为天府文化传承的新名片、新地标，并形成本馆特色，以更好地服务于地方文化建设。

4.3 拓宽服务领域，创新活动方式，推动天府文化建设

当今社会，公共图书馆已经不只是藏书、看书的场所，更是文化活动中心、文化交流中心，是知识和信息的集散地。公共图书馆要实现与读者的交流和对话，拉近其与读者之间的距离，就需要通过不断创新丰富多样的读者活动方式，创建与读者互动交流的平台，以新颖性、趣味性、创新性吸引读者。

公共图书馆要拓宽服务领域，积极开展文化交流活动，发挥自身优势，服务天府文化建设。除为社会读者办理阅览证、提供文献借阅服务外，还要有针对地开展促进天府文化建设的专项服务，开展天府文化主题活动，传承天府记忆，如以文化讲座、主题讲座等形式；打造特色化、时尚化的公共图书馆和公共文化服务体系，用其丰富而深邃的城市文化内涵吸引大众，使城市文化得到有效延伸和拓展，更好地实现对文化的传承，如围绕"成都记忆"项目，寻找、记录并保存城市记忆；通过开展天府诗歌经典诵读、天府文化精品讲座、天府老照片等各类主题阅读推广活动，增强市民的文化认同感，涵养天府文化气质。还可以依托地方文化研究的影响力，主动承办学术会议，聘请当地知名学者进行天府文化专题讲座，开展读者交流活动，扩大公共图书馆的知名度和影响力，更好地为当地文化建设服务。如成都图书馆推出了"天府文化精品讲座系列"，涉及成都历史、民俗、音乐、名人故事等，邀请省内外专家，讲述《杜甫与成都》《天府名人趣闻》《天府文化古今谈》《成都音乐故事》等，从更丰富的角度呈现更丰富的天府文化内涵，帮助读者了解成都、了解天府。

公共图书馆还应通过创新服务模式，开展更丰富的阅读推广活动，促进文化交流和传承，引导全民阅读，助力城市文化建设。2020年疫情期间，武侯区图书馆作为公共文化建设主体与时俱进，创新公共文化服务方式，积极探索民众喜闻乐见的夜市文化，通过夜市推广阅读的方式吸引读者，不仅丰富了民众夜间生活，同时转变了公共文化服务模式，创新了阅读推广方式，受到了广泛好评。同时，武侯区图书馆还围绕传承和发展中华优秀文化，积极弘扬地方历史文化，扩大公共图书馆的影响力，推动天府文化建设的发展，如依托 "4.23"世界读书日启动全民阅读系列活动，拓展城市阅读文化。武侯区图书馆还以天府文化为中心，建设三国文化高地，开展四川历史名人文化传承创新经典阅读，以"诸葛讲坛""武侯书苑"等特色品牌活动，推进四川历史文化传承创新工程，用文化展览、大众讲座、论坛、读书会、沙龙、创意文化活动等形式，弘扬阐释武侯历史文化名人的丰功伟绩、文化内涵和社会价值，激发了市民对家乡的热爱；传承创新诸葛亮、薛涛等历史名人文化，有效推进了天府文化建设发展，营造了城市文化氛围。

4.4 加强宣传，提升天府文化建设的影响力

广泛宣传热爱天府文化的观念，唤起市民自觉保护和传承天府文化的意识。成都市公共图书馆通过建设总分馆多级服务体系、完善的图书馆服务体系、构建 15 分钟图书馆服务圈，已经建成了相对成熟的公共图书馆总分馆服务体系，逐步实现了公共文化服务的平等性和均衡性，是确保居民平等享有公共文化服务的保障。利用流动服务车进基层、进学校、进景区、进企业等对天府文化活动的宣传，提高公

共文化数字化、信息化服务水平，促使市民更多地学习和参与，提升文化素养，让天府文化走进千家万户。

公共图书馆还应该积极开展文化活动，以网络、媒体等为传播媒介扩大影响力，让更多人了解具有当地特色文化，推动反映新时代成都发展进步、成都休闲生活的文艺精品、文化成果走向全球。成都图书馆连续两年，在"世界读书日"之际推出了第一批和第二批"天府文化主题书单"。该书单中包括和介绍了成都历史上重要人物和事件的书，讲述成都文化名胜、文物古迹、历史遗存的书，全面辨析研究巴蜀文化史的著述的书。第一批涉及巴蜀文明的渊源、天府文化的演变发展等内容，体裁形式多样，有研究、论文、记事、诗歌、小说等，如《天府文化研究》《巴蜀文化志》《成都简史》《成都诗览》等；第二批书单包含了当代巴蜀名家的佳作，如袁庭栋的《天府的记忆》、谭继和的《巴蜀文脉》，及老一辈历史学家如徐中舒先生的《论巴蜀文化》等著作。武侯区图书馆通过开展多渠道、多方位、多形式的天府文化宣传工作，大力推动天府文化走出去，通过互动交流把彰显天府文化的城市形象、城市特质展示出来，吸引社会大众的注意力和参与力，提高天府文化影响力。

5 结 语

今天，公共图书馆应进一步发挥自身优势，主动融入成都城市文化服务体系，助力城市文化建设，优化公共图书馆馆藏结构，挖掘地方文化资源，建设特色文化，为天府文化建设和区域社会经济发展服务，肩负起我们的重要责任，为成都的文化事业发展做出更大的贡献，实现公共图书馆的繁荣和发展，更好地服务和造福社会。

参考文献

[1] 范锐平. 弘扬中华文明 发展天府文化 建设独具人文魅力的世界文化名城[J]. 先锋，2018（3）.

[2] 白瑞明. 论传统文化对构建和谐图书馆的积极作用[J]. 山西广播电视大学学报，2007（3）.

[3] 杨倩. 图书馆人弘扬传统文化的职责[J]. 边疆经济与文化，2008（9）.

[4] 李明荣. 公共图书馆与城市文化发展关系探讨[J]. 图书馆学研究，2007（11）.

[5] 徐晓莹. 论公共图书馆在城市文化建设中的作用[J]. 群文天地，2013（1）.

[6] 孙玉梅. 发挥图书馆资源优势服务城市文化建设[J]. 图书馆学刊，2008（3）.

文旅融合新时代下的公共图书馆发展

周淑琼

（新津区图书馆　四川成都　610000）

【摘　要】　被誉为"诗和远方"结合的国家文化和旅游部的成立，让文旅融合迈入一个新时代。作为新时代背景下的公共图书馆人，我们不得不思考如何开展文旅融合？怎样融合？特别是文化和旅游的融合让传统文化和现代文化融合得有血有肉、有声有色，也让我们的文化感知和文化体验变得更为生动，文旅融合时代下的公共图书馆在弘扬全民阅读的同时，可与景区景点、民宿等旅游发展融合，也可与旅游活动内容融合，促进图书馆发展的同时促进当地旅游的发展。

【关键词】　文旅融合；公共图书馆；新时代；发展

2018 年 3 月，中华人民共和国文化和旅游部成立，许多人将之誉为"诗和远方"的结合，将原来在公共图书馆领域相对隐形的文旅融合命题显性化了，文化是核心、旅游是平台。为深入学习贯彻习近平新时代中国特色社会主义思想，推进文化和旅游的深度融合，新时代背景下的公共图书馆人，不得不认真思考公共图书馆如何开展文旅融合的问题。

1　文旅融合的发展背景

2018 年 3 月 13 日，国务院机构改革方案提请第十三届全国人大第一次会议审议。根据该方案，国家旅游局与文化部合并，组建文化和旅游部，作为国务院组成部门。2018 年 4 月 8 日上午，新组建的文化和旅游部正式挂牌，为新时代公共图书馆与旅游深度融合发展创造了文化管理的全新体制环境。公共图书馆与旅游深度融合摆上了重要的议事日程。

2　文旅融合发展的必然性

文旅如何实现融合？怎样融合？文旅融合的方式和模式便成为文化界和旅游界所关注的问题。

2.1　文旅融合将传统文化与现代文化融合发展

我们知道，文化现象是特定社会生产方式和生活方式的结晶，社会形态发生了变化，人民的生产方式和生活方式也会随之改变。我国传统文化大多是在农耕社会形成的，随着社会进程的工业化，传统文化形态的保护和传承就开始变得非常困难。历史赋予的财富都是弥足珍贵的，是老祖宗留给我们后人的宝。我们要将这一宝贵财富用遗址、基建、图文展示等现代文化方式保留或保存下来，展示给世人、旅游者，促进旅游业发展，带动地方经济增长，让这些历史财富真正变成宝贝，为后人造福。

旅游，将历史文化古镇、古城、古民居一一展示在旅游者面前；旅游，让各种文化节事活动和礼仪有了观众，有了感受者；旅游，把已有的非物质文化遗产和传人通过各个场景展示给世人、旅游者，让世人、旅游者在体验、感受中体会我国博大精深的历史活态传承文化，让各级非物质文化遗产项目得以传承、保留，也让更多的人参与非遗文化项目的传承，成为非遗传承人。所有这些都是旅游文化力量推动的结果。同样，我们借助旅游也将当地的古城各镇、遗产保护、非物质文化遗产传承等发展壮大，让更多的人熟悉和了解。如：近两年新兴的民宿有的就是在老房子的基础上发展起来的。老房子对当地居民来说，价值没那么大；但对于游客而言，则包含着民俗文化的符号。村落、民宿变成景观，既保留了民俗文化，也发展了旅游。西安大明宫国家遗址公园景区将大明宫以 3D 情景影片《大明宫传奇》直观地展示给游客和世人，高度还原了唐代大明宫的繁荣状况和雄伟宫殿，大唐公主与外国王子的爱情故事，让更多世人、游客更直观地感受唐代宫殿的雄伟、辉煌，大明宫的美、大明宫的大气磅礴，让历史文化和现代文化相互融合，也让对历史不是很感兴趣的人渐渐喜欢、喜爱上了大明宫，想前往每一处景点驻足观看。这种文化和旅游的融合让传统文化和现代文化融合的有血有肉，有声有色。

2.2　文旅融合以文化感知和文化体验为核心

我们知道，文化是人类与自然共生的结果，是人类社会生产和生活的表现方式。不同的社会有不同的生产生活方式，也形成了与此相对应的建筑、礼仪、风俗、习惯、节气、服饰、音乐、艺术、制度等。当这些生产和生活方式固化、沉淀后，便形成了文化。如此丰富的文化资源，人们可以在旅游中去感知、去体验我国博大精深的民族文化、各个时期的历史盛况。在西安大明宫国家遗址公园中有一个大明宫全景缩影,看着这样一片大型的宫殿群,你会想到什么?故宫。不,这个在历史上比故宫还要大 3 倍、比克里姆林宫还要大 12 倍的唐朝政治中心——唐朝大明宫。可惜的是,大明宫已毁于战乱,我们看到的雄伟建筑群虽然只是一个被复原的模型,但能从复原基址模型中感知和体验到唐朝时期的盛况和辉煌,感受到传统文化和现代文化的交相辉映。2010 年西安政府在大明宫遗址上修建了大明宫国家遗址公园。2014 年大明宫被列入《世界遗产名录》。作为宫廷建设的保护典范、世界文化遗产,大明宫国家遗址公园实现了遗址保护与文化展示相结合、文化体验和休闲娱乐相结合,旨在为前来参观的游客提供一种身临其境的文化体验。如果将这些文化用历史文字记载下来,形成地方文献,并将这些地方文献收集在一起,可成立地方文献室或地方文献库,并通过互联网呈现,不用新建馆所就能让世人了解,就能让游客熟知,同时也让博大精深的中国文化得到进一步传承和保护。

3 文旅融合背景下公共图书馆如何发展

在文旅融合新时代下发展的公共图书馆,也要注重传统文化和现代文化的融合,在融合发展中要注重文化感知和文化体验。我们图书馆人要敢于担当、勇于作为,抓好图书馆发展建设,更好地促进文旅融合发展,进而促进全域旅游发展。

3.1 创新公共图书馆发展新理念、新思路,实现文旅发展的融合

发展融合就是在图书馆和旅游的建设发展中,实现你中有我,我中有你。图书馆要在不影响原有服务的同时,推进文旅融合。我们要理清社会对公共图书馆的需求,明确定位和工作使命,丰富服务和管理方式、理论提升,实践完善。图书馆不是千篇一律的,实现文化服务的延伸是最终目的。在新时代的种种新文化冲击下,坚守传统服务增量是责任。如何实现增量?公共图书馆人要敢于思考,在地方财政投入有限的情况下,要充分利用第三方资源,正如《公共图书馆法》中所提及的"国家鼓励公民、法人和其他组织自筹资金设立公共图书馆""国家鼓励公民、法人和其他组织依法向公共图书馆捐赠,并依法给予税收优惠",我们要在文旅融合的背景下借力旅游资源,与民宿融合、与景区景点融合、与乡村旅游融合、与文创产品融合,借力打力,促进地方公共图书馆和旅游的结合,创新文旅融合的切入方式,实现载体的创新、功能的拓展。

绝大多数公共图书馆一年 365 天基本上都处于免费开放中,就新津区图书馆来说 2018 年共接待读者 122 883 人次,2019 年共接待读者 159 601 人次,这是一个庞

大的数据信息资源。我们要充分利用这一资源，在公共图书馆平台上宣传当地的旅游资源，将地方旅游资源融入图书馆中，可将当地有特色的旅游资源（景区景点、文创产品、导视图、全景游）在数字图书馆中进行展示，也可融入图书馆的展厅进行展示，还可在公共图书馆氛围营造中融入当地的旅游特色，要少而精，以更好地在图书馆平台中推荐、推广属地的旅游资源，但不能喧宾夺主。

　　另外，也可在图书馆总分馆制建设中与旅游融合发展。《公共图书馆法》中明确指出了"公共图书馆是社会主义公共文化服务体系的重要组成部分，应当将推动、引导、服务全民阅读作为重要任务"。以法的方式明确了公共图书馆的重要任务——全民阅读。作为公共图书馆人，我们要充分发挥使命担当，在公共图书馆发展中突出"文旅融合"，有条件的地方，还可以建立公共图书馆分馆的方式实现公共图书馆文旅融合发展，在景区景点建、在机场或火车站建等；有资金的可由政府建，没有资金就引入社会资金指导企业建，也可充分利用社会资源，鼓励公民、法人和其他组织参与公共图书馆总分馆制建设；也可引导有条件的民宿、景区景点、星级酒店等结合自身的特色文化、自身民宿（景区景点）的发展历程、文化传承等来建设公共图书馆。特别是乡村旅游的发展，每一个点都有自身的特色，可将这些特色整合起来，以图文解说、小视频展示、实景呈现、展馆等方式展示给市民或游客观看，让市民在收看收听感受中了解当地的风土人情、地域文化、特色文化，既增长了见识又愉悦了身心。比如成都新津梨花溪景区，可将新津梨花的相关书籍、故事、地方文献等收集整理在一起整成"文献厅"，再将梨花溪的蜕变、发展的历程等通过图文展示、小视频反复解说等整成"感受厅"，将文创产品整成"观展厅"，还可将梨花创造出来的菜系等整成"美食展厅"，并可实时更新，让各展厅内容更丰富、更饱满。这样若干个厅联合在一起就成了图书馆的分馆，更好地实现了文旅的融合，让游客在体验中增强认知，激发出一览新津梨花美景、一品新津梨花美食的欲望。同样，新津区的天府农博小镇——兴义镇、古蜀宝墩文博小镇——宝墩镇，以鱼头火锅闻名的渔博小镇——安西镇，各个小镇结合自身的特色旅游品牌分别打造"渔文化、农博文化、宝墩文化"等特色文化，发展特色文化产业，有条件的还可创建特色文化场馆。这样成都市新津区的旅游会越来越有生命、越来越有特色、越来越有血有肉，从而吸引越来越多的人到新津游玩。特别是地铁 10 号线的开通，让新津有更多发展机会，游客到新津后有吃、有玩、有看、有乐，能体验地方特色旅游、感受地方的特色文化，增加成都市新津区公园城市、全域旅游的感官和体验感。

3.2　拓宽公共图书馆发展新路径、新里程，实现文旅活动内容的融合

　　文旅融合，关键在创新，南京大学教授陈雅认为："要注重需求、途径、文化氛围的营造，注重服务模式的创新。要注意图书馆的战略规划布局，处理好资源稀缺

性和服务个性化的矛盾，实现需求满足和项目引领。"我们要将公共图书馆的活动和旅游的活动有机融合起来，挖掘每个地方的历史文化故事，将地方的非物质文化遗产名录、非遗传承人、文化经济、人文故事、优秀典型人物等地方文献以文字或情景故事视频等，编成情景剧，以经典诵读的方式定时定点在景区景点小舞台上进行展演，让游客在观看中进一步了解旅游地的历史文化、风土人情，丰富旅游地的精神文化生活。譬如：我们可以将新津的民间传说和民俗文化，如罗老二修吕仙祠、天地精灵梨花魂、新津黄辣丁的传说、聂龙的传说、宝资山的传说等编成情景剧，以经典诵读的方式定期在成都市新津区梨花溪风景旅游区、斑竹林等景区景点进行展演，并将展演地点和时间公布，让游客在观看中增强感知，进一步加深对新津的了解；也可将这些情景剧录制成小视频，在数字图书馆中展示、在图书馆其他"互联网＋"上展示。

又或者，我们可以充分结合当地的地方文献，利用"互联网＋"旅游的方式实现文旅融合。特别是当前"互联网＋"阅读的方式在公共图书馆中运用到极致，24小时自助借阅机、自助办卡、数字图书馆等无处不在。将这些编排的具有地方特色的情景剧拍成小视频或者文字融入数字图书馆"互联网＋"模式发展中，有条件的可投入景区景点、民宿、绿道等人口集中地方，让更多群众或游客在观看中去感受、去体验，从而了解当地的民俗文化、掌握其精髓，传承当地的优秀文化精髓、扩大当地文化影响力和传播力，加深对旅游地的文化感官认知，既实现了现代文化和传统文化的融合，又真正实现了公共图书馆与旅游的融合。比如成都市新津区图书馆在数字资源中建立了新津地方特色文化库，设立了"新津文化、新津景观"板块，我们就可以充分利用这一平台推广新津的旅游资源，展示新津的地方文献、新津的各级非物质文化遗产目录及其保护和传承。特别是在疫情期间，全民宅在家里，成都市新津区推出了"花漾新津·梨花溪全景游""花漾新津·观音寺全景游""花漾新津·花舞人间全景游""花漾新津·老君山全景游"等，让游客足不出户就能体验新津区景区景点场景游，有图有文字，在老君山全景游中还配了实景语音解说，能给游客一个全实景体验。

总之，在文旅融合新时代背景下，公共图书馆既要注重全民阅读推广，又要注重与旅游融合，促进公共图书馆和旅游共同发展。

参考文献

[1] 专家解读文化和旅游部组建的深层意义[OL]. 南陵县文化旅游体育局，2019-12-08.

[2] 严粒粒，盛晨. 专家齐聚下姜村 探讨新时代公共图书馆文旅融合发展[N]. 浙江新闻，2019-05-11.

当代公共图书馆文创产业推广的思考

王睿娜

（成都图书馆　四川成都　610041）

【摘　要】　近年来，国家为了深入发掘文化文物单位馆藏文化资源，促进优秀文化的传承传播，增加文化产业的收益，特出台相关条例鼓励各级公共图书馆积极发展文化创意产业，努力开发并推广文创产品，在传承推广优秀文化文明的同时，满足人们在精神方面日益增长的需求，并为文化产业的蓬勃发展提供一定的经济支持。本文对当前文创产业推广现状进行深入分析，对起到积极作用的文创产品推广方法进行归纳总结，提出了公共图书馆文创产业推广可采用的策略，以促进公共图书馆文创产业的发展。

【关键词】　公共图书馆；文创产业；文创推广

文创产品是对千百年来沉淀下来的优秀文化进行深度挖掘后，融合文创开发人员的创意、智慧所凝结出来的优秀作品。提起文创产品，不得不说故宫博物院推出的一系列故宫文化创意产品。"朝珠耳机"、"奉旨旅行"腰牌卡、"朕就是这样的汉子"折扇等文创产品一经推出便受到了当代年轻人的大力追捧，在获得可观经济效益的同时，也将故宫文化以一种诙谐有趣的方式成功输出，使人们对传统历史文化有了更多的了解与关注，促进了传统优秀文化的传播与传承[1]。通过对故宫博物院等文创产品的成功推广案例的分析，我们在进行公共图书馆文创产业的推广工作时，也应当对馆藏文化资源进行深入挖掘，结合当地历史文化特点，打造地域特色文化，促进文创产业的发展。

1　公共图书馆文创产品的特点

1.1　文化性

文创产品作为文化艺术的衍生产品，将无形无质的文化以具象化的形式表现出来，其核心内涵是将其代表的历史文化及人文精神以更容易被世人所理解的方式表达出来。文创产品的本质就是表现文化、推广文化、促进文化的传播与传承。公共图书馆文创产品的特点，即是在作为文化衍生物推广传播文化，吸引当代年轻人更多关注的同时，为逐渐消失的历史传统文化寻找新的传承人，将图书馆的馆藏文化资源无形中传播给每一个人。文创产品还可以与当地传统地域文化相结合，推动本土文化的传播发展，打造地方特色文化，带动当地旅游产业的发展。而对于公共图书馆本身来说，文创产品的开发推广，可以帮助图书馆有更生动有趣、让人印象深刻的宣传形象，吸引更多的读者，与读者之间建立更紧密的联系，达到弘扬优秀文化、推广阅读的目的。

1.2　创意性

公共图书馆文创产品是将本馆 LOGO、古籍经典、书籍外形、题名封面、馆藏经典片段、名人名言及名人字画等文化元素，与新颖的创意设计相结合而生产出的一系列相关产品。图书馆可以通过文创产品开发的形式，让书写在古籍里的文字都活起来。文创产品的外形常基于馆藏经典作品的内容与元素进行创意设计，可能涉及当地地方特色的文化传统元素。最常见的创意设计是对馆藏古籍的历史文化名人、经典人物、片段、标语、字画及所涉及的历史环境等因素进行解构重组，制成包含单一元素或综合多种元素的便捷生活用品，如信笺、书签、明信片等。正面建立公共图书馆的良好社会形象，树立公共图书馆的公共文化服务精神，提升社会知晓度；为公共图书馆量身打造文创产品品牌，树立独立、精准，便于传播，充分挖掘自身馆藏文化资源的历史价值和文化价值，与公共图书馆的公益形象匹配，有直接的联想度；有吸引力，能够自带流量吸引大众关注；有具体的功能并且有传播价值。如安徽省图书馆根据馆藏文化中的徽州版画、古籍等元素自主设计的文化创意产品。

1.3　时代性

文创产品是历史与现代的结合，传统文化以文创产品为载体，跨越了时间与空间，与人们进行灵魂上的对话。文化创意产品作为能够打动人心、饱含意义的"别样"文化载体，如今已经成为文化文物单位弘扬优秀历史文化的最佳纽带。开发兼具实用性与价值内涵的文创衍生品，不仅可以融合各馆特色馆藏，"让文物说话"，更是实现图书馆文化教育职能与文化产业职能共同繁荣的重要途径。在"文创产品"这个词尚未提出之时，它所对应的概念是"旅游纪念品"，即纪念逝去的传统文化，引起大众的共鸣，满足人们对于文化体验的精神需求[2]。相比之前片面表现传统文化、形式老旧无新意、缺少文化内涵的"旅游纪念品"，现在的文创产品将优秀传统文化展现得更加全面，造型样子也更加别致新颖，让大众把文创产品带回家的同时，感受到历史的传统文化并纪念。

2 公共图书馆文创产业推广现状

2.1 相关政策不完善

虽然近年来，国家一直在出台相关政策文件来鼓励促进公共图书馆文创产业的发展进步，但从我国各地公共图书馆文创产业的发展水平来看，国家的政策条文还不够完善，同时也没有完全落实到位，以致不同地区的文创产业发展水平参差不齐。同时，由于公共图书馆属于国家公益单位，文创产业由相关部门全权负责，其在没有相关政策的支持下也难以大力发展推广文创产业，因此对于通过开发文创产品获得经济效益之事也逐渐失去信心，阻碍了图书馆文创产业前行的脚步。

2.2 培养机制不健全

公共图书馆文创产业发展的过程中，不论是开发还是推广，都需要大量的人才。大多数图书馆的经费均由国家财政拨款，除去图书馆日常运行、举办活动等，可分配给文创产品的开发与推广的经费极其有限，为了减少经费支出，图书馆往往将设计开发、宣传营销、服务推广等一系列任务都交由馆员完成。虽然这样一来，支出的确大大减少，一方面，开发过程会因经费不足而一切从简，产品质量也会大打折扣；另一方面，相比专业人员，馆员的创意设计比较单一，文创产品的科学性、美观性、实用性及地方文化的特性都无法达到一个较高的水平，无法吸引大众的眼球，以致不能在现有的文创市场中占领一片独有的领地。

2.3 设计开发不新颖

文创产品的开发，应结合当地文化与现代流行审美，将两者有机融合在一起，在此基础上发散思维，创造出具有本身独特特点的文化表达产品。在此过程中，开发研究人员的灵感和创新设计能力会直接决定文创产品表达文化思想的能力，以及大众的受欢迎程度。但就目前来说，大多数公共图书馆文创产品的开发设计都局限在现有的最常用的表现形式中，艺术表现张力不足从而使大众产生审美疲劳。高新科技使我们的日常生活带来了极大的变化，但在文创开发设计方面，高新技术的运用相对来说仍然较少。在这方面，中国故宫博物院做得就比较出色，无论是带领孩子们进行角色扮演，了解皇帝一天的衣食起居和工作，还是以"实体书 + 手机 App"

的新鲜游戏互动模式呈现故宫历史故事的《谜宫·如意琳琅图籍》APP，都充满着趣味性[3]。用户在游戏的过程中，既能对传统印象中神秘模糊的故宫形象有所了解，又能放松心情。

2.4　推广模式太单一

由于文创产品的历史前身是旅游纪念品，所以大多数图书馆对文创产品的定位还是纪念品，推广方式多以在当地旅游景点售卖为主，推广模式相对单一。在互联网的极速发展下，各种商品的销售都可以通过互联网来进行，文创产品也不例外。例如，2008年就已经入驻互联网平台的故宫淘宝，在摸索尝试近5年后，打造了萌系风格，创造了一年近10亿元的惊人销售纪录，同时也收获了外界的肯定与鼓励。故宫淘宝的发展历史，值得各地图书馆在文创推广时学习借鉴。

3　公共图书馆文创产业推广策略

3.1　完善相关政策，培养专业人员

一方面，政府和相关部门应当完善图书馆文创开发推广的相关政策，并落实到位，为图书馆文创产业的发展提供稳定的保障，让各级图书馆管理人员能够大胆地发展文创产业，积极创新。另一方面，完善的政策文件，也意味着图书馆可以获得更多文创发展经费，同时吸引外界的投资资金，为文创产业的开发推广提供充足的经费，保证文创产业开发推广的正常运转。

有了充足的经费支持，图书馆可以挖掘专业的研发设计及营销推广人才，设计出更有创意、更受大众喜欢的文创产品，同时吸引大众的眼球，让大众关注到更新换代后质量优秀的文创产品，推动文创产品的宣传，促进文创产业的发展。图书馆还可挖掘馆内人才，学习其他图书馆和博物馆文创产品开发推广的成功案例，从中吸取经验，提高本馆文创产品的开发推广水平。

3.2　利用互联网打造地方文化特色

要想使图书馆文创产业发展，就得具有独特性，在大众的心中留下深刻印象，增加大众对于图书馆文创产品的喜爱程度。要实现这一点，不同地区的图书馆可以根据本馆馆藏资源的优势，把馆藏优秀古籍资源、当地特有的风俗习惯及传统文化，融合现代人群大众审美倾向，设计出具有图书馆文化特色及当地地方特色的文创产品，打造独有的图书馆品牌，既让当地的民众更具地方自豪感，又引起外地的朋友

对图书馆馆藏历史文化传统及地方特色的兴趣，从而在促进文创产业发展的同时带动当地旅游业的发展。

文创产品除了可以礼品的方式赠送广大读者外，还可通过互联网吸引更多的受众。利用互联网推广文创产品，在各个自媒体平台以诙谐有趣的方式向大家进行推广，并积极互动，吸引大众的关注，让更多的读者通过网络了解并购买文创产品，促进文创产业的繁荣发展。

4 结 语

文创产品是传播传统文化、传承历史文明的优秀载体，在图书馆馆藏文化资源与大众之间搭建起一座沟通交流的桥梁。图书馆可以通过文创产品弘扬传统文化，实现其社会价值，大众也可以通过对文创产品提意见与反馈来帮助图书馆更好地发展。如今，我国各级图书馆的文创产业研发推广工作还在摸索尝试的路上，需要借鉴吸收国内外其他文化艺术馆的发展经验。但随着我国图书馆对自身优势的认知越加清晰，转化优势的能力得到锻炼，我们也能开发设计出大众喜爱的文创产品，并积极推广，帮助文创事业更加繁荣。

参考文献

［1］ 刘燕. 微信小程序在公共图书馆文创产业运营中的应用[J]. 图书馆学刊，2018（2）.

［2］ 李军. 基于众筹模式的公共图书馆文创产品开发研究[J]. 图书情报导刊，2018（7）.

［3］ 蔡璐. 图书馆文创工作现状分析及发展思考[J]. 邵阳学院学报（社会科学版），2018（6）.

文旅融合下县级公共图书馆
拓展服务空间的探索与思考
——以成都市新都区图书馆"文化巴士"为例

刘　辉

（新都区图书馆　四川成都　610500）

【摘　要】　在文化融合大背景下，新都区图书馆以文化流动服务车为载体，图书馆服务体系为支撑，打造了"文化巴士·美育香城"服务项目，打破了旅游与图书馆的行业界限，积极拓展服务空间，满足不同群体对公共文化服务的需求，以期为公共图书馆与旅游的融合提供一些参考。

【关键词】　公共图书馆；文旅融合；图书馆服务；实践

2018 年 3 月，中华人民共和国文化和旅游部组建挂牌。至 2018 年年底，各级文化和旅游部门相继组建，标志着文化和旅游大融合大发展的全新时代正式起航。如何以改革创新的精神实现文化和旅游的深度融合，发挥"文化 + 旅游"的优势，成为业界急需解决的问题。

1　近年来图书馆的文旅融合实践

1.1　举办各类型会议论坛展览

近年来，各级公共图书馆先后召开了一系列规模大、影响力强的国际图书馆会议，开展了一系列国际学术论坛交流活动，举办了极具影响力的大型展览活动。如：2019 年 3 月 27 日在四川省图书馆举办，由中国图书馆学会、中国国家图书馆、大英图书馆主办，四川省图书馆、成都图书馆承办的"2019 中英图书馆论坛"在四川省图书馆开幕。来自英国大英图书馆的专家学者和"鲜活的知识"英国图书馆联盟的代表，国内部分公共图书馆专家，以及四川省内 21 个市州及部分县级图书馆、高校图书馆馆长共计 120 余人参加了开幕式。

1.2 图书馆文化地标的创建

近年来，各级公共图书馆纷纷建设了新馆，图书馆在设计之初就以打造文化地标为目标，更具特色的外观，更现代、人性的服务设施和服务理念，让读者眼前一亮。自媒体通过微信、抖音等社交媒体，"网红"地标吸引众多游客纷纷前来感受文化氛围。如：四川省图书馆新馆于 2015 年 12 月 26 日开馆运行，2017 年全年接待读者近 197.966 7 万人次，新增注册读者证 3.752 8 万个，外借纸质文献近 63.955 7 万册次，现场参与活动读者 59.360 9 万人次，线上参与读者达到 150 多万人次。2017 年 10 月天津滨海新区图书馆对外开放，作为天津新的文化地标，获评 2018 年《时代周刊》"全球最值得去的 100 个地方"之首，凭借极具未来感的颜值与不断丰富的内涵，成为众多游客与读者必选的"网红"打卡地。滨海新区图书馆为读者和游客提供了强烈的视觉冲击，让读者可以在阅读的同时，带来更多美好的体验，让每一位到馆的读者都能在书山中有所感悟。

1.3 图书馆与书店结合

以"方所书店""言几又"等为代表的高颜值书店通过阅读空间、氛围的打造带给读者阅读体验，受到很多读者的喜爱，成为都市"网红"地，引来读者纷纷"打卡"。2018 年 4 月初，由成都图书馆首创的"城市阅读空间"项目正式启动。该空间作为成都图书馆分馆，公共阅读服务部分纳入成都图书馆统一管理，统一考核。"城市阅读空间"由书店向读者提供不低于 20 平方米、不少于 10 个座位的场所。图书馆则根据书店不同读者群的特点，提供 2 000 册图书并统一管理。同时，结合读者群特点，每年开展公益阅读活动不低于 20 场。这些"城市阅读空间"将与其他"城市阅读空间"以及公共图书馆实现通借通还，让读者就近借还书。首批 20 个"城市阅读空间"就包括了"三联韬奋书店成都店""方所成都店""琦笋不打烊书店""散花书院"等知名书店。

2 "文化巴士·美育香城"项目的背景

成都市新都区是"古蜀三都"之一，从 2800 年前古蜀开明王朝在此建立都城，数千年"城名未改，城址未变"；成都市新都区汇状元府第书香、满城桂蕊花香、宝光古寺佛香，素有"天府明珠，香城宝地"之美誉。

成都市新都区图书馆现为国家一级图书馆，阅览座席达 400 个，馆藏纸质图书达 47 万余册，数字资源容量 20TB，全年 365 天免费对外开放，2019 年接待读者近 40 万，借阅图书 27 万册次。2018 年年初，初步建立了以"六个统一"为目标，覆盖区内 13 个镇（街道）图书馆分馆的图书馆总分馆服务体系。2019 年开始试点村（社区）图书馆服务点通借通还。目前，实现通借通还村（社区）图书馆服务点 6 个。通过几年的建设，成都市新都区图书馆建立了覆盖面广、内容丰富的数字文化服务体系，通过成都图书馆数字资源平台、成都市都新都区图书馆网站、成都市新都区数字图书馆、微信公众号、微信小程序、APP 等数字资源，打造 7 × 24 小时在线图书馆，让读者足不出户就可享受数字文化服务。

3 "文化巴士·美育香城"项目理念及运行方式

3.1 项目理念

在文旅融合的今天，文化和旅游越来越紧密地在一起，越来越多的旅游景点加入了文化服务，让文化服务更贴近市民。新都区图书馆秉承"读者第一，服务至上"的理念，为广大读者群体提供家庭、学校以外的"第三空间"，充分发挥了公共图书馆的社会教育职能，有效整合了公共文化资源；针对不同群体的阅读特点，推出"文化巴士·美育香城"阅读项目，贴近读者，深入区内景点、绿道、公园等，为读者提供优秀读物和轻松舒适的阅读环境，形成了浓郁的阅读氛围。

3.2 项目运行方式

"文化巴士·美育香城"阅读项目，将原有的"文化流动服务车"进行改造，具有浓郁地方文化特色外观，为市民展现了憨态可掬、生动形象的文化熊猫形象，还对遮阳伞、阅览室桌椅进行了装饰，让市民可以坐在翠竹下与熊猫一起阅览。车上配齐各类图书 1 000 册、期刊 200 册、读者用座椅、电子触摸屏、工作电脑、扫描枪、身份证读卡器、无线网卡、数字图书等设施设备，并安排 2 名工作人员现场负责流动服务和数字阅读推广。

3.2.1 流动文化服务

"文化巴士·美育香城"主要开展读者证办理，图书期刊借阅，数字期刊、数字图书服务，同时还根据重大节庆开展电影放映、主题宣讲、文化展览等活动。读者可以通过手机随时阅读电子书刊，欣赏文化讲座，也可凭身份证就将喜欢的图书借回家。

流动服务的主要服务场所是区内各重要景区、公园、广场、绿道、体育中心、社区、学校等人员密集场所。2019 年开展流动服务 22 场次，服务读者 4 000 余人次，借阅图书 6 000 余册。

3.2.2 合作服务

新都区图书馆与桂湖公园景区合作，将流动文化服务与景点充分融合，为读者专门挑选了符合桂湖公园景区的文化类图书、发放了杨慎专题数字数据库资源宣传单，让读者在景点游玩时充分感受景点深厚的文化底蕴。

新都区图书馆与香投集团合作，在新都毗河绿道投放了期刊和数字资源，作为文化巴士的延伸服务，市民可以近距离接触熊猫元素的"文化巴士"。在绿草茵茵中，熊猫造型的巴士车格外惹眼。巴士除了为绿道游玩的市民提供茶水饮料休闲食品外，还为市民提供文化休闲服务。市民可以坐下来随手翻看身边的图书期刊，也可以用手机扫二维码下载数字期刊、数字图书，还可以通过下载的 APP 在线收看名家讲座视频。

3.2.3 开展主题服务

2019 年是新中国成立 70 周年，新都文化巴士以 "红色书籍进万家，红色故事进基层"为主题，深入区内社区、景点、绿道、体育场馆等，为读者提供红色经典书籍借阅、70 年岁月变迁图片展览、新中国成立 70 周年影片播放等宣传活动。

3.3 项目宣传

新都区图书馆除了利用本馆自办阅读交流报纸《桂湖》、微信公众号、读者活动群、网站开展宣传外，还积极拓展宣传渠道，在电视台、报纸、网络等媒体上开展"文化巴士·美育香城"项目宣传工作。2019 年 5 月 23 日，成都市文化广电旅游局官方微博、微信以"熊猫文化巴士 不仅好看还大有文章！"为题对文化巴士进行了报道；市、区各级媒体先后对"文化巴士·美育香城"项目进行了报道。

4 项目的社会成效

4.1 "文化巴士·美育香城"项目，可以解决文化流动服务车使用率低的问题

文化巴士加入地方文化元素，让流动服务车真正动起来，把图书馆服务带到读

者身边。一方面，把自己能够服务于读者的业务内容宣传出去；另一方面，把自己服务于读者的理念与途径宣传出去。

4.2 "文化巴士·美育香城"项目是区域总分馆服务体系的一个补充

通过此项目，新都区图书馆不断深入探索，总结经验，合理布局，让更多的市民在家门口就能享受图书馆服务，实现文化的公益性、基本性、均等性和便利性。

4.3 "文化巴士·美育香城"项目，促进阅读习惯形成

此项目用成都典型的熊猫形象积极地进行馆外阅读推广宣传，走进读者，让读者在家门口就能享受图书馆无差别的服务，在潜移默化中受到良好的启发和熏陶，从而在日常生活中营造良好的阅读氛围，促进他们养成阅读习惯。

4.4 "文化巴士·美育香城"项目，让数字阅读走进读者生活

此项目深入区内社区、景点、绿道、体育场馆等，来到读者身边提供书籍借阅。读者可以用手机扫二维码下载数字期刊、数字图书，也可以通过下载的 APP 在线收看名家讲座视频，从而丰富读者的娱乐生活，让数字阅读真正走进读者生活。

5 结 语

推动文化和旅游深度融合，需要从地方文化发展水平、特色旅游资源和自身特点出发，"文化巴士·美育香城"项目依托于新都丰富的景点、深厚的文化资源和公共文化服务体系资源的优势。文化与旅游深度融合就是要打破各自的空间界限，让文化融入旅游。公共图书馆通过发掘文化资源，提炼地方文化特质，形成有影响力、有内涵的阅读推广活动，让图书馆走进市民，也让更多的市民使用图书馆。数字技术的进步，互联网、AI、VR 等技术的应用与推广为文化和旅游的融合带来了新场景，各级公共图书馆需要拥抱新技术、新手段，把握时代的方向，将内容丰富、形式多样的文化活动与旅游结合，共同闪耀出更亮的光芒。

成都市新都区图书馆"文化巴士·美育香城"项目经过了一年的探索与实践，依托新都区文化服务体系，充分发挥了图书馆与旅游行业的特点与优势，为图书馆服务空间的拓展开辟了更广阔的空间，让读者、游客在公共文化服务中得到了最大的满足，不仅将阅读融入了景点，也赋予旅游景点、绿道、公园文化内涵。

参考文献

[1] 2019 中英图书馆论坛在蓉开幕[EB/OL]. http：//sc.people.com.cn/n2/2019/0327/c345167-32783009.html.

[2] 四川省图书馆 2017 年年报[EB/OL]. http：//www.sclib.org/sclib/uploadfile/file/20181225/20181225135307_912.pdf.

[3] 书店与图书馆创新结合 成都全国首创"城市阅读空间"[EB/OL]. http：//www.wenming.cn/dfcz/sc/201804/t20180424_4664460.shtml.

公共图书馆与旅游深度融合的发展路径

马秀梅　曹　爽

（大邑县图书馆　四川成都　611330）

【摘　要】 在文旅融合背景下，公共图书馆如何参与到旅游服务当中，是值得图书馆人思考的一个课题。本文将文旅融合背景下公共图书馆的服务路径作为研究对象，从四个方面探讨了公共图书馆服务旅游的路径，以期充分发挥公共图书馆的作用，促进文化和旅游的深度融合。

【关键词】 图书馆；文旅融合；发展路径

1　引　言

2018 年 4 月，文化和旅游部正式组建，"诗与远方"终于牵手一起前行，文化和旅游融合发展扬帆起航。旅游和文化从来就是相生相伴、相互交融的。我国文化和旅游融合大幕拉开，是新的机遇，更是一次前所未有的挑战。公共图书馆在文旅融合的时代能够参与到旅游文化建设的工作当中，并且有着较广阔的发展前景。公共图书馆要在做好传统服务的基础上，充分利用图书馆资源优势，从研学旅游、会展旅游、民宿图书馆以及文创产品上下功夫，创新文旅融合发展新模式，实现资源利用最大化，推进当地文化资源和旅游的融合。

2　建立公共图书馆的会展旅游模式

随着我国改革开放进程的不断加快，公共图书馆也逐渐向国际化快速发展，中外之间的文化交流也日益频繁，已经与世界图书馆事业发展进程相融合。近年来，国内悄然兴起一股会展旅游热，这是一种商务旅游形式。图书馆可以借助会展旅游模式，助推当地全民阅读活动开展，提升群众的文化素质。国家图书馆、上海图书馆等都多次举办有规模的国际会议和学术论坛，有效推动了图书馆作为会展旅游的重要平台的发展，也成了旅游内容的重要组成部分。公共图书馆举办较大规模的学术交流论坛以及主题展览，给举办所在地带来了很大的良性影响。这种以文化交流为基础，以会展旅游为表现形式的活动，在一定程度上带动了公共图书馆会展旅游的进步。

3 构建公共图书馆研学旅行品牌

研学旅行是近年来兴起的一种新型旅游方式，传承了我国传统游学"读万卷书，行万里路"的教育理念和人文精神。我国历史上游学的代表人物有春秋时期的孔子、明代的顾炎武、现代的陶行知等，可以说游学思想是我国教育思想非常珍贵的部分。研学旅行是对古今中外教育文化启示的理性思考，是教育发展国际认同的积极探索，既是一种教育和学习方式，也是一种阅读方式。四川是中国文化旅游资源大省，资源数量和品位在全国名列前茅，也是中国的世界遗产大省，拥有丰富的文旅资源，更有绚丽多彩的历史人文底蕴，具备研学旅行的所有类型。独特的文化性和体验性，为更好地应对文化旅游市场的恢复发展提供了更多可供选择的新产品。四川于 2020年 7 月 18 日，发布 2020 年首批研学旅行主题线路。

"读着名著去旅行"，研学旅行将书本知识与课外实践结合起来。2016 年 12 月，教育部、旅游局等首次多部门联合发文落实推进研学旅行。因此，研学旅行日益成为教育文化的一部分，受到了方方面面的广泛关注。早在 2011 年国家图书馆就超前捕捉到研学旅行的发展趋势，于 4 月 23 日，陆续推出了"阅读之旅"等一系列研学旅行服务项目，将阅读、旅行相结合。这种跨界融合是研学旅行未来发展的方向。

公共图书馆研学旅行服务是一种新型服务形式，在开展阅读活动中要将这一新形式融入图书馆暑期阅读推广计划中，寻找公共图书馆与社会教育、文化传播、旅游促进的契合点，推动文化、旅游资源与学校教育资源的交流融合，是公共图书馆实现文旅融合的最佳切入点和着力点，从而为在校学生研学旅行活动提供服务，充分发挥图书馆的社会教育职能，探索图书馆文旅融合新模式，也为研学旅行创意项目的后续开展打下了良好的基础。

4 创新公共图书馆文创产品

公共图书馆担负着为科学研究服务和为大众服务的双重职能，传统单一、被动的服务方式已不能满足当代读者服务需求，而图书馆文化创意产品开发正是对图书馆传统服务方式的补充，让传统图书馆焕发生机与创意。2016 年 5 月，国务院办公厅转发文化部等部门《关于推动文化文物单位文化创意产品开发若干意见》通知，各级公共图书馆高度重视文创工作，积极探索和创新，国家图书馆走在图书馆领域文创产品开发前列。2017 年 9 月，"全国图书馆文化创意产品开发联盟"在北京正式成立，37 家副省级以上文创开发试点图书馆全部加入，正式拉开了图书馆抱团进行文创探索的序幕。2019 年 5 月，文化和旅游部提出要"推动新时代旅游景区发展和文创产品开发工作，更好推进文化和旅游深度融合，更好促进文化和旅游高质量发展"。公共图书馆要顺势而为，大胆尝试，以文化创意产品开发作为文旅融合的突破口。

图书馆做文创最大的优势在于其馆藏。作为传统文化的宝库，图书馆的馆藏不缺审美趣味，在产品设计和创意上，图书馆要充分利用好丰富的馆藏资源为文创产品提供创作元素，通过挖掘图书馆文物史料和地域文化资源，加上文化创意，结合当地的旅游特色资源，可以设计成极具历史、纪念和实用价值的特色旅游商品，既能满足顾客的体验需求和购买欲望，也能延伸图书馆旅游产品链条。截至 2016 年，全国共有 12 274 部古籍入选珍贵古籍名录，堪称中华民族重要的文化财富和精神家园。图书馆做文创的重点就在于挖深度、讲故事。图书馆可以将馆藏古籍原文或原图印制在各类型文创产品上，让书写在古籍里的文字都"活"起来。如上海图书馆推出的《缥缃流彩》线装笔记本体验套装，甘肃省图书馆文化创意产品以馆藏名人书画为素材开发的衍生品——甘图珍藏笔记本和蝶恋花系列文化创意产品等，让游客、读者在参与和体验中更加深入地感受了公共图书馆传播文化的无穷魅力。图书馆要把握好图书馆事业与文化创意之间的关系，使两者相互促进，相互支持，共同开创文化产品新局面。

5 开启"图书馆＋民宿"合作模式

民宿作为旅游中转站，为游客提供体验当地自然、文化与生产方式的小型个性化住宿场所，承载了一座城市的文化底蕴和宣传推广，需要文化的加入才能焕发活力。"图书馆＋民宿"是图书馆的服务创新，也是民宿旅游的一种尝试，更是投资者以人文情怀为切入点的经营之道。民宿拥有良好的硬件设施，完全可以为游客提供良好的阅读环境。国家旅游局在星级民宿评定标准中，将民宿是否设有休闲阅读区、客房有无介绍当地文化特色书籍与否作为一项评分标准。公共图书馆可以为民宿提供大量的图书供游客借阅。"民宿＋图书馆"通过把图书馆的文化资源展示在旅客面前，能为图书馆赢得更多潜在读者，为全民阅读开辟新的空间，有效开展全民阅读，推进地方文化资源和旅游的结合。

文旅融合发展，浙江走在全国前列，浙江省各级公共图书馆一直积极关注文旅融合现象，为全国其他地区提供了示范。图书馆和民宿的结合，改善了相对单一的阅读模式和旅游状态。温岭市图书馆遵循文旅融合的理念，走出图书馆，走进民宿与风土民俗结合，走进景点与文创产品结合，让书香浸润休闲旅游，将书香世界与美好的田园生活结合在一起。淳安县下姜村"杭州书房"拥有 22 大类 7 000 余册图书，涵盖传统报刊阅览、电子图书阅读、VR 体验及文创产品展示等功能，已与淳安县图书馆联网，实现图书通借通。德清县莫干山，是全国著名的避暑胜地，县图书馆根据民宿的规模档次、地理位置等，在莫干山周边选了 11 家民宿作为县图书馆的流通点，图书利用率达 60%以上。莫干山镇通过发展文旅相结合的系列民宿，旅游人数呈现爆发式增长。"图书馆＋民宿"阅读方式让游客从中了解当地的人文历史、风土民俗，推动地方文化资源与旅游结合，带来文化气息的"图书馆＋民宿"模式，成为带动当地旅游民宿产业发展的新引擎，助力地方乡村振兴建设。

6 结束语

伴随着文旅融合模式的持续发展，公共图书馆要在原有业务基础上，创新文旅融合的切入方式，不断深化服务内涵，拓宽服务领域。各地图书馆可以结合自身特色，建立会展旅游模式、开发研学旅行路线、推动文创产品的研发，发展"图书馆＋民宿"等。把文化之诗和旅游远方有机结合在一起，增强文化品位，提升旅游品质，不断拓展图书馆的服务领域，实现图书馆公共文化服务的延伸。

参考文献

[1] 李燕. 文旅融合背景下的图书馆服务管见[J]. 图书馆学刊，2019（12）.

[2] 雒树刚. 以习近平新时代中国特色社会主义思想为指导，努力开创文化和旅游工作新局面[J]. 党委中心组学习·中心组讲堂，2018（4）.

[3] 黄雅麟. 文旅融合背景下公共图书馆发展策略分析[J]. 图书馆学刊，2020（5）.

[4] 王世伟. 关于公共图书馆文旅深度融合的思考[J]. 图书馆，2019（2）.

[5] 金龙. 文旅融合背景下公共图书馆研学旅游服务创新策略[J]. 图书馆工作与研究，2019（5）.

浅析新时代公共图书馆服务效能提升

唐　倩

（金堂县图书馆　四川成都　610400）

【摘　要】 随着移动互联网平台、人工智能的迅速发展，社会节奏的不断加快，群众对社会服务水平的要求越来越高。图书馆作为公共文化服务阵地的一个重要组成部分，如何适应百年不遇之大变局、新机遇，图书馆服务效能提升迫在眉睫。基于此，本文结合成都市公共图书馆服务效能现状，着重对公共图书馆提升服务效能的方法进行探究，以达到提高社会公共区域服务质量，实现文化资源综合利用的目的。

【关键词】 公共图书馆；服务效能；提升策略

随着社会经济发展水平的全面提升，社会文化结构也在逐步完善，人类发展逐步从追求单一的经济利益视角，向着寻求高质量、高品质的服务方向转换。公共图书馆作为社会服务体系需完善的部分，除了要运用数字化程序进行图书资源的全面整合，也要不断提升公共图书馆的服务效能水平。

1　公共图书馆服务效能实践的现状与不足

公共图书馆服务体系全面升级，是社会文化事业迈向新阶段的直接体现。近年来，我国公共文化服务体系建设，逐渐随着社会经济发展水平的提升而优化。全国公共图书馆基本服务设施完善率不断提升。由此可见，我国公共图书馆的服务效能实践，已取得了突出成绩。

但是国内公共图书馆服务平台仍存在区域性限制、公共图书馆新旧服务体系对接不恰当以及工作人员能力参差不齐等问题，制约着国内公共图书馆服务效能目标实现，这些问题甚至会成为社会文化传播渠道堵塞的关键。

1.1 在馆信息显示具有滞后性

笔者通过对市图书馆和区县图书馆走访得知，图书馆 APP 或者官网显示图书外借状态信息具有滞后性。比如要找一本书，在图书馆 APP 或者官网查找显示在库，但是实际上在书架上却找不到这本书。管理员解释，这本书是在成都市锦江区图书馆借的，还到了成都市武侯区图书馆，现在到锦江区图书馆查到这本书显示在库，虽然已经归还了但是还没有还回锦江区图书馆，所以在书架上找不到。这样难免会给读者带来不便。现在随着智能服务水平的不断提升，这些小细节也应该完善，才能提高读者的体验度。另外，一些区县图书馆受到资金的限制，虽然开通了微信平台，但是功能还有待完善，如网上续借功能、馆藏查询功能。有的图书馆微信平台只是一些简单的馆藏检索服务，而且细节方面还存在很多不足。现在一个美团就能实现很多功能让用户足不出户就能搞定一切。在人工智能迅速发展的今天，网上银行可以让用户实现查询、转账等大部分功能，那么我们图书馆的官方微信、APP 是不是也应该适应这样的趋势呢？以我们金堂县图书馆为例，外借室书架都标注了架面列层。如果我要查找一本书，先用手机在官方公众号里面查询出这本书的索书号，然后再找出这本书在哪一个书架上。如果官方公众号里面的数据可以更加完善，把这个步骤简化一下，让读者查询出索书号的同时就能找到这本书在哪个书架。此外，很多读者拿着手机上搜索出索书号,但是在书架上怎么找不到这本书?这些都是因为信息滞后给读者带来的不便，建议改善这类现象，避免读者空跑。

1.2 官方 APP 微信平台功能亟待完善

以金堂县图书馆为例，公众号里只有简单的馆藏检索功能和信息发布，像市图书馆那样的网上续借、网上缴费功能都没有。现在支付宝、微信如此普及，我们还只能用现金进行支付，很多读者表示确实不太方便。因为现在很多人出门都只带手机。笔者用过市图书馆的微服务大厅，只要绑定一个手机号，读者的在借、临过期、已过期图书和借阅清单就一目了然。既然都实现了通借通还，那图书馆微信服务平台可不可以实现区县"通用"呢？就像我们的借阅系统一样的原理，全市通用一个系统但是独自拥有各自的账号，这样既可以免去读者重复绑定账号的麻烦，又可以弥补很多区县因为经费不足导致的微服务滞后的现状。

2 公共图书馆提升服务效能的方法

2.1 改善公共图书馆阅读环境

公共图书馆提升服务效能的途径，应从当前图书馆服务结构缺失部分入手，寻找解决问题的空间，改善公共图书馆的服务环境，是打破国内图书馆平台区域性限制的有效方式。公共图书馆可以通过重新规划阅读空间的方式，改善公共图书馆在大众心中的形象，提升公众对图书馆阅读服务的认可。现在成都周边的言几又、方所等社会性质的书店整体阅读空间的打造较为成功。相比较而言，公共图书馆对阅读空间的打造还有待提升。为打造更具特色的阅读空间，金堂县图书馆具体分为六大功能区域进行重点打造：饮茗品书、悦读空间、书画之源、屏读天下、拓展空间、文化讲坛。

饮茗品书：其功能及意义在于体现中国茶道文化和相关中华优秀传统文化，如古筝、古琴等，发扬中华传统美德，展示文化艺术，修身养性，陶冶情操。

悦读空间：其功能及意义在于让大家走出家门一起分享阅读的快乐、愉悦，进行诗歌朗诵、诗词分享、吟诗作对等文化活动。由此，"悦读分享"将成为社交新的选择，有利于构建新型人际关系，推动书香社会的建设。

书画之源：其功能及意义在于通过"书画之源"吸引文人雅士在此交流、探讨、创作。书画是集高雅、艺术、休闲、放松于一身的艺术，有利于培养人们的良好心态，个人修养，也对提升艺术才华和自我价值有着不可替代的作用。

屏读天下：其功能及意义在于通过现代数字设备来展示金堂历史文化、历史名人以及当代优秀文学作品等，促进金堂曾经和正在创作的优秀资源的传播，让群众深入了解金堂本土优秀历史文化，提升本土优秀文化作品的大众认知度。

拓展空间：其功能及意义在于承担文化培训、开展青少年文化活动等用途。

文化讲坛：其功能及意义在于通过"文化讲坛"的熏陶提高道德模范、优秀历史人物的群众知晓率，使人们体会到金堂文化艺术的精髓，通过了解本地文化而深刻领悟中华文化背后的底蕴，增强文化自信，增强民族自豪感。

2.2 公共图书馆服务用途多元化转换

公共图书馆可以和周边的中小学、高校联合举办游学活动。学校统一组织学生参观图书馆、参加志愿者服务实践活动等多种形式，让学生们以轻松的方式了解图书馆关于上架、借阅相关知识，不仅可以丰富学生的业余生活，还可以提高公众对于图书馆知晓度，扩大图书馆的社会影响力。

一方面，公共图书馆服务不仅仅局限于传统的提供借还书服务，应该全方位多渠道为青少年提供各种服务。以金堂县图书馆为例，三楼的科普馆就是针对青少年进行的服务延伸，以寓教于乐的方式为小读者们带来全新的科普体验。

另一方面，图书馆可以和学校进行长期合作，形成志愿者服务活动的长效机制。学校可以利用寒暑假组织学生到图书馆进行假期志愿者实践活动。组织学生到图书馆进行上架、帮助读者找书、借还书等服务，让学生能学习到关于图书馆的一些基本知识，如图书分类法，从而让学生走进图书馆、了解图书馆的同时获取一定的专业知识。

此外，公共图书馆服务效能水平的有效提升，在于充分利用社会资源优势，拓展公共图书馆服务模式的社会参与度，提升公共图书馆文化服务在人们生活中的作用。常见的公共图书馆服务效能形式有：加强服务理念传播，开展图书馆公共交流活动等，逐步引导公共图书馆服务效能的提升，向着更加广阔的方向延伸。

2.3 公共图书馆服务向个性化转变

公共图书馆服务在确保传统免费开放功能的前提下，还应该不断适应新时代发展的要求。随着网络覆盖率的不断提升，群众对于读物的选择越来越多，电子期刊、读书 APP、有声阅读软件比比皆是。现在读者对文化的需求也越来越高，公共图书馆能否改进服务适应新时代阅读要求？针对重点人群研究更为个性化的阅读推广服务势在必行。金堂县图书馆采取与社会力量合作的方式开展了一系列针对青少年的阅读活动。如 2019 年元旦引入 VR 实景体验活动，利用 VR 设备向青少年提供内容丰富的体验项目，其中传统文化、古诗词赏析、太空知识、安全教育等项目深受他们的喜爱。他们在虚拟的世界中学习各种知识，光怪陆离的空间让他们对学习充满兴趣，各种各样的景象也让他们对知识点记忆深刻。有的在体验《太阳系》的时候对太阳系的 8 大行星有了比较全面的认知；还有的在《消防教育》体验中提升了安全意识，对家里的安全隐患进行排除。体验过程中，他们都很好地掌握了 VR 手柄的基本操作，可以自如地在虚拟现实的场景里徜徉。

2.4 不断创新提高整体服务水平和质量

综上所述，在大数据、云计算、人工智能迅速发展的新时代，对公共图书馆提升服务效能提出更高的要求。在此基础上，为了进一步优化国内公共图书馆服务体系，应改善公共图书馆阅读环境、公共图书馆服务形式多元转换以及公共图书馆服务向个性化转变，促进公共图书馆整体服务效能提升。因此，浅析公共图书馆提升服务效能的提升方法，将为新阶段的文化产业发展提供更有效的创新渠道。

参考文献

[1] 宛健. 浅析公共图书馆使用新媒体服务[J]. 图书馆管理，2016（9）.

[2] 李继明. 公共图书馆微信公众平台信息服务现状及发展对策[J]. 河南图书馆学刊，2018（4）.

文旅融合下公共图书馆资源融合与创新发展

彭 科

（成华区图书馆 四川成都 610000）

【摘 要】 传统意义上，公共图书馆的任务是为了引导、帮助、推动全民阅读。随着我国经济水平的不断提高，人民生活水平的不断增长，公共图书馆被赋予公共文化服务体系重要任务。文化和旅游作为新时代的两个重要课题，两者之间是相辅相成、相互促进的，公共图书馆作为文化传播的重要主体，在文化和旅游融合的过程中扮演着不可替代的角色。本文基于新时代文旅融合的背景，对我国公共图书馆资源融合和创新发展的举措进行简要研究，以期能够充分发挥公共图书馆在文旅融合过程中的重要作用，促进我国文化和旅游事业的进一步发展。

【关键词】 文旅融合；公共图书馆；资源融合；创新

1 引 言

随着我国经济的不断发展，人民生活水平也不断提高，旅游在人民生活中的占比也越来越大，这也使人们对旅游的需求越来越多，对旅游的要求越来越高。而我国的旅游行业发展仍然不够完善，不仅旅游项目和形式较为单一，而且旅游服务也缺乏地方特色，大大削减了不同城市的旅游魅力，没有充分通过旅游开发向游客展示地方的风土人情。为了能够改善此现状，我国逐渐迈入文旅融合时代，文旅融合有三种形式：第一种是具有文化特点的文化符号转变为旅游景点；第二种是具有文化元素的休闲娱乐产业成为旅游产业的组成部分；第三种是文化产品本身的知名度使其带动了旅游产品的热度。公共图书馆作为文化传播的重要场所，本身就承担着传播文化、促进文化繁荣的历史任务，而在新时代文旅融合背景下又被赋予促进旅游行业发展的新任务，使其在文旅融合的发展进程中承担着不可替代的作用。在文旅融合背景下，公共图书馆应当如何进行资源融合与创新发展，在推动我国文化和旅游发展的同时促进公共图书馆的创新进步，成为新时代公共图书馆需要研究的重要课题。

2 文旅融合下公共图书馆资源融合机遇和挑战

文旅融合背景下，公共图书馆资源融合的步伐加快，可以说文旅融合给公共图书馆资源融合带来了不可多得的机遇，促进了公共图书馆进一步创新和发展，但是同时公共图书馆也面临着极大的挑战。

文旅融合背景下，公共图书馆资源融合的机遇主要有以下两个方面：一方面，公共图书馆资源融合具有良好的外部法治环境。2018年1月施行的《中华人民共和国公共图书馆法》明确指出了社会主义公共文化服务体系离不开公共图书馆这一重要组成部分，将公共图书馆的建设格局细化为政府主导、社会参与，提出了公共图书馆要加强资源融合的要求，为公共图书馆资源融合提供了法制保障。《中华人民共和国公共文化服务保障法》等相关法律法规也逐步指出各公共文化机构之间要互相协助、相互借鉴、互联互通，资源的借鉴、融合能够促进各方共同协调发展，显然已经成为公共图书馆的发展趋势。另一方面，随着社会的发展，人们对阅读和旅游的需求有所增加，文化和旅游都急需创新来吸引人们的参与。在经济不发达的时期，人们的需求往往停留在温饱层面，但随着人们生活水平的不断提高，对阅读和旅游的需求也不断增加。因而，全国公共图书馆的流通人次在不断增长，国内旅游人数和入境旅游人数也大幅度增加。大量的需求倒逼文化和旅游行业的发展、创新，从而提供更高质量的阅读和旅游服务。公共图书馆通过资源融合促进自身进一步发展和创新是顺应时代的行为，公共图书馆的文化和历史资源丰富了旅游产品的内涵，提升了旅游产品的品质；同时，旅游行业的发展也为公共图书馆资源注入了新的活力。

文旅融合背景下，公共图书馆资源融合也面临前所未有的挑战。文旅融合意味着公共图书馆必须做好各部门之间协调合作的工作。虽然文化和旅游部的组建一定程度上解决了文旅融合管理主体不明和职责交叉的问题，但是文旅融合需要制定切实可行的方案，在实际操作过程中仍然需要多部门之间的配合，各部门之间的职责也需要进一步细化，统筹协调各方，促进各方顺利合作是工作的重难点。除此之外，文化和旅游毕竟属于两个不同的区域，公共图书馆更加擅长文化资源方面的服务，在文旅融合过程中需要整合自身资源，发挥自身优势，巧妙地与旅游行业融合，从而真正使两者相辅相成、互相成就。对许多历史、名人、地理的资源记载如何活化运用到旅游发展中，如何将传统文化融入现代文化的环境下，让读者、游客都更加容易理解和接受，如何根据自身特点进行有机融合是值得深入研究的问题。

3 文旅融合下公共图书馆资源融合与创新发展措施

3.1 开展公共图书馆研学旅游活动

图书馆研学活动是指把图书馆做成文化和旅游的结合地，融合学习、阅读、教育、旅游等多个因素，让参与者在公共图书馆中感受历史文化、阅读历史文献、观摩历史痕迹，同时通过研学的机会相互交流和分享。图书馆自身拥有悠久的文化历史底蕴，具有大量的文献资源，可以说公共图书馆是文化的记录、历史的缩写，可以说图书馆自身就是具有时代印记、文化底蕴的文化符号，因此图书馆作为研学旅游活动的地点十分适宜。除此之外，部分地区的公共图书馆还具有鲜明的地方建筑特色，又或是存在时间比较久远，自成一处的独特景观。公共图书馆研学旅游活动可以带领参与者体验"一本图书的足迹"，通过参观图书馆的各个部门，了解各部门之间的工作分工，了解一本书从选择、购置进图书馆到放置进书架供读者阅读的整个过程，带领其观看借阅图书的办证、找书、借书、还书的一整套流程，让参观者了解一本图书在公共图书馆的所有足迹。研学旅游活动也可以定期开展主题研学活动，如红色文化主题研学、文房四宝主题研学、传统雕版印刷技术主题研学、地方历史主题研学等，通过观看影片、设置活动体验室、讲座、交流会多种形式，让参与者能够在旅游般的轻松愉悦的氛围下感受文化的魅力。

3.2 开发文化创意产品

早在 2016 年国务院就积极鼓励公共图书馆开发各种形式的文化创意产品，公共图书馆作为掌握多种形式文化资源的场所，依托自己丰厚的馆藏资源开发文化创意产品具有天然的优势。文化创意产品是文化创新与旅游的结合，需要公共图书馆积极吸引社会文化创意人才，从地方特色出发研制出美观与实用兼备、符合游客和读者需求的文化创意产品，即使公共图书馆增添了旅游特性，也使旅游产品去同质化。

3.3 建立地方特色文化数据库

旅游本身是一个领略不同地区景色、风土人情、文化的过程，而公共图书馆的馆藏资源丰富，可以说涵盖了该地区从古至今各个阶段的发展历程和变化，应当充分利用公共图书馆这一资源优势，建立地方文化数据库，助力旅游行业丰富其文化内涵。地方公共图书馆可以按传统技艺、建筑风格、风土人情、地方菜式、风景名胜、历史变迁等系列，将地方特色文献资源分门别类地进行收集和整理，并建立统一的数据库。每一系列以时间为纵向轴线，通过图书、期刊、报纸、录音、影片、照片等各种文献资料为内容填充，一方面可以作为理论基础为地方的旅游事业提供翔实的文献依据，使地方的旅游事业能够与地方文化紧密结合；另一方面地方特色文化数据库也给读者、游客提供了了解地方历史和现状的途径。地方特色文化数据库的线下实体内容甚至可以作为旅游产品供游客观赏，充分让公共图书馆利用自身在文化方面的长处来促进旅游的发展。在这一过程中，旅游的热度也能让更多的人了解到地方文化，在一定程度上促进了文化的传承。除此之外，数字时代的来临也给公共图书馆建设地方特色数据库带来了更多的可能性，可以运用的数据形式更加丰富。公共图书馆可以对本地方文献资源进行收集、整理、再加工形成微视频，并将微视频运用到旅游行业的服务中。微视频可以介绍旅游景点、名人古迹的故事，也可以推荐科学、合理的旅游路线，将制作好的微视频发布到网上供需要的游客浏览，还可以在旅游景点旁边放置二维码。扫描二维码即可观看公共图书馆制作的微视频。

参考文献

[1] 云云，陆和建. 文旅融合背景下公共图书馆服务创新案例探析[J]. 农业图书情报学报，2020，32（7）.

[2] 赵敏. 文旅融合背景下对公共图书馆发展路径的思考[N]. 新华书目报，2020-06-28.

[3] 苗宾. 对文旅融合时代公共图书馆发展的思考[J]. 图书馆工作与研究，2020（6）.

[4] 王兰真. 文化融合背景下公共图书馆文旅服务创新探索——以安徽省图书馆为例[J]. 传媒论坛，2020（13）.

[5] 黄雅麟. 文旅融合背景下公共图书馆发展策略分析[J]. 图书馆学刊，2020（15）.

[6] 韩文甲. 文旅融合时代公共图书馆服务路径探索[J]. 图书馆建设，2019（S1）.

[7] 徐益波，毛婕. 打造公共图书馆文旅融合的"宁波样本"——宁波市图书馆文旅融合服务实践探析[J]. 图书馆研究与工作，2019（9）.

PART TWO

公共图书馆阅读推广

关于国内绘本阅读的研究热点分析

张 轶

（成都图书馆 四川成都 610041）

【摘 要】 绘本阅读作为公共图书馆少儿阅读服务的一项重要举措，在图书馆资源采购、品牌活动、志愿者服务等诸多领域占有重要的地位。本文从可视觉化的角度，借助 SPSS 进行聚类分析、多维尺度分析，利用共词分析的方法来探讨绘本阅读的研究现状及热点，通过关键词之间的关系揭示不同主题之间的内在关系。

【关键词】 绘本；阅读；SPSS 分析

1 引 言

绘本，指一类以绘画为主，并附有少量文字的书籍。绘本不仅是讲故事，学知识，而且可以全面帮助孩子建构精神，培养多元智能。绘本阅读与认知发展、基本学习能力的发展以及艺术审美等方面的发展都有密不可分的关系。早期绘本阅读材料同时具备知识性、趣味性、引导性功能，根据不同阶段年龄特点和阅读兴趣为读者提供支持性阅读材料，让读者在阅读创意性内容的过程中培养并提高自身的阅读素养。本文从可视觉化的角度，借助 SPSS 进行聚类分析、多维尺度分析，利用共词分析的方法来探讨绘本阅读的研究现状及热点，通过关键词之间的关系揭示不同主题之间的内在关系。

2 数据来源

（1）共词分析应依次进行四个步骤：① 确定信息资源管理领域文献的高频关键词；② 建立高频关键词共词矩阵；③ 选取多维尺度、社会网络分析方法将所建立的关键词矩阵绘制成信息资源管理领域图谱；④ 对得到的数据进行分析。

（2）以"绘本阅读"为主题对 CNKI 数据库中 2006—2017 年的文献进行检索，

共检索到文献 482 篇。通过对上述文献进行筛选，剔除了一些干扰文献，共检索出有关绘本阅读方向研究的文献 473 篇，其年度分布情况如图 1 所示。获取每篇文献的题目、作者、机构、关键词等相关数据。

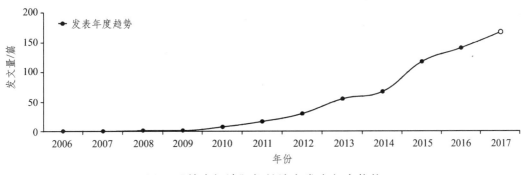

图 1 "绘本阅读"相关论文发表年度趋势

3 研究及发现

3.1 词频分析

SATI3.2 软件对文献抽取关键词并进行频次统计，共提取关键词 1 182 个，把词频在 5 次及以上的关键词确定为高频关键词，得到 40 个关键词（见表 1）作为研究对象。

表 1 高频关键词统计

序号	关键词	词频	序号	关键词	词频
1	绘本阅读	151	12	绘本教学	16
2	绘本	109	13	策略	14
3	公共图书馆	39	14	亲子阅读	12
4	幼儿	36	15	阅读过程	11
5	阅读推广	35	16	图书馆	10
6	早期阅读	26	17	幼儿园	9
7	阅读	26	18	学前儿童	9
8	阅读教学	21	19	儿童	9
9	图画书	21	20	英文绘本	8
10	儿童绘本	18	21	写话	7
11	指导策略	17	22	教学效果	7

续表

序号	关键词	词频	序号	关键词	词频
23	小学低年级	7	32	教学效果	6
24	推广	7	33	对策	6
25	英语绘本	7	34	教学活动	6
26	教育指导纲要	7	35	幼儿教育	6
27	阅读指导	7	36	儿童文学作品	6
28	自主阅读	7	37	指导	6
29	儿童发展	7	38	情感教育	6
30	儿童阅读	7	39	阅读兴趣	6
31	小学英语	7	40	语言表达能力	5

3.2 高频关键词共词矩阵

首先，建立共词矩阵。两两统计上述 40 个关键词在论文中的共现频次，形成 40×40 的共词矩阵。其次，建立相似矩阵。用共词矩阵中的每个数据除以与之相关两个词总频次平方根的乘积所得到的商，替换共词矩阵中的相应数值，得到相似矩阵（见表 2）。最后，建立相异矩阵。在日常的统计分析中较多采用的是差异性数据，即用 1 减去相似矩阵上的相应数据，得到相异矩阵（见表 3）。

表 2　高频关键词相似矩阵（部分）

	绘本阅读	绘本	公共图书馆	幼儿	阅读推广	早期阅读	阅读	阅读教学	图画书	儿童绘本
绘本阅读	1	0.001	0.049 1	0.081 1	0.032	0.000 3	0	0.002 8	0	0.001 5
绘本	0.001	1	0.023 5	0.012 5	0.059	0.012 7	0.090 3	0.003 9	0.000 4	0
公共图书馆	0.049 1	0.023 5	1	0	0.187 5	0	0.003 9	0	0.001 2	0.005 7
幼儿	0.081 1	0.012 5	0	1	0	0.001 1	0.009 6	0	0	0
阅读推广	0.032	0.059	0.187 5	0	1	0	0	0	0	0.001 6
早期阅读	0.000 3	0.012 7	0	0.001 1	0	1	0	0.007 3	0.065 9	0
阅读	0	0.090 3	0.003 9	0.009 6	0	0	1	0	0	0.008 5
阅读教学	0.002 8	0.003 9	0	0	0	0.007 3	0	1	0.009 1	0
图画书	0	0.000 4	0.001 2	0	0	0.065 9	0	0.009 1	1	0
儿童绘本	0.001 5	0	0.005 7	0	0.001 6	0	0.008 5	0	0	1

表 3　高频关键词相异矩阵（部分）

	绘本阅读	绘本	公共图书馆	幼儿	阅读推广	早期阅读	阅读	阅读教学	图画书	儿童绘本
绘本阅读	0	1.419 4	1.357 6	1.302 0	1.382 2	1.421 2	1.424 4	1.421 4	1.421 6	1.416 3
绘本	1.419 4	0	1.391 50	1.404 4	1.345 7	1.404 6	1.292 1	1.421 8	1.421 6	1.419 0
公共图书馆	1.357 6	1.391 5	0	1.428 4	1.152 5	1.431 1	1.427 8	1.435 8	1.429 4	1.419 9
幼儿	1.302 0	1.404 4	1.428 4	0	1.431 1	1.418 7	1.409 7	1.424 8	1.420 3	1.417 2
阅读推广	1.382 2	1.345 7	1.152 5	1.431 1	0	1.432 8	1.432 4	1.437 6	1.433 1	1.427 3
早期阅读	1.421 2	1.404 6	1.431 1	1.418 7	1.432 8	0	1.423 3	1.413 6	1.322 3	1.417 4
阅读	1.424 4	1.292 0	1.427 8	1.409 7	1.432 4	1.423 3	0	1.428 4	1.424 0	1.409 1
阅读教学	1.421 4	1.421 8	1.435 8	1.424 8	1.437 6	1.413 6	1.428 4	0	1.408 0	1.422 1
图画书	1.421 6	1.421 6	1.429 4	1.420 3	1.433 1	1.322 3	1.424 1	1.407 6	0	1.417 3
儿童绘本	1.416 35	1.419 0	1.419 9	1.417 2	1.427 3	1.417 4	1.409 1	1.422 1	1.417 3	0

3.3　多维尺度分析

多维尺度分析是一种用于在低维空间内研究多个事物之间相关性的分析方法。该分析方法是在低维空间内以点和点之间的距离来显示事物之间的关联性，以及影响事物关联性的潜在因素。

将表 3 所示相异矩阵导入 SPSS 软件中，运用多维尺度分析功能，进行二维尺度分析，在二维坐标平面上把与绘本阅读的相似性或关联性强或弱的关键词通过距离远近的形式展现出来。根据图 2 的结果可以划分为五大领域：第一领域关键词包

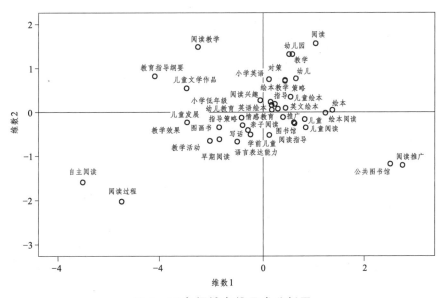

图 2　研究领域多维尺度分析图

括阅读教学、教育指导纲要、儿童文学作品、教学效果；第二领域包括阅读过程、自主阅读、教学活动、语言表达能力；第三领域包括幼儿园、幼儿教育、绘本教学、早期阅读、图画书、阅读指导、儿童发展、写话、小学低年级、学前儿童、情感教育、儿童绘本、英文绘本、小学英语、策略指导、亲子阅读、英语绘本、绘本阅读、阅读兴趣；第四领域包括情感教育、儿童绘本、图书馆、推广、策略、英文绘本、小学英语、策略指导、亲子阅读、英语绘本、绘本阅读、幼儿、指导、幼儿教育、阅读兴趣；第五领域包括公共图书馆、阅读推广、儿童阅读。

3.4 聚类分析

聚类分析是一种建立分类的多元统计分析方法，它能够将一批变量根据其诸多特征，按照性质上的亲疏程度在没有先验知识的情况下自动分类，产生多个分类结果。将相异矩阵导入 SPSS 中，在系统聚类中选择"组间联接"和"平方 Euclid ean 距离"，得到树状图（见图 3），其中横轴数字代表两个关键词间的距离，纵轴的文字和数字代表关键词及其位次。

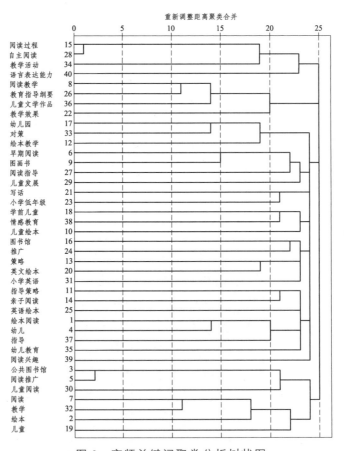

图 3　高频关键词聚类分析树状图

根据图 3 结果，将高频词分为四类：第一类，阅读过程、自主阅读、教学活动、语言表达能力；第二类，阅读教学、教育指导纲要、儿童文学作品、教学效果；第三类，幼儿园、绘本教学、早期阅读、图画书、阅读指导、儿童发展、写话、小学低年级、学前儿童、情感教育、儿童绘本、图书馆、英文绘本、小学英语、策略指导、亲子阅读、英语绘本、绘本阅读、幼儿教育、阅读兴趣；第四类，公共图书馆、阅读推广、儿童阅读。

3.5　社会网络分析

将已构造的高频词矩阵导到 UCINET 中，进行共词网络分析，得到社会网络图（见图 4）。

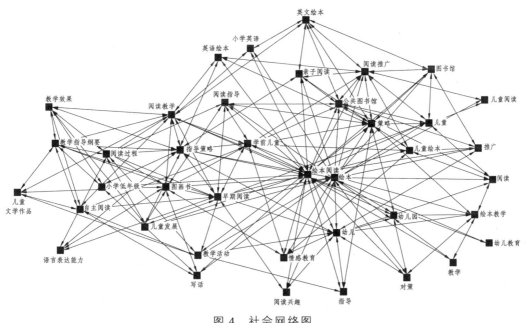

图 4　社会网络图

从图中可以看出，近年来与绘本阅读有关的话题主要集中于学前儿童、公共图书馆、策略、儿童绘本等方面，而关于指导策略的研究，包括早期阅读、儿童发展、阅读过程、阅读教学等也形成了自己的体系。

点中心度分析如图 5 所示。"自主阅读"的中心度为 0.494，表明该关键词处于网络的核心地位。而平均点中心度为 0.177，共有"阅读过程""阅读推广""绘本阅读""教育指导纲要""公共图书馆""阅读教学"等 16 个关键词大于平均中心度，据此确定这些关键词在该网络地位较高，应为处于中心或次中心位置，为当前的研究热点。

		Degree	NrmDegree	Share
28	自主阅读	0.494	6.094	0.070
15	阅读过程	0.478	5.903	0.067
5	阅读推广	0.426	5.253	0.060
1	绘本阅读	0.382	4.714	0.054
26	教育指导纲要	0.380	4.695	0.054
2	绘本	0.366	4.516	0.052
3	公共图书馆	0.358	4.414	0.050
8	阅读教学	0.331	4.078	0.047
22	教学效果	0.253	3.117	0.036
36	儿童文学作品	0.250	3.084	0.035
7	阅读	0.242	2.981	0.034
6	早期阅读	0.236	2.916	0.033
9	图画书	0.233	2.871	0.033
17	幼儿园	0.196	2.420	0.028
4	幼儿	0.193	2.383	0.027
34	教学活动	0.180	2.216	0.025
13	策略	0.155	1.913	0.022
11	指导策略	0.141	1.739	0.020
19	儿童	0.138	1.702	0.019
32	教学	0.121	1.491	0.017
18	学前儿童	0.105	1.289	0.015
31	小学英语	0.104	1.285	0.015
40	语言表达能力	0.102	1.255	0.014
33	对策	0.101	1.240	0.014
20	英文绘本	0.100	1.234	0.014
37	指导	0.099	1.223	0.014
12	绘本教学	0.099	1.223	0.014
29	儿童发展	0.097	1.198	0.014
27	阅读指导	0.096	1.188	0.014
30	儿童阅读	0.090	1.112	0.013
16	图书馆	0.090	1.106	0.013
14	亲子阅读	0.084	1.036	0.012
24	阅读推广	0.080	0.981	0.011
23	小学低年级	0.060	0.738	0.008
21	绘画	0.053	0.650	0.007
38	情感教育	0.052	0.638	0.007
10	儿童绘本	0.045	0.559	0.006
25	英语绘本	0.033	0.411	0.005
39	阅读兴趣	0.029	0.360	0.004
35	幼儿教育	0.019	0.237	0.003

		1 Degree	2 NrmDegree	3 Share
1	Mean	0.177	2.187	0.025
2	Std Dev	0.130	1.601	0.018
3	Sum	7.088	87.461	1.000
4	Variance	0.017	2.563	0.000
5	SSQ	1.929	293.772	0.038
6	MCSSQ	0.673	102.537	0.013
7	Euc Norm	1.389	17.140	0.196
8	Minimum	0.019	0.237	0.003
9	Maximum	0.494	6.094	0.070

Network Centralization = 4.11%
Heterogeneity = 3.84%. Normalized = 1.37%

图 5　关键词点中心度数据

接近中心度分析如图 6 所示，"绘本阅读"的接近中心度的值最小为 49，表明该点能以最短的距离更容易到达其他关键词节点，在网络中处于核心地位。其中"亲子阅读""阅读指导""儿童发展"等关键词虽然在点中心度排序中靠后，但其接近中心度小于平均接近中心度。说明这些关键和其他关键词的联系比较紧密，并以中心节点为桥梁和核心节点进行联系，应将其补充到当前的研究热点中。

		Farness	nCloseness
1	绘本阅读	49.000	79.592
2	绘本	50.000	78.000
6	早期阅读	62.000	62.903
8	阅读教学	63.000	61.905
11	指导策略	65.000	60.000
4	幼儿	66.000	59.091
9	图画书	67.000	58.209
3	公共图书馆	68.000	57.353
13	策略	68.000	57.353
18	学前儿童	68.000	57.353
5	阅读推广	70.000	55.714
27	阅读指导	70.000	55.714
34	教学活动	71.000	54.930
29	儿童发展	71.000	54.930
17	幼儿园	72.000	54.167
14	亲子阅读	72.000	54.167
19	儿童	72.000	54.167
10	儿童绘本	74.000	52.703
15	阅读过程	74.000	52.703
21	童话	74.000	52.703
38	情感教育	74.000	52.703
25	英语绘本	74.000	52.703
31	小学英语	75.000	52.000
23	小学低年级	75.000	52.000
16	图书馆	77.000	50.649
39	阅读兴趣	77.000	50.649
37	指导	78.000	50.000
24	推广	78.000	50.000
7	阅读	79.000	49.367
12	绘本教学	79.000	49.367
28	自主阅读	79.000	49.367
33	对策	80.000	48.750
20	英文绘本	81.000	48.148
30	儿童阅读	81.000	48.148
26	教育指导纲要	81.000	48.148
32	教学	82.000	47.561
35	幼儿教育	83.000	46.988
36	儿童文学作品	87.000	44.828
22	教学效果	87.000	44.828
40	语言表达能力	89.000	43.820

		Farness	nCloseness
1	Mean	73.550	53.842
2	Std Dev	8.426	7.282
3	Sum	2942.000	2153.678
4	Variance	70.997	53.021
5	SSQ	219224.000	118079.094
6	MCSSQ	2839.900	2120.823
7	Euc Norm	468.214	343.626
8	Minimum	49.000	43.820
9	Maximum	89.000	79.592

Network Centralization = 53.52%

图 6　关键词接近中心度数据

4　结果讨论

结合聚类分析、多维尺度、社会网络分析结果，并结合相关文献分析，我国绘本阅读研究热点主要包括以下四个方面。

4.1　儿童阅读引导的重要性与必要性

该热点的高频词有：阅读过程、自主阅读、阅读指导、语言表达能力。研究内容主要涉及对儿童自主阅读的分析与探讨。阅读对少年儿童来说至关重要。少儿阅读不仅是提升少儿阅读学习能力、开发智力、培养科学精神和完整人格的重要手段，也是帮助其养成良好阅读习惯、形成自主阅读能力、学会独立思考的重要途径。儿童的自我认知尚未成熟、社会经验相对缺乏，在进行绘本阅读时，很难准确地理解绘本中所要表达的隐性含义和蕴含的深刻哲理。这时就需要家长、老师或图书馆员的引导和帮助，带领儿童进入阅读的世界，使其在阅读中获得新鲜感、满足感和愉悦感，使绘本阅读成为终身阅读和终身学习的开端。

4.2　绘本阅读的教育指导作用

该热点的高频词有：绘本教学、教学活动、儿童发展、学前儿童、幼儿教育等。研究内容主要涉及绘本阅读对儿童教育的作用与价值。绘本是儿童文学的一种重要表现形式，其主要阅读对象是学龄前后的幼儿。近年来，随着教学方式与教学内容的多元化，以及国内外绘本质量的快速提高，绘本已经大量进入了幼儿园的教育现场，作为早期阅读教育中的独特读物，已受到越来越多的幼儿园教师和孩子们的喜爱。绘本教学逐渐成为幼儿园教育教学活动的一部分。对于幼儿来说，绘本教学活动能够为他们提供一种认识世界的独特视角，同时绘本教学也是社会、语言、认知、情感、艺术领域教育相互渗透、整合的一种有效途径。

4.3　绘本阅读的推广形式

该热点的高频词有：早期阅读、亲子阅读、情感教育、阅读活动等。研究内容主要涉及绘本阅读活动现状及改善对策、亲子阅读活动存在的问题及改善措施。少年儿童是国家的未来，把培养少儿阅读放在首位是正当之举，亲子阅读活动对少儿阅读起到一定的积极作用。儿童绘本阅读的推广离不开家庭的亲子阅读，家长阅读的习惯和方式、亲子阅读的频率和深度、家庭中绘本的数量和质量都会直接映射到儿童的阅读能力和阅读行为中，甚至会对儿童长大后的阅读人生产生不可估量的影响。若能以为亲子营造舒适阅读环境、注重亲子阅读整体规划等措施来改善亲子阅读活动中存在的理念缺失、参与者不足等问题，对少儿阅读意义非凡。

4.4　图书馆推广绘本阅读的实践与思考

该热点的高频词有：公共图书馆、阅读推广、儿童阅读、推广策略等。公共图书馆、学校图书馆和社区图书馆共同构成了绘本阅读推广中的图书馆推广主体，其优势在于其充足的阅读空间、丰富的馆藏绘本资源和图书馆员丰富的阅读推广经验。图书馆作为公共服务链中的一环，不仅提供传统的图书借阅服务，同时会安排一些丰富多样的与绘本阅读相关的活动。

公共图书馆在绘本阅读的发展过程中，扮演着不可或缺的重要角色。在新的数字化时代背景下，在绘本图书选择方面，一方面，公共图书馆不仅需要注重趣味性与知识性的统一，科学性与完整性的兼顾，还需在信息处理、分类过程中充分考虑不同层次读者的阅读偏好及习惯；另一方面，公共图书馆信息服务职能也需进一步拓展与延伸。在大数据信息和技术的支撑下，公共图书馆应致力于建立更加科学高效的绘本推荐评价系统，创设公共互动绘本阅读空间，为读者营造温馨、愉悦的阅读氛围。

5 结 论

本文根据绘本阅读相关文献高频关键词的聚类分析图和多维尺度分析图，并结合社会网络分析，对目前绘本阅读的研究情况有了大体的把握。研究结果表明，当前绘本阅读推广的研究热点主要包括儿童自主阅读的重要性与必要性、绘本阅读的教育指导作用、绘本阅读的推广现状、图书馆开展绘本阅读的实践与思考。

参考文献

[1] 薛薇. 统计分析与 SPSS 的应用[M]. 北京：中国人民大学出版社，2011.

[2] 唐果媛，张薇. 基于共词分析法的学科主题演化研究进展与分析[J]. 图书情报工作，2015（5）.

[3] 李燕，陈蔚杰，漆月，等. 2014 年图书情报学热点可视化分析：基于 85 种 SSCI 期刊与 18 种 CSSCI 期刊的比较[J]. 西南民族大学学报：人文社科版，2015（11）.

[4] 付瑶，杨畔. 基于共词分析的我国关联数据研究进展探析[J]. 图书馆学研究，2013（4）.

[5] 吉亚力，田文静，董颖. 基于关键词共现和社会网络分析法的我国智库热点主题研究[J]. 情报科学，2015（3）.

[6] 尹相旭，张更平，等. 基于关键词统计的情报学研究现状分析[J]. 情报杂志，2009，28（11）.

[7] 彭绪梅，许振亮，等. 国外创业型大学研究热点探析：共词可视化视角[J]. 清华大学教育研究，2007，28（6）.

[8] 刘璇，张鹏柱. 基于 CSSCI 数据的知识管理研究可视化分析[J]. 情报杂志，2013，32（1）.

[9] 林翠贤. 青少年阅读推广实践研究——以华南师范大学附属中学图书馆为例[J]. 图书馆论坛，2011（8）.

[10] 曹桂平. 亲子阅读活动中绘本运用形式与策略[J]. 国家图书馆学刊，2014（6）.

[11] 盛终娟. 地市级少年儿童图书馆建立绘本馆的思考[J]. 图书馆，2014（6）.

[12] 陈瑜. 公共图书馆儿童绘本阅读推广研究[J]. 科技情报开发与经济，2016（1）.

"夜市图书馆"——阅读推广创新探索

许 冰 朱美霖

（武侯区图书馆 四川成都 610000）

【摘 要】 为迎合不断增长的夜市文化需求，武侯区图书馆通过不断实践积累，最终探索出了一种融合夜市文化与地摊经济向阳发展的全新阅读推广模式——"夜市图书馆"。梳理并总结了"夜市图书馆"的开展背景、内容、形式及意义；调查分析了"夜市图书馆"目前存在的问题，并提出相关对策建议，以期为"夜市图书馆"的进一步发展和推广提供参考。

【关键字】 夜市文化；公共图书馆；地摊经济；创新

2019 年 11 月，中国旅游研究院发布了《2019 中国夜间经济发展报告》（以下简称《报告》）。《报告》指出，夜间文化休闲活动已成为消费需求的蓝海，其中夜市文化更是供不应求。针对这一现象，公共图书馆作为公共文化建设主体和全民阅读推广的主阵地，如何在图书馆服务中汇入消费需求的蓝海呢？其中武侯区图书馆探索性地开展了"夜市图书馆"服务，以"地摊"推广阅读，在夜市中营造阅读氛围，为读者提供便利性、多元化的阅读服务。这不仅有利于丰富读者夜间休闲文化生活，填补夜市文化的需求缺口，更重要的是提升"地摊"的文化品位，对于创新阅读推广方式有着重要的意义。

1 "夜市图书馆"兴起的背景

夜市文化是指在一定的社会经济条件下形成的以夜市为载体所创造的精神财富和物质财富的总和。目前有关夜市文化的研究较少，大多都是对夜市文化的介绍，如杨明的《台湾夜市文化》介绍了台湾多个夜市的小吃文化和地摊文化，刘智英的《乌鲁木齐夜市文化》介绍了乌鲁木齐夜市的美食文化。由此可见，目前学术界有关夜市文化的研究大多集中在以物质生活为中心的小吃文化、地摊文化等方面，而对于丰富精神生活的夜市文化却鲜有人关注。而对于休闲宜居的成都，以其源远流长的文化底蕴和得天独厚的地理环境，孕育出许多远近闻名的夜市文化，如第五大道的"小吃文化"、荷花池的"批发文化"等，而满足人们夜间读书看报的夜市文化则同样鲜有耳闻。

目前，各地政府积极出台各项扶持政策，鼓励各行各业安全有序复工复产，其中，成都市出台了《成都市城市管理"五允许一坚持"统筹疫情防控助力经济发展措施》政策，允许流动商贩贩卖经营、允许设置临时占道摊点摊区。武侯区图书馆为丰富夜市内容，通过设立"夜市图书馆"蹭上了"摆地摊"热潮，以丰富的图书资源和多元的文化服务为成都市的"地摊经济"赋予特有的文化内涵，延长了图书馆的服务触角。主动"走出去"服务更多潜在读者，以地摊推广阅读，扩展了阅读推广的深度和广度，从而提升了公共图书馆的服务效能，扩大了公共图书馆的社会影响力。

2 "夜市图书馆"的服务内容

2.1 "夜市图书馆"的开展基础

武侯区图书馆是国家一级图书馆，目前已实现了全区总分馆制建设全覆盖，该馆成立于 2004 年，坐落于九兴大道 137 号，馆舍面积达 7 509 平方米，藏书 65 万余册，有馆员 30 名。馆内设有少儿阅览创作馆、亲子互动体验馆、三国文化馆、国学堂、报刊阅览馆、图书借阅馆、电子阅览室、健康生活馆等功能区域，实现了全自助、全年龄段免费开放服务。

一直以来，武侯区图书馆始终秉承一切以读者为中心的服务理念。近 3 年来，共举办讲座、培训、阅读分享会等阅读推广活动 800 余场。自新型冠状病毒肺炎疫情发生以来，图书馆一手抓疫情防控，一手抓读者服务，实现了疫情防控有措施，使读者服务有成效，创新服务有亮点。疫情期间，按照"馆舍封闭，服务不停"的原则，将公共文化服务阵地从线下搬到线上，积极开展各类线上阅读推广活动，广泛宣传防疫知识。截至目前，共接待读者 54 648 人次，借还图书 101 266 册次，开展活动 201 场次。图书馆上座率 100%，服务成效明显，受到读者普遍好评。这也从侧面反映了疫情期间读者的阅读热情高涨，阅读需求不减。因此，武侯区图书馆利用自身丰富的图书资源和先进的基础设施，加上长期开展各类阅读推广活动的实践积累，读者阅读图书的需求和习惯，为之后"夜市图书馆"的开展打下了坚实基础。

2.2 "夜市图书馆"的内容和开展情况

"夜市图书馆"开展前的准备工作大致如下：首先组建 4 名志愿者服务队伍，包括读者服务导读和司机；其次进行物资准备，馆员精心挑选 300 余册大众化读物，以经典文学、生活百科、少儿绘本等图书为主，随后将挑选好的图书与"夜市图书馆"搭建配套的相关物资如体温枪、各种登记表、书桌、书立、电脑、读卡器、易拉宝和宣传资料等装进"流动文化服务车"内；最后办理出摊的相关手续，活动负责人提前一天与"夜市"管理员确认"夜市图书馆"的摊位点，办理"摆摊"许可证明。这样"夜市图书馆"的准备工作大致完成。活动当天，服务队按时抵达指定摊位点，现场搭建"夜市图书馆"摊位，摊位面积约为 5 平方米，摊位由 200 cm × 120 cm 大小的书桌和"武图出摊啦""书太多了，出来摆个摊"等宣传广告及宣传展架组成。展架的内容主要为武侯区图书馆免费开放服务内容和活动信息以及现场免费办理图书馆借阅的介绍。"夜市图书馆"开展频率为每月 2 次，每次出摊 3 小时，时间为 18 点至 21 点。

截至 2020 年 8 月 10 日，"夜市图书馆"已在"大悦城夜市""天府文创大集市""莱蒙夜市""能猫夜市"等地出摊 10 次。

2.3 "夜市图书馆"开展成效

"夜市图书馆"自开展以来，已累计挑选 2 000 册图书出摊，办理身份证注册 158 张、借出图书 845 册，还回图书 36 册、电子书阅读平台下载 122 人、征集好书 92 册、收集读者意见建议 112 条、关注微信公众号 200 余人。这种服务方式在推行之初就受到了广大群众的喜爱和支持，如 2020 年 7 月 18 日在"天府文创大集市"的这次出摊，效果非常显著，现场借出图书 52 本，办理注册 24 人，分别占当日武侯区图书馆馆内的 24.5% 和 85.7%。由此可见，"夜市图书馆"在提高图书利用率，扩展读者群体，满足读者阅读需求等方面具有显著的作用，同时也证明了"夜市图书馆"这一探索性的阅读推广服务是一次有效的尝试。通过对现场读者反馈意见和建议分析，大部分读者都对这种服务到家的方式赞不绝口，觉得这一服务为他们借阅图书提供了极大的便利，希望武侯区图书馆持续开展下去，形成常态。针对这一读者反馈意见，武侯区图书馆下一步的工作计划是调动各个街道分馆积极参与，齐心合力开展"夜市图书馆"服务。

3 "夜市图书馆"开展的意义

3.1 打通服务群众最后一米，创新阅读推广方式

"夜市图书馆"将图书馆的基本公共文化服务主动渗透到人们的夜间生活当中，扩展了城市阅读空间。在贴近基层民众生活的夜市中以独特"地摊"形态吸引读者的注意力，激发读者的阅读兴趣，主动发掘和探索读者的阅读需求、阅读习惯，创造了以地摊推广阅读的全新方式。从以往传统吸引读者"走进来"的模式，转变到主动"走出去"吸引读者的模式，将固定在建筑物中的图书馆变成读者身边可移动的图书馆，极大地提高了读者阅读的便利性，将图书馆的服务送到群众身边，打通服务群众最后一米，为打造城市"十分钟文化圈"注入全新活力。

3.2 丰富夜间休闲文化，提高公民文化素养

一直以来，夜市是人们夜晚休闲娱乐的去处，人们穿梭在热闹非凡的夜市里享受美食快餐、特色小吃、服装饰品带来的烟火气息，偶然间遇到书画展览或者手工文创小商品，会觉得眼前一亮，格外新奇，大多会驻足观看或慢慢欣赏。不难看出，人们很喜欢有文化品位的东西。将图书馆搬到夜市，在夜市开创"阅读圈"，引领人们阅读交流，通过读书缓解工作与生活的压力，感受精神力量，增长学识见闻，丰富人们夜生活的文化内涵，感受夜间文化的多姿多彩。

3.3 提升地摊经济文化品位，促进经济文化一体化发展

地摊经济的复苏，让城市充满生机，弥漫着烟火味；而"夜市图书馆"的兴起，则让市民得以在"市井烟火"中体验读书之乐，在一定程度上提升了地摊经济的文化品位，促使地摊经济良性生长，进一步为人民群众的生活增光添彩。

"消费若没有文化的参与，经济就如同一场跛足表演。"新时代的地摊经济要求的是资源的整合、文化的升级、管理的精细。昙花一现的摆摊热潮是浮于表面的繁荣，内里破坏的是城市治理的规范，也是对疫情之下寻找生计的人们自信心的再次打击。"夜市图书馆"是在为夜市增加文化元素、文化含量、文化附加值，增强文化消费需求对经济增长的拉动作用，促使文化和经济相互交融、相互促进，满足人们不断升级的消费需求和文化需求。

3.4 贯彻"图书馆学五定律",助力图书馆可持续发展

"夜市图书馆"开展的中心思想完全贯彻了著名图书馆学家阮冈纳赞的《图书馆学五定律》第一定律:书是为了用的,阐明了图书馆的性质和任务。而"夜市图书馆"则是将图书带到夜市中,发挥其最大的再生价值,让图书得到最大的利用"。第四定律:节省读者的时间,"夜市图书馆"利用自身的流动便利性,深入人群集中的各个夜市,大大方便了读者借书还书,节省读者的时间,让人们在享受夜间休闲时光的同时,也能随时随地感受书香的萦绕。第五定律:图书馆是一个生长着的有机体,要求图书馆随时代变化而变化。"夜市图书馆"正是迎合了当下大热的"地摊经济"和夜市文化的发展需求,改变了图书馆传统的"高雅形象",以"亲民"的"地摊"形式融入民众夜间生活,推广阅读,寻找新时代下的发展生机,让更多人享受到其带来的便捷文化服务,扩大了图书馆的社会影响力,助力图书馆的可持续发展。

4 目前"夜市图书馆"存在的问题及建议

武侯区的"夜市图书馆",目前正处在试点推行的探索起步阶段。在此期间,"夜市图书馆"取得了良好的成效和社会反响,也收获了不少读者群众的宣扬和称赞,但也逐渐显现出自身的短板和缺陷。就目前的情况来看,"夜市图书馆"存在的问题主要有两点。

4.1 人力保障不足,服务持续开展有困难

人手充足是"夜市图书馆"持续开办的根本保障。目前,武侯区图书馆馆员总计 22 人,其中读者服务部 15 人,活动部 2 人,技术部 1 人,采编部 1 人,办公室 3 人。从各部门人员分配数量来看,人力资源较匮乏。再加之,武侯区图书馆从 2015 年起实施了社会化服务,馆员招聘和待遇均由外包公司负责,馆员流动性较大。"夜市图书馆"每次出摊至少需要馆内近 20% 的人力资源,为确保馆内日常服务,长期抽调现有的人手不是长久之事。针对这一问题,目前较为有效的解决方法一是提高馆员福利待遇,确保人员稳定;二是招募"夜市图书馆"志愿者,建立资源储备库,创建"志愿者服务队"。借助社会公众力量服务群众,不仅可以发扬无私奉献的志愿者精神,形成良好的社会风气,还可以充实图书馆的人力资源,为"夜市图书馆"的持续开展提供人力保障。

4.2 图书品类有限，阅读需求满足不全面

据调查发现，在"夜市图书馆"中最受读者欢迎的图书品类分别是文学、艺术、少儿、教育等，受读者喜爱程度排名前 5 的情况如表 1 所示。

表 1 "夜市图书馆"中最受读者喜爱的图书品类排名

图书种类	读者喜爱度	排名
文学、艺术	24	1
少儿、教育	21	2
历史、地理	12	3
医药、卫生	11	4

由于"夜市图书馆"自身的"摊位"空间限制，目前，每次挑选"出摊"的图书都是按照二八原则，将最受读者喜爱的前 20% 的图书品类如文学艺术、少儿教育等带到夜市供读者现场借阅，而剩下满足少部分读者需求的 80% 的图书种类则被迫遗留在馆内，只能由读者亲自到馆借阅，所以有些读者反映某些特别的阅读需求得不到满足。针对这一问题，积极引导读者到馆内借阅是其解决之道。"夜市图书馆"作为武侯区图书馆的一扇服务窗口，最主要的目的是通过借助夜市的人流量来增加武侯区图书馆的曝光率，吸引和引导更多的读者到馆体验阅读乐趣，享受更多免费服务，从而最大化地满足读者的多样化阅读需求。

参考文献

[1] 杨明. 台湾的夜市文化[J]. 统一论坛，2005（2）.

[2] 刘智英. 乌鲁木齐夜市文化[J]. 新疆人文地理，2013（9）.

[3] 新华社. 李克强总理出席记者会并回答中外记者提问[EB/OL]. http：//www.zlb.gov.cn/2020-05/29/c_1210638642.htm，2020[3]-05-29/2020-08-10.

[4] 中国政府网. 李克强称赞地摊经济、小店经济：是人间的烟火，是中国的生机[EB/OL]. http：//www.gov.cn/xinwen/2020-06/01/content_5516569.htm，2020-06-01/2020-08-10.

[5] 潘玉毅. 人间烟火里的书香[EB/OL]. http：//ex.cssn.cn/zx/bwyc/202007/t20200717_5156355.shtml，2020-07-17/2020-08-10.

全媒体时代公共图书馆的公关与推广

刘　樨

（成都图书馆　四川成都　610041）

【摘　要】 本文主要探究全媒体时代下公共图书馆公关推广措施。研究过程
　　　　　中，以全媒体时代公共图书馆公关推广意义切入，分析公关推广
　　　　　有助于图书馆引导舆论、塑造社会形象、增强公众影响力、提升
　　　　　图书馆竞争力。以此为研究基础，从公关与推广这两方面出发，
　　　　　提出工作措施，以期为相关工作者提供有益借鉴。

【关键词】 全媒体时代；公共图书馆；公关；推广

全媒体是信息技术革命所带来的媒介融合，此种融合是基于数字化技术，从传播内容到手段、对象与方式的深层交融，以构成一个渠道、内容、技术统一的平台，能够在此平台上实现有序的信息采集与传播，并开放给外界用户，让人们随时随地以能够看到媒体为荣。在此种情况下，公共图书馆应当跟上时代发展，为树立良好社会形象，需在公关推广中主动应用媒体，注重与读者的交流互动，以提高公共图书馆公关推广效果。

1　全媒体时代公共图书馆公关与推广的意义

1.1　引导舆论

全媒体时代下，媒体是舆论引导者，公共图书馆应合理利用各新媒体进行公关，不仅能够为图书馆发展营造良好外部舆论，让广大公众与社会组织加强对图书馆发展的支持与关注，还能利用媒体宣传与解读有关图书馆的服务信息、政策、反馈呼声、答疑解惑等，以影响公众阅读视角和心理，修正图书馆形象，避免不利于图书馆的舆论扩大。

1.2 塑造社会形象

公共图书馆不能仅追求影响力的提高，还应当保证自身正面社会形象，如若媒体为公众传达的都是负面信息，则知名度越高、影响力越大对于图书馆越不利。所以，为图书馆塑造良好的社会形象，获得公众的赞许与认同，才是图书馆努力的目标。而此过程中，图书馆可借助媒体宣传营造良好社会形象，扩大自身影响力，这需要以图书馆为读者提供长期专业、高效优质服务，以建立良好的图书馆形象。图书馆自身也需要长期努力，对媒体也需要长期依存，方能达到良好效果。

1.3 增强公众影响力

全媒体时代下，为将社会图书馆影响力提高，则必须做好媒体公关推广工作。媒体在正面宣传图书馆后，有助于主管部门及上级领导关注图书馆服务及舆论，并借助媒体展示图书馆服务与建设的创新，让公众加深对图书馆的认知，从而有利于增强图书馆对公众的影响力。

1.4 提升图书馆竞争力

随着社会不断发展，公众对于信息、知识、文化等需求不断增强，为提高图书馆核心竞争力，不仅需要宣传传统活动业务，还需要创新服务品牌，创新服务水平。而媒体作为传播信息的媒介，拥有塑造品牌的效用，尤其是在全媒体时代下，此功能被进一步放大，通过媒体有效塑造图书馆服务品牌。在媒体传播下，可凸显图书馆服务创新的效果，加深其品牌影响力，扩大图书馆的社会效应，从而提高图书馆的竞争力，是图书馆进行公关与推广的重要意义。

2 全媒体时代公共图书馆公关措施

2.1 设置公关机构

公共图书馆管理中，公关活动已经成为重点内容，受到了图书馆的重视。所以，需要设置媒体公关机构及新闻发言人，当前部分公共图书馆如湖南图书馆、中山图书馆等均设置公共关系部，安排专业人员负责公关活动，与媒体打交道成为图书馆重要内容，有助于和各媒体维持稳定、良好的沟通关系，以获得宣传主动权。而构建新闻发言人则是公关活动的重要策略，可借鉴政府机构模式设置此制度，让新闻发言人能够定期召开新闻发布会、公告等，向公众与媒体提供有关图书馆的信息，避免在信息传播中出现失控、失真的问题，构建图书馆、公众与媒体之间的互动平台，避免危机事件损害图书馆声誉，同时保证公众知情权。

2.2　强化与媒体互动

图书馆应当采取请进来、走出去的方式。在请进来中，定期邀请记者、总编等召开座谈会，通过媒体实地考察的方式，增强其对图书馆的好感度，主动关注图书馆发展。如：成都图书馆定期与电视台、报纸、新闻网站等单位联系，发布最新读者活动安排与服务举措等；在每年春节前，举行联谊会、茶话会等，总结媒体宣传经验，明确下一年对外宣传重点；在走出去中，要求图书馆公关人员做到主动出击，与记者、编辑等交朋友，建立友谊，保持经常性接触；在媒体有采访需求时，则主动配合，促成本馆领导者与媒体的接触；图书馆产生重大新闻或事件后，则邀请媒体座谈、参观，以加强两者之间的互动交流。

2.3　善于捕捉新闻

捕捉新闻是各媒体的职能与特点，应当作为公共图书馆公关的重点。图书馆公关应当捕捉鲜活新闻，善于借势，方能有声有色地做好图书馆宣传工作，否则将失去媒体公关的意义。在此种情况下，要借助媒体影响力，加强图书馆宣传。而捕捉新闻是指图书馆应当在活动中挖掘新闻，在特色数据库建设、新闻推介、服务创新等方面均做到有新闻可挖，不仅是等待宣传机会，也要做到主动创造机会，注意捕捉新闻并不是无中生有，而是捕捉有亮点、真实的人与事，以吸引、打动公众，引导社会舆论。如：成都图书馆在服务创新中，与《成都日报》联系，宣传成都图书馆所新建设的"阅读空间""24 小时街区自助图书馆""身份证一卡通""承办国学经典诵读"等活动，获得了广大市民的认可，活动中主动策划和安排了媒体公关，有效提高了宣传效果。

2.4　提高危机事件意识

在多数情况下，媒体报道图书馆活动都是"以正面宣传为主"，但其属于公共场所，面向广大群众，不可避免会遇到危机事件或突发事件等情况，尤其是全媒体时代下，信息传播更加迅速，如若处理不当将会对图书馆社会形象造成严重影响。所以，图书馆应当提高自身危机事件意识，提高自身公关能力。当图书馆遇到读者与馆员冲突、读者投诉、恶性事件或火情火警等情况，不能一味隐瞒或捂住，需要以公关方式争取媒体配合，控制图书馆不利因素。面对突发事件，图书馆首先需要明确事件真相，第一时间控制局势发布新闻，之后对于处理事件信息加以跟进，化被动为主动，而与事实相反的负面报道与舆论，则要及时澄清，解答公众疑惑。最后还做好补救措施，认真总结经验教训，妥善处理负面报道，避免再次发生类似事件。

3　全媒体时代公共图书馆阅读推广措施

全媒体时代下，公共图书馆不仅需要做好公关工作，处理图书馆突发事件及恶性事件，与媒体进行交流沟通，还应当在此基础上做好阅读推广工作，以落实公共图书馆的职能。

3.1　培养高素质团队

公共图书馆为了加强宣传推广，应当培养复合型高素质宣传团队，人员不仅要掌握多方面推广知识，拥有较高表达能力，还应熟练应用图片处理软件、网页编辑软件等，全面了解图书馆特色与职能，拥有较高业务水平。在全媒体时代，推广人员应善于应用自媒体，拓宽推广渠道。当前自媒体主要包含百度贴吧、微信、抖音等网络社区，存在互动性强、门槛低、个性化、易操作的特点。图书馆在宣传推广中，应当注意标题制作。其具有内容导读作用，在选择标题时需要揣摩读者内心，利用当前关键词与热词，保证标题凝练鲜明、准确到位，以吸引更多读者眼球。如：成都图书馆宣传"家边就是图书馆"这一标题，让人不禁好奇家边图书馆的位置与环境。

3.2　创新推广内容

在推广过程中，公共图书馆一方面应当加强数字资源推广，包含数字化处理的馆藏文献信息及特色资源库。在图书馆中建设多样化数据库，组织、加工并处理各类电子出版物网络信息，以构成虚拟信息资源库。此种数据资源拥有易于传播、节省空间、适用范围广、信息存储量大的优点。如"成都图书馆·阅创"，打造了全市创业平台、团队、机构的知识信息库，能够为创客提供文献信息智力支撑，解决创客信息补偿问题，发挥馆藏检索优势，集信息检索、创意想法、竞争性情报、信息发布交流等于一体，包含实体空间、虚拟网上空间，成为创客交流平台。在平台上能够为读者提供菜单式服务，以点菜方式选择自身所需信息，充分利用数字技术，让用户仅通过网络即可利用图书馆资源，提高资源的利用率。另一方面则加强服务创新的推广。公共图书馆与互联网思维相融合，推动了图书馆服务创新。如成都图书馆在五楼创建了实体空间，配套沙发、电脑、投影仪、圆桌等，在数字媒体区配置了无线网络、3D打印机等，且实现了身份证一卡通，使用身份证轻轻一扫即可借书还书，让读者享受了海量图书资源，从而赞不绝口。对于此种服务创新，图书馆应当加强推广，有助于用户明确图书馆资源使用方法。

3.3　拓宽宣传渠道

在宣传推广过程中，公共图书馆应当利用全媒体时代下的各种技术平台，与电视台、报社等新闻媒体保持联系，充分利用图书馆阵地，在橱窗、服务窗口等地方张贴宣传海报、放置宣传资料，通过为读者热心讲解让其对图书馆有所了解。同时，还应当利用图书馆网站平台，在栏目设置中考虑读者需求，凸显图书馆特色，包含概况介绍、用户服务、馆藏书目、最新动态、读者指南、电子服务、网络导航、特色馆藏等，添加用户定制功能，利用智能软件或电子邮件实现信息推送。用户则可依据自身需求选择页面风格、特色资源及内容组合，构成定制图书馆网页。另外，公共图书馆还应当借助微信平台、公益广告等拓宽宣传渠道，制作小视频投放到互联网上，以营造书香氛围，契合读者需求，从而易于传播推广。

4　总　结

综上所述，全媒体时代下，公共图书馆迎来了新的发展机遇，有效运用全媒体资源与技术，不仅可提高公关推广有效性，还能促进图书馆事业发展。因此，图书馆应当加强对新媒体技术的重视，分析公关推广的重要性，结合当前情况做好公关与推广工作，从而推动公共图书馆实现进一步发展。

参考文献

[1]　李红. 全媒体时代公共图书馆开展青少年阅读推广创新研究[J]. 图书馆工作与研究，2019（S1）.

[2]　麦志杰. 公共图书馆之"声音图书馆"的建设及推广策略研究[J]. 图书馆理论与实践，2019（6）.

［3］ 张建荣. 全媒体时代公共图书馆经典阅读推广服务策略研究——以太原市图书馆经典阅读推广为例[J]. 公共图书馆，2019（1）.

［4］ 金武刚. 跨界 VS 越界：新时代公共图书馆社会化发展定位、边界与突破[J]. 图书馆杂志，2019，38（5）.

［5］ 张晨. 全民阅读环境下公共图书馆微信推送服务探析——以天津图书馆为例[J]. 图书馆工作与研究，2018（S1）.

［6］ 杨熔. 全媒体时代公共图书馆阅读推广社会合作的发展策略[J]. 大学图书情报学刊，2017，35（6）.

数字化全媒体时代公共图书馆阅读推广的新模式

王睿娜

（成都图书馆　四川成都　610041）

【摘　要】　随着时代的进步和科技的发展，先进的技术和设备被广泛应用于人们的生活中，各行各业都面临着新的发展趋势。网络数字化的普及使人们的阅读方式变得更加快捷高效，也使人们的阅读时间更加零散化、随意化，而公共图书馆的实体纸质书本和固定的阅读环境已经不能满足当代人们的阅读需求，因此需要探讨研究在数字化全媒体时代，公共图书馆阅读推广的新模式，为公共图书馆的发展增添新的活力。

【关键词】　数字化时代；全媒体时代；公共图书馆；阅读推广；新模式

当今时代的发展中，人们对各个行业的服务质量、便捷性和高效性都有了更高的要求。在如今的数字化全媒体时代，公共图书馆作为国家公益一类服务行业，也需要不断增强自己的服务意识、提高服务质量，发展阅读推广的新模式，从而吸引更多的读者，促进人们阅读能力和阅读水平的提升，使公共图书馆得到全面有效的发展，促进全民阅读，真正意义上达到全民阅读"书香中国"。

1　数字化时代公共图书馆阅读推广的重要性

1.1　数字化时代发展公共图书馆的重要作用

随着计算机数字化技术和移动设备的普及，当代社会已经进入全民网络的数字化时代。在我国，文化的影响力和文化力量的作用已经受到很高的重视，国家大力推广"全民阅读""书香中国"也使人们的阅读意识有了极大的提高，但目前社会的阅读风气和人们的阅读水平尚未达到良好的状态，这便需要公共图书馆发挥能动性对其进行积极的引导。公共图书馆作为国家重要的文化基础设施，首先，具有教育群众、传播社会文化和正能量的积极作用，能够有效引导人们阅读积极向上、优秀的文化作品，促进大众阅读能力和阅读水平的提升；其次，公共图书馆的书籍资源十分丰富，相对于书店、阅读组织、出版社等有更丰富的藏书量，能够有效满足人们对阅读的需要，提高阅读的效率；再次，公共图书馆具有更好的阅读环境和管理能力，相对其他阅读组织，能够避免读者被环境干扰，影响阅读学习的效果；最后，公共图书馆还具有公平性和公益性，能够保证大众平等地享有阅读和接受服务的权利，提高人们的阅读高效性，提升人们的阅读能力和阅读水平。

1.2　数字化全媒体时代公共图书馆阅读推广的重要性

推广是现代社会各行各业应用最为广泛的手段，"酒香也怕巷子深"充分表明了推广的重要性。公共图书馆开展阅读推广服务，具有更强的主动性意识，有利于提高人们主动阅读的意识，帮助人们养成良好的阅读习惯，提升人们对阅读的兴趣，最终取得良好的阅读效果；同时借助阅读推广的手段，能够有效地提高公共图书馆的社会影响力。这样不仅可以提高图书馆纸质馆藏资源及数字资源的阅读浏览量和利用率，还具备推动数字化全媒体时代公共图书馆发展的重要意义，是推动"全民阅读"的基本要求。

2　数字化全媒体时代下公共图书馆服务的改变

2.1　公共图书馆服务对象的改变

在数字化全媒体时代下，公共图书馆和其他各行各业一样，都面临着服务对象构成改变的情况。移动互联网时代有"一机在手，共享所有"的说法，年轻读者人群，手机不离身，再加上工作繁忙，有限的时间都想用在重要的事情上，为了省去必须到图书馆借阅图书所花费的时间成本，这就促使他们原本的线下阅读方式转变为线上阅读模式，通过移动互联网设备便可足不出户随时随地满足自己的阅读需求。对图书馆而言，因为广大新老读者习惯选择的阅读模式有所不同，这便要求公共图书馆在不断扩大自己馆藏图书种类，满足读者传统阅读方式的同时，对线上不同种类的数字图书资源购买量也应提高，同时需建立发展完善的数字资源阅读系统，满足广大线上阅读读者多样化的阅读需求。

2.2　公共图书馆服务方式的改变

公共图书馆的传统服务方式需要读者到图书馆，进行书目查询、书籍寻找、办理外借、按时归还等操作，对于部分读者来说十分不方便，在数字化时代下，人们对服务便捷性和高效性的要求更高了，这就需要公共图书馆转变传统的服务方式。公共图书馆服务方式的改变也是在传统服务模式的基础上，通过在公共图书馆数字资源平台上寻找书籍资料、进行线上阅读，有效提高服务的效率和便捷性，增强服务的质量，提高公共图书馆对读者的吸引力，从而使公共图书馆在数字化时代下能够获得良好的发展。

2.3 公共图书馆服务内容的改变

公共图书馆的传统资源是纸质图书，虽然具备真实性高、类别丰富多彩的特点，但是在数字化全媒体时代却不能适应广大群众的需求，因此当今社会除了建立一座馆藏纸质图书丰富的公共图书馆之外，还应该建设一个完善的数字资源系统，通过电子书、超链接等与其他资源进行联合的方式，拓宽人们的阅读途径和方式，通过使用数字化全媒体时代下新型的传播途径，吸引更多的读者，扩大公共图书馆的影响力和知名度，从而提高公共图书馆对大众的教育和引导作用，满足人们对阅读和信息寻找方面的需求。以成都图书馆为例，通过建立"成都市公共图书馆数字资源共享平台"、公众微信号的方式，读者只需要通过身份证或社保卡注册为读者后，便可以在 PC 端和移动端进行数字资源的查找和阅读。

3 数字化全媒体时代公共图书馆阅读推广的新模式

3.1 传统媒体多样化推广

传统媒体的推广形式在人们的生活中依旧占据着重要的地位，并且在数字化全媒体时代下已经发展出许多新的模式。虽然目前引导人们进行阅读的主要载体已经变为计算机、移动设备，形式主要为电子书，但是传统纸质书籍依旧受到很多人的喜爱，传统媒体的多样化推广也是基于纸质书籍来进行的。第一，公共图书馆可以采用开办线上公益讲座、线上展览、读书分享会等形式，提高公共图书馆的影响力和人们的关注度；第二，公共图书馆可以通过书籍宣传、海报宣传、图书推荐等形式，提高人们的阅读兴趣；第三，公共图书馆可以采取和其他社会群体联动的策略，如与各大网红书店的合作等方式，提高图书馆自身的网络关注度，促进公共图书馆在数字化全媒体时代的发展。如：成都图书馆建立了自己的公益讲座视频库及网上展厅专属页面，让读者随时随地通过移动设备就能观看在图书馆举办的各类公益讲座及线上展览。

3.2　数字化全媒体模式的推广

在数字化时代，各种媒体平台和应用工具有着发展速度快、影响范围广、影响力大等特点，公共图书馆的推广也可有效地利用这一点。首先公共图书馆可以采取在官方网站、微博、微信以及其他社交网站和信息网站上发布公共图书馆公益讲座、新书推荐、阅读活动等信息，提高公共图书馆的受关注度，同时通过在互联网上进行优秀图片展览，书籍信息资讯发布等，促进人们的阅读意识、阅读能力和阅读兴趣的提高；另外公共图书馆可以通过建立自己的微信公众号平台以及其他的官方平台、读者群等方式，定期推送相关阅读活动信息，加强与读者间的交流，掌握最新的读者需求和群众阅读动态，加强公共图书馆的重要性和引导能力，促进人们养成良好的阅读习惯，提高人们的阅读能力和水平。图书馆可以建立自己的微信公众号，定期向广大读者推送相关阅读及活动信息，第一时间向广大读者分享图书馆的阅读推广活动信息。

3.3　移动图书馆模式的推广

在数字化时代下，网络科学技术的广泛应用不仅体现在浏览器和网址网站方面，更多的是体现在 APP 应用的研究、开发和使用方面。公共图书馆开展移动图书馆推广模式可以通过建立一个能够让读者借助移动设备快捷登录的应用软件，从而有效地提升读者的使用体验和阅读效率，使人们在寻找相关信息时更加方便快捷，促进大众养成良好的阅读习惯；公共图书馆要注意对数字化资源的整合和利用，收集不同平台的优秀资源和信息，剔除不良的信息和错误、杂乱的资源，提高人们寻找资源的效率，促进人们阅读水平的推升和社会正能量的推广，充分发挥公共图书馆的正面引导作用，提高人们的素质，满足人们的阅读需求；还可以通过软件系统建设，发展图书到期归还提醒、优秀作品目录、好书新书推荐和活动举办、短信通知等功能，提升人们的移动设备使用体验，满足人们对服务的便捷性和高效性的需求，促进公共图书馆在数字化全媒体时代的发展。如：成都图书馆建立了较为完善的微信公众号，呈现 APP 门户界面，替代图书馆 APP，目前平台功能分为三大板块。"微服务大厅"利用组件把图书馆基本应用功能整合到一块，可实现绑定借阅证、借阅查询、精品讲座欣赏、书目检索、个性化推荐等功能。"掌上数图"集合图书馆购买的数字资源，让读者随时随地体验智能、便捷的数字资源。"成图服务"汇集馆内重要信息公告，让读者可通过此版块获取图书馆微信活动的最新资讯。

3.4 通过品牌塑造进行阅读推广

在数字化全媒体时代，品牌的作用和影响力大大提高，品牌不仅代表着一个企业的实力，还能够提高人们对企业的认可度、在社会上的知名度，因此公共图书馆进行品牌的树立能够有效地提升自身的关注度和对人们的影响力。公共图书馆可以通过对自己的藏书资源和服务特点进行分析，突出自身的优势与其他图书馆、书店、阅读组织的差异性，树立自己的品牌，提高大众对公共图书馆优点的认可，增强公共图书馆在社会上的知名度；另外，还可以通过举行多种阅读活动，积极向大众进行推广和宣传，通过多种方式增强人们对公共图书馆品牌的认知，保证公共图书馆塑造自己品牌时能够起到良好的效果，提升社会影响力，促进公共图书馆对大众产生良性的引导和教育功能。

4 结 语

综上所述，在数字化全媒体时代下，公共图书馆的阅读推广和发展都面临新的问题，要充分发挥公共图书馆对大众的教育和引导作用，提高人们的阅读意识、阅读能力和阅读水平，我们就必须对全媒体时代下人们的阅读形式和阅读要求进行研究、分析，促进数字化全媒体时代公共图书馆阅读推广新模式的建立，为广大人民群众提供便利，促进公共图书馆发展优秀文化、良性进步，最终达到"全民阅读""书香中国"的目标。

参考文献

[1] 邱轶. 新时代背景下公共图书馆阅读推广的思考[J]. 上海高校图书情报工作研究，2019，29（1）.

[2] 邓志鸿. 浅谈新时期下公共图书馆的数字阅读推广模式及其创新[J]. 数字通信世界，2019，169（1）.

[3] 张淑妮. 浅谈全媒体时代公共图书馆阅读模式与读者阅读方式的变化[J]. 办公室业务，2018，304（23）.

全民摄影时代下
公共图书馆摄影展览业务的意义

王　欢

（成都图书馆　四川成都　610041）

【摘　要】　在全民摄影时代下，摄影展览逐渐成为公共图书馆的主要业务之一。摄影展览的开展一方面需要依托图书馆丰富的资源，另一方面也能够给图书馆带来较好的社会效益，在其以新形式传播文化与知识、丰富人民精神世界的同时，也为公共图书馆多元化服务注入了新的内容。

【关键词】　公共图书馆；摄影展览；全民摄影时代

随着摄影技术和信息技术的发展，我国早已迎来了全民摄影的时代，人们只需要一部手机就能拍下清晰的照片。如何拍摄、欣赏好的摄影作品，如何解读交流艺术？公共图书馆为其创造了一个极好的艺术展示空间。

1　摄影展览业务在公共图书馆的发展趋势

公共图书馆的主要社会职能之一就包括展览业务。展览，即是在规定的时间、地点，利用各种展示方法达到服务、产品等信息交流的社会活动，一般可以分为文化信息宣传类展览和商业性展览。在早期，展览被认为是对图书馆毫无重要作用的业务，人们认为图书馆的业务必然都是和"书"相关联的，显然"展览"并非如此，因而也就很少有图书馆会举办展览，也没有图书馆拥有较大的场地可举办展览。而随着时代的发展进步，图书馆业务被定位为一项学术性文化公益事业和社会信息服务业，展览业务在图书馆的业务中逐渐变得重要。近年来，一些新建的图书馆就体现了这样的特点，国家图书馆、武汉图书馆、深圳图书馆等的建设都将展厅划分为图书馆建筑中的重要组成部分，使展览的开展有了场地资源，从而使我国的公共图书馆展览也越来越多。并且，伴随着现代科技的发展和摄影技术的成熟，越来越多的人了解、喜爱摄影，一些公共图书馆就开始了开展摄影展览的业务。可以预料的是，图书馆的摄影展览业务必然会随着摄影技术的发展而不断增多，并且质量会不断改进。

2 全民摄影时代下公共图书馆摄影展览业务的优势及特点

2.1 依托图书馆的丰富资源

一方面，公共图书馆摄影展览的开展可以依托图书馆本身丰富的馆藏资源。图书馆本身就是一个容纳了众多资源的地方，所以摄影展览的举办可以将图书馆丰富的馆藏资源作为素材或依据，从图书馆中寻找可供展览的事物。例如，某公共图书馆内拥有一类丰富的古籍图书，但为了使古籍不受到破坏而没有对民众开放借阅，因此，图书馆就可以将这些古籍运用现代高科技摄影器材与手段拍摄下来，以摄影展览的方式呈现到大众面前，从而让大家都有机会拜读这些古老的文字语言。这种方式的运用，是目前手机拍摄效果所不能达到的。另一方面，公共图书馆摄影展览的举办也需要借助图书馆宽广的场地资源。展览的场地是开展摄影展览的必要前提条件，场地的大小决定了摄影展览的规模，同时也会对展览的效果产生一定的影响，宽阔、安静、环境良好的公共图书馆场地可以容纳更多的展品和观赏者，给观赏者更多的驻足时间，能够为摄影展览质量的提高提供保障。所以，公共图书馆摄影展览业务的开展需要依托借助其本身丰富的馆藏资源、场地资源，这是其最为鲜明的特点之一。

2.2 沟通读者与摄影艺术

公共图书馆作为一个服务大众的机构，必然与社会各界都有着一些联系，并且还有着广泛的读者群众。基于此特点，也能够吸引社会上的众多资源，让社会上的一些组织单位主动与图书馆寻求合作，举办展览，从而达到宣传的目的。如此一来，公共图书馆一边掌握着大量的读者资源，一边又拥有着众多的展览资源；反之如果图书馆不做出任何行动，不开展一些展览，那么人们也就无法观看到这些展览资源，同样的这些展览资源也不能被更多人看到、欣赏，也就无法体现自身的价值和意义。而图书馆此时就要发挥其特殊的作用，相对于其他机构或单位，图书馆具有更多的人文底蕴和知识内涵，因而对于艺术文艺作品也就更能给出独到的见解或解读。所以，其不仅要举办摄影展览，而且还可以从多角度、多层次为观赏者提供一些内容上的解读，让观赏者在有了自己的感受后能够了解到摄影作品更多的信息和内涵。所以，公共图书馆举办摄影展览不仅仅是简单地为社会服务或者提高社会效益，更多的是将读者和摄影艺术相联系，为两者搭建起沟通的桥梁，让读者更加深入地了解摄影作品的内涵，同时也让摄影作品感染到更多的人、发挥其自身更大的价值。

3 全民摄影时代下公共图书馆摄影展览业务的意义

在全民摄影时代下，公共图书馆摄影展览业务不仅能够为群众带来好的摄影作品、丰富人们的精神世界，在其传播文化知识和精神文明的同时，也为其自身带来了积极的影响，并且也为当地的文化、文明建设甚至经济发展发挥了一定的推动作用。

3.1 扩大公共图书馆的影响

公共图书馆本身就有着服务社会的性质，当地人对其也较熟悉，因而一般也都有一定的知名度和影响力。但是，传统的公共图书馆展览业务一般都只是有关知识文艺方面的，对于摄影等一般都较少涉猎，所以，其知名度、影响范围也都具有一定的局限性。而在当下的全民摄影时代中，摄影变得更加便捷，无论是年事已高的爷爷奶奶，还是年仅几岁的小朋友，只要教他方法，他就能马上拿起手机拍下照片，并且也有越来越多的人喜爱摄影，所以摄影就有了较广泛的群众基础。因此，公共图书馆开展摄影展览，能够吸引到大量的摄影爱好者，从而使图书馆的知名度不断扩大。从另一角度来看，公共图书馆开展摄影展览业务，也体现着全民摄影的时代特色，说明图书馆是符合当下社会发展需要的。开展更多类似摄影展览的新时代业务也能够加深图书馆在群众心中的印象，同样也有利于其影响力的增强。总之，公共图书馆在全民摄影时代下开展摄影展览业务使其业务范围更加宽广，从而也提高了自身的知名度和影响力。

3.2 提高公共图书馆的效益

在全民摄影时代下，公共图书馆开展摄影展览业务必然能够吸引各个年龄段的摄影爱好者的参与，虽然此类展览一般都是公益性的、免费的，但其依然能够为图书馆带来可观的效益。一方面，其能够为图书馆带来显而易见的社会效益。公共图书馆开展摄影展览业务对于各年龄段的摄影爱好者都具有较大的吸引力，除了平时都会来图书馆的读者，其他人群可以说是摄影展览业务所吸引到的新鲜人群，而当这些人群参与摄影展览后，必然会对此图书馆产生一些认识和了解，在往后一般都会对其加以关注，有时还可能来到图书馆阅读，从而使图书馆的人流量逐渐增多。并且，开展摄影展览业务也是群众所喜爱、所支持的，图书馆在开展此项展览后必然会引起人们的议论和好评，从而使图书馆也能够获得较好的社会效益。另一方面，图书馆摄影展览业务的开展，必然也会吸引一些社会资源。例如，在图书馆举办展览时可与一些企业进行合作，由企业提供展架、画框等活动会用到的物品，同时将其商标放在显眼处或图书馆直接为其做宣传；也可将摄影展览的主办权交给摄影类合作单位，令其自行提供摄影作品，而图书馆则可适当收取一些必要的费用。如此不仅能够给公共图书馆带来一定的经济效益，而且专业的摄影承办方还能使展览的质量更高，产生更多的社会效益。

3.3 广泛传播知识与文化

传播知识与文化是公共图书馆最重要的本职工作，而传统的公共图书馆业务总是一成不变的，容易让人觉得枯燥无味，因此需要新奇的事物来引起读者的兴趣。摄影展览作为一种较新型的展览形式，不仅与图书馆传统的文化传播方式有着很大的区别，而且也符合全民摄影的时代特色，对于当代群众有着较大的吸引力。所以，开展摄影展览业务可以让公共图书馆吸引更多的人群，不仅能够让更多人了解摄影相关的知识文化，而且还能够在一定程度上吸引更多的人借阅、阅读图书，从而达到广泛传播知识与文化的作用。如此一来，不仅能够丰富当地群众的日常生活，而且还能够满足群众的精神需求，是图书馆履行传播文化知识职责的体现。

4 结 语

总之，在摄影技术不断进步、摄影不断普及的全民摄影时代下，公共图书馆的摄影展览业务在不断推进，其开展一边依托图书馆丰富的资源，一边也给图书馆带来了较多的社会效益，在广泛传播知识文化的同时也丰富着人们的精神世界，推动当地的经济文化发展。

参考文献

[1] 达瓦旺堆. 全民摄影时代摄影记者面临的挑战及对策[J]. 西部广播电视，2018，5（9）.

[2] 李浩然. 探讨全民摄影时代摄影记者面临的挑战与对策[J]. 传媒论坛，2018，1（17）.

[3] 田素梅. 试论信息时代公共图书馆资源的开发与读者发展[J]. 河南图书馆学刊，2018，38（9）.

[4] 刘军. 新时代新闻摄影人的担当[J]. 青年记者，2018，610（26）.

[5] 托娅. 浅析新媒体时代下新闻摄影的发展策略[J]. 新闻研究导刊，2018，9（4）.

全媒体时代公共图书馆媒介宣传推广工作探究

康嘉琦

（成都图书馆　四川成都　610041）

【摘　要】　随着科学技术的不断发展，信息数字化已逐渐普及，人们的阅读习惯也逐渐改变，无纸质书成为众多年轻人的选择。在全媒体时代下，公共图书馆的媒介宣传推广工作面临巨大挑战，要改善公共图书馆的宣传薄弱环节，必须紧跟时代的脚步，调动各界人士参与。为了使公共图书馆能够再次走入大众的视野，融合全媒体成为更好的服务平台，需研究出能够有效改善公共图书馆媒介宣传推广工作的对策。本文通过对全媒体时代下公共图书馆媒介宣传推广工作的现状分析，探究宣传推广工作薄弱的原因，以此找出有效的解决对策。

【关键词】　全媒体时代；公共图书馆；媒介宣推广；对策研究

　　什么是公共图书馆媒介宣传推广工作？简单来说，就是一项通过媒介让广大读者了解公共图书馆，让公共图书馆能够完成使命的宣传工作。其具体内容是指，通过媒介形式，让读者能够迅速了解公共图书馆的公众形象，使读者知道这个图书馆该做什么、拥有什么、能做什么，以此吸引更多读者迈入图书馆，将图书馆"用"起来，从而提升图书馆的资源利用率，扩大知识的传播范围，充实人们的生活内容。当今时代，被称为全媒体时代，那什么是全媒体？全媒体是指使用多种媒介形式，如文字、声音、影像、网页等，综合传统媒体（如报纸、广播、电视等）和新媒体（如网站、微信、微博等）的特点，使用户能够在手机、电脑等终端接收到信息的一种传播方式。近些年，社会的发展也推动了公共图书馆的发展，使其资源、能力得到进一步提升，但在全媒体时代的冲击下，其资源利用率没有达到最佳水平。因此，研究全媒体时代下，提升公共图书馆媒介宣传推广工作的有效对策成为业界关注的焦点。

1 全媒体时代公共图书馆媒介宣传推广工作现状

中国互联网中心公布的数据显示，截至 2020 年 3 月，我国的网络用户为 9.04 亿，较 2018 年年底增长 7 508 万，网络普及率达 64.5%，且呈稳定增长状态。该数据表明，利用互联网进行信息资源获取已逐渐成为主流。在此种形势下，公共图书馆的媒介宣传推广工作滞后，且公共图书馆之间的相互差异也较大。主要问题在于，相关人员没有意识到加强宣传的重要性，宣传方式缺乏多样性，互动性不强，没有吸引新人群，宣传效率不高、效果不好，公共图书馆的现有资源无法满足人民日益增长的信息需求。

调查得知，现在许多公共图书馆的宣传推广工作并未得到应有的重视，许多馆内相关宣传人员对待宣传推广工作常抱着敷衍了事的态度，宣传难见成效。另外，许多公共图书馆没有跟上时代的步伐，依旧局限于传统的宣传方式，如印发传单、实地展台等，宣传效果较差，范围较小。此外，仍有公共图书馆开放时间多为工作日的白天，受众局限于闲散人群，如老人、小孩，而难以满足白天需要工作的群体。在全媒体时代，要想推动公共图书馆的媒介宣传推广工作，必须结合新新媒体进行宣传方式创新，才能改变公共图书馆的现状。

2 公共图书馆媒介宣传推广工作薄弱的原因

2.1 未与新时代接轨，宣传意识薄弱

公共图书馆是非营利性质的机构，缺乏竞争意识，没有感受到自己正在与时代脱轨，与新时代渐行渐远。对于宣传推广工作，常被当作是"不需要""没必要"的工作，抱着只需要完成图书馆分内工作就万事大吉的想法，以致宣传推广工作成为可有可无的存在，因此公共图书馆的宣传推广滞后，难以开展，即便存在一定的宣传，也是小范围的走形式，效果不理想。

2.2 未建立明确目标，没有进行系统的宣传推广策划

因为缺乏对公共图书馆媒介宣传推广工作的重要性认知，在进行宣传推广工作时，没有明确的目标，如"行尸走肉"一般，只是跟着要求走，没有找准自身的定位，也没有制定系统的宣传策划。"无脑式"的宣传推广方式，只是机械地给受众罗列出图书馆的资源、服务情况，没有将自身特色充分展示，宣传缺乏吸引力与影响力。另外，"漫无目的"式的宣传推广只是单纯地将图书馆所拥有的展示出来，没有

贴合受众需求，也无法激发读者的兴趣，缺乏参与感的宣传推广对读者来说是毫无吸引力的。此外，在进行宣传推广时，缺乏系统的计划，"想到什么做什么"式的宣传很难形成连锁效应，且多会进行重复无用的工作，达不到良好的宣传效果。

2.3 未利用新媒体，宣传内容单一没有亮点

据资料显示，多数的公共图书馆平台所使用的宣传手段多为公益性讲座、阅读活动、征稿启事等老旧方式，没有脱颖而出，难以吸引读者眼球，读者参与度较低。在众多公共图书馆中，很难见到使用新媒体手段的，通过广播、电视、网络等平台进行宣传的更是少之又少。在宣传内容的选择上，多停留在表面，缺乏深入度，欠缺故事性，缺乏吸引力。此外，许多宣传推广相关人员专业性不足，同样限制了公共图书馆宣传推广工作的推行，读者无法从宣传内容中找出贴合自身需要的内容，难以在社会上产生反响。

2.4 未与读者建立联系，缺乏针对性、互动性

要想吸引并留住读者，必须要与读者进行互动，维系读者的参与热情。但现实中的公共图书馆宣传推广工作多是程序式服务，没有主动去发掘读者需求，更不要说对读者的需求进行分门别类。在这个过程中，读者只能够被动接收，难以参与其中。针对性与互动性是现有公共图书馆普遍存在的问题，"坐等"读者迈入图书馆的时代已经过去了，要进入将图书馆"搬到"读者身边的时代。

3 全媒体时代做好公共图书馆媒介宣传推广工作的对策

3.1 提升意识、思维转变是关键

在全媒体时代，要推动公共图书馆事业发展，必须进行思维转变，不能继续做"无欲无求"的公益人，要加强宣传推广意识，形成竞争意识。公共图书馆要想提高自身影响力，必须要以内容实力做基础，宣传推广为助力。若是没有做好自身的宣传推广工作，难以在众多公共图书馆以及网络资源中脱颖而出，为群众服务也只是无稽之谈。因此，提升各公共图书馆媒介宣传推广意识至关重要，这是使公共图书馆重新散发魅力的关键。

3.2 特色塑造、形象丰满是基石

当今社会，图书馆已不再稀有，人们想获取资源的途径也不再单一。在此种形

势下，公共图书馆想要被读者选择，就必须使自己独具特色，要有特殊魅力。例如，在馆内风格设计时，别具一格，吸引读者来"打卡拍照"；另外，个性化服务也是吸引读者的好方式。在全媒体时代下，利用传统的方式进行图书馆介绍依旧不可抛弃，但在此基础上，公共图书馆要形成自身的核心文化，如塑造文化品牌、打造馆内故事等。拥有丰满、立体形象的公共图书馆才能够让读者感兴趣。近年来，"图书馆微电影""图书馆故事"等活动都得到了较好的反馈，可以成为众多图书馆宣传推广工作的参考。

3.3 媒体融合、宣传创新是途径

处于全媒体时代，不能一味守旧，选择单一的宣传方式，要将多种媒体形式结合起来，融合发展，使宣传推广的途径更加多样化，从而扩大宣传推广的范围，让公共图书馆焕发新生。网络是现今社会的潮流，其具有互动性强、能够实时交流、传播迅速等优点，若是能够将传统媒体与之结合来宣传推广公共图书馆，则能使公共图书馆快速重回大众视野。例如，可以进行图书馆内情况实时直播，让读者能直观地感受图书馆的建筑魅力。另外，还可以开展线上读书活动，让被时间束缚的人群也能参与其中。

3.4 体验为主、互动并存是趋势

在全媒体时代，互动性和体验性是用户关注的重点，也是媒介宣传推广工作的趋势。公共图书馆在进行宣传推广工作时，要加入互动性设计体验，使读者产生兴趣。增强互动性与体验性可以从以下两个方面入手：其一，要建立更多与读者沟通的途径，了解读者需求，加强针对性，制定个性化服务，吸引读者目光；其二，在服务方式上，要进行创新，改变"馆内专有宣传推广人员"的想法，邀请读者参与到公共图书馆的宣传推广活动中来，使读者在获取体验感的同时，了解图书馆的情况，从而提升图书馆资源利用率。

4 结 语

在全媒体时代，移动媒体盛行，智能化设备眼花缭乱的功能吸引了大众的目光，但纸质化图书是无法被替代的，只是现阶段人们对"网络新世界"充满了好奇，以至于忽略了公共图书馆的存在。为了重回大众视野，公共图书馆要提升媒介宣传意识，打造自身特色，加大宣传推广力度，利用新媒体创新宣传手段，以重新找回公共图书馆的社会影响力。

参考文献

[1]　王春雷. 全媒体时代的图书馆宣传推广工作[J]. 新媒体研究，2019（9）.

[2]　吴泽子. 全媒体时代提升公共图书馆宣传工作探析[C]//《决策与信息》杂志社、北京大学经济管理学院. "决策论坛——企业管理模式创新学术研讨会"论文集（下），科技与企业，2017（1）.

[3]　杨熔. 全媒体时代公共图书馆阅读推广社会合作的发展策略[J]. 大学图书情报学刊，2017（6）.

浅析新媒体技术在公共图书馆宣传推广中的应用

卿云琪

（成华区图书馆　四川成都　610051）

【摘　要】　互联网背景下，新媒体技术快速发展，它在公共图书馆服务中的应用也越来越广泛。目前，我国的公共图书馆在宣传推广过程中，已经融合了多种新媒体形式，包括网页、微博、微信、RSS 订阅等。比如：国家图书馆的网络媒介包括网页、新浪微博、腾讯微博和 RSS 订阅，移动通信媒介包括微信、移动数字图书馆和短信订阅；上海图书馆的网络媒介包括网页和新浪微博，移动通信媒介包括微信和手机图书馆；深圳图书馆的网络媒介包括网页、新浪微博和腾讯微博，移动通信媒介包括微信和深圳文献港手机客户端，等等。本文介绍了公共图书馆宣传推广的现状，分析了新媒体技术背景下公共图书馆的宣传推广状况，探讨了新媒体技术在公共图书馆宣传推广中需要注意的问题，希望能够为相关的工作人员提供参考，促进公共图书馆的宣传与推广。

【关键词】　公共图书馆；宣传推广；新媒体技术

公共图书馆是由政府税收支持的，为社会大众免费提供服务的社会公益性事业单位，包括国家图书馆、省级图书馆、市级图书馆、县级图书馆、城市图书馆、乡镇图书馆、街道图书馆等，能够丰富读者的文化生活、更新读者的生活观念、提高读者的文化素质，促进社会的和谐发展等。但是，目前一些公共图书馆的发展状况十分堪忧，读者的持证率、到馆率和利用率都比较低。究其原因还是图书馆的宣传工作不到位，只有加强公共图书馆的宣传推广，才能加深社会大众对公共图书馆的认识，才能实现公共图书馆社会教育的目标，提高社会大众的文化素质。

1　公共图书馆宣传推广现状

近年来，国家和政府十分重视社会文化事业的发展，尤其加大了公共文化服务体系建设方面的投入。自 2011 年起，全国的公共图书馆相继免费开放，公共图书馆也开始被社会大众关注。随着新媒体技术的飞速发展，便携移动终端越来越普及，越来越多的人群开始关注和使用公共图书馆的服务。但是新媒体技术环境下，社会大众获取信息的渠道和阅读的方式也越来越多样化，只有加强图书馆的宣传推广工作，才能让更多的人群了解和认识公共图书馆的职能。公共图书馆的宣传推广工作主要有两个目标：一是让社会大众对公共图书馆的功能和价值有个清晰的认识；二是促进公共图书馆事业的发展，让图书馆更好地服务于文化和民生。公共图书馆宣传推广的内容要包括图书馆的功能与作用的宣传和推广、图书馆的资源与服务的宣传和推广、图书馆各种活动的宣传和推广，以及图书馆形象的宣传和推广等，要积极地扩大公共图书馆的影响力，为公共图书馆事业的发展创造良好的社会环境。而目前公共图书馆在宣传推广方面还存在很多问题，尤其是新媒体技术环境下，对图书馆的宣传推广工作提出了更高的要求。传统的推广方式如问卷调查、发传单等不能适应社会的发展需求，图书馆宣传推广岗位工作人员的业务水平也比较有限，不能很好地利用新媒体技术的优势来提升宣传推广工作的效率。

2　新媒体技术在公共图书馆宣传推广情况

2.1　宣传推广的形式单调、不够新颖

新媒体技术用于公共图书馆宣传推广的形式比较单调、不够新颖，无法发挥出新媒体技术的优势，也不能加深居民对公共图书馆的认识。比如之前提到的国家图书馆、上海图书馆、深圳图书馆等公共图书馆基本都建立了官方宣传网站，但是网站的设计内容和设计形式都是千篇一律的，毫无创新可言，无法给用户留下深刻的印象，也不能够通过网站了解图书馆的服务项目，如图书馆的藏书情况、如何借阅和归还图书等，有的小县城的居民甚至不知道当地有公共图书馆，对于公共图书馆的性质也不够了解，很大一部分人都不知道公共图书馆是免费提供服务的。

2.2　宣传推广的应用不够深入、浮于表面

新媒体技术在公共图书馆服务中的应用不够深入、浮于表面，并不能促进公共图书馆更好地服务于群众。目前，新媒体技术在图书馆服务中的应用主要集中在三个方面：一是数据库刊物检索；二是读秀、超星等电子资料的阅读；三是移动图书馆和多媒体的应用。虽然大多数的公共图书馆的服务都运用了以上技术，但是很多功能只是形同虚设，用户对于相关服务的具体操作以及使用流程都知之甚少，并不

能真正地体验到这些技术的功能优势。以图书馆微信公众号为例，大多数图书馆都开通了微信公众号，用户可以在公众号进行书目检索和查询借阅信息，也可以接受图书馆推送的相关新闻动态，这样的设置可以提升手机客户端的使用率。但是在实际操作过程中，大多数图书馆公众号推送的文章更新速度过于缓慢、推送的文章也缺乏新意，并且与用户的交流过少，工作人员对于用户的疑问回复不及时甚至不回复，长此以往用户就会减少对图书馆公众号的关注，造成资源的浪费。

3 新媒体技术在公共图书馆宣传推广中需要注意的问题

3.1 提高公共图书馆馆员的业务水平，利用网络平台更好地宣传推广图书馆服务

目前，公共图书馆的网络服务平台正在发展之中，图书馆馆员的业务水平直接影响图书馆网络平台的未来发展，因此加强对馆员的培养，提高馆员的业务素质就显得十分重要。首先，要重视提高馆员的信息素养，新媒体技术环境下馆员需要善于搜索和发掘网络上有价值的信息，并且能够对信息进行快速加工，保证发布内容的及时性和准确性；其次，要重视提升馆员与用户沟通的技巧，对于用户的咨询和评论要提供合理的答复和建议，要维护公共图书馆的良好形象，还要做好工作时间的衔接（主要是网络平台的工作时间，在图书馆闭关以后，网络平台需要保证有馆员随时在线回复用户的提问）。在提高馆员业务水平的同时，图书馆要重视利用新媒体技术进行宣传推广，如微信公众号可以通过语音、视频、超链接等功能来推送相关信息，运作的成本低廉、操作简单快捷、推送信息精准优质；新浪微博则可以通过在线直播讲座进行推广，信息传播十分快速，发布信息的门槛较低。图书馆要充分利用各种网络平台的优势，创新宣传推广的渠道和方式，促进图书馆网络平台的健康发展。

3.2 规范公共图书馆网络服务平台的设置，并加大服务平台的宣传推广力度

目前，还有部分地方的公共图书馆没有全面开通网络服务平台，有的开通了微信公众号和新浪微博，但是平台的设置不够规范，包括名字的设置和头像的设置。比如：大部分图书馆的微信公众号名称和新浪微博名称都是以图书馆原来的名字来命名的，极个别的图书馆会添加或者删除"××省"等字样；图书馆一般都会以馆

徽或者是馆舍照片作为微信和者微博的头像，但是仍然会有头型不规范或者空缺的情况，并且还有部分图书馆没有进行官方认证，用户就会对平台的官方性质和发布的信息产生怀疑。因此，一方面，图书馆需要加强规范网络服务平台的设置。首先，网络服务平台的命名要规范，微信公众号和新浪微博的命名可以是图书馆的本名，比如"××图书馆"，也可以在此基础上添加或者删除省份，比如"××省××图书馆"，还可以添加"官微"二字，比如"××图书馆官微"。其次，网络服务平台的头像设置要有图书馆的馆徽或者馆舍的照片，同时需要做好网络服务平台的认证工作，增强用户对图书馆的信任度。另一方面，图书馆需要加大网络服务平台的宣传推广力度。首先，图书馆的官方网站可以对其他服务平台的开通进行通知，主要是指微信公众号和新浪微博，可以将它们的二维码放在网站显眼的位置；其次，在图书馆的大门口、电梯内、桌子上都可以摆放微平台的二维码，借书证和读者证上面也可以印上二维码；最后，微信平台推送的每一篇文章最后都要加上微信公众号和新浪微博的官网二维码，还可以定期开展一些奖励活动，加强微信和微博平台的宣传推广。

3.3 提高图书馆微平台信息推送的数量和质量，重视挖掘微平台的特色功能

目前，大多数公共图书馆微平台的信息推送频率较低，发布的文章质量也不高，导致阅读量较低，难以维持用户的关注度。因此，图书馆需要提高微平台信息推送的数量和质量。首先，要在保证推送信息真实性和准确性的前提下，注重发展特色内容，比如当地的一些地方特色内容，包括发展历史、风俗习惯、文化遗产等，皆可以丰富用户的见闻，还可以形成图书馆特色。其次，公共图书馆新浪微博平台应该注重原创微博推送，坚持以原创为主、转发为辅，重视推送内容的创新，以吸引更多的用户。同时，图书馆还需要重视挖掘微平台的特殊功能，以增强与用户的互动性，如微信的语音和视频功能，微博的微访谈、微直播功能等。

3.4 定期维护公共图书馆网络服务平台，提升读者对图书馆的体验感

图书馆开通了网络平台服务，就需要定期对这些平台进行检查和维护，一旦发现问题就要及时处理，避免影响用户的体验感，要保证图书馆官网、微信公众平台、官方微博等平台提供的服务能够正常使用。以新浪微博为例，图书馆的微博要保证能够正常发布和推送信息，能够正常回复用户的提问和评论。只有定期对这些网络服务平台进行维护，才能给用户良好的体验，才能长期留住客户。

4 结 语

公共图书馆是一个地区的文化中心,对当地的文化建设和发展有着重要的作用。随着国家对社会文化事业发展的重视,公共图书馆的功能也逐渐凸显出来。但是由于公共图书馆对自身的宣传推广力度不够,社会大众对于图书馆的认识还不够深入,对于图书馆的作用、提供的服务和使用的流程等都不够了解。在新媒体技术环境下,只有加强公共图书馆的宣传与推广工作,才能促进图书馆事业的健康发展。

参考文献

[1] 张玲. 新媒体技术环境下图书馆宣传推广策略[J]. 图书情报工作,2015（1）.

[2] 霍瑞娟,张章. 新媒体环境下图书馆宣传推广创新模式初探[J]. 图书馆工作与研究,2012（6）.

[3] 王金花. 新媒体视域下图书馆宣传推广策略研究[J]. 内蒙古教育,2020（2）.

[4] 张欣. 新媒体环境下图书馆宣传推广创新模式的构建[J]. 图书馆学刊,2017（12）.

[5] 丁盛威. 新媒体技术环境下图书馆宣传推广方法研究[J]. 办公室业务,2018（1）.

[6] 胡丹. 新媒体时代图书馆宣传推广策略探析[J]. 产业创新研究,2019（4）.

[7] 郭彩霞. 新媒体技术环境下图书馆宣传推广[J]. 兰台内外,2019（16）.

[8] 何玉霞. 新媒体时代图书馆宣传推广方式及途径探讨[J]. 知识经济,2019（9）.

馆校联合阅读推广模式探析

——以简阳市图书馆为例

陈 燕

（简阳市图书馆 四川成都 641499）

【摘 要】 公共图书馆是学生主要的社会阅读场所，加强学生阅读推广工作，是公共图书馆义不容辞的责任。笔者所在的简阳市图书馆常年与学校联合举办各类少儿阅读推广活动，深得学校师生和社会好评。目前，该馆少儿注册量已超 4 万人，少儿读者人数在全省县级市公共图书馆中位居前列。笔者总结了多年来与学校合作的经验，通过案例分析存在的问题，探索馆校联合使学生爱上课外阅读的有效途径。

【关键词】 馆校联合；小学生；课外阅读；阅读推广

李克强总理说："一个国家养成全民阅读习惯非常重要。而这与公共图书馆普及密不可分。"[1]学生时期是一个人培养阅读兴趣和阅读习惯的关键时期，2018 年 1 月 1 日《中华人民共和国公共图书馆法》正式颁布实施，第四章第三十四条："政府设立的公共图书馆应当设置少年儿童阅览区，根据少年儿童的特点配备相应的专业人员，开展面向少年儿童的阅读指导和社会教育活动，并为学校开展有关课外活动提供支持。"[1]公共图书馆是少年儿童课外阅读和自学的重要场所，对学校教育起着补充、延伸和深化的作用。笔者所在的简阳市图书馆一直以来十分重视少儿阅读推广工作，常年开展丰富多彩的少儿读者活动吸引小学生爱上阅读。

1 简阳市小学生课外阅读现状

简阳市小学生的阅读能力与一些发达城市相比存在较大差距。据调查，如北京、

---

① 《李克强：一个国家养成全民阅读习惯非常重要》，中国政府网，2017-04-23。

上海、天津等城市的儿童在 6~9 个月时就开始阅读，4 岁后就可以进入独立的、自主的大量阅读阶段；简阳市的儿童普遍到 5 左右才开始阅读，阅读方式主要是网络、电视的"浅阅读"，阅读内容多以漫画为主。因此，简阳市的小学生从始阅读年龄、阅读内容和阅读质量这三个指标来看均不容乐观，这就为小学阶段阅读能力的培养增加了困难。

2 影响简阳市小学生阅读问题的因素

2.1 资源配置不足

笔者调查发现，简阳市的学校虽均建有图书室，但长期没有更新，学校无专门的购书经费，而偏远乡村的阅读资源更是缺乏，有限的图书资源无法满足小学生的阅读需求。

2.2 家长认知偏差

目前，中国家庭大部分非常重视孩子的教育问题，且愿意在子女教育中投入大量资本，但仅表现在家长重视孩子文化的学习和各类特长的培养上，这就导致孩子有限的课余时间大部分消耗在了各类培训班中。

2.3 学校重视不够

目前的教育体制下，大部分仍以应试教育为主，学校存在升学指标压力，教师有教学质量压力，学校和老师更看重的是孩子的学习成绩，即使布置阅读类的作业，大部分也是以应试为目的。

2.4 阅读兴趣缺乏

受现代媒体冲击，大部分小学生课余时间更喜欢看电视、上网、玩游戏，他们认为这才是课余的放松。即使看书，也只能看老师布置的书目，"浅尝辄止"，只为应试，长期下去则导致阅读兴趣缺乏。

3 小学生阅读推广的重要意义

苏霍姆林斯基说过："只有当一个人在上学年代里就爱上书籍，学会从书籍里认识周围世界和认识自己的时候，他在毕业后的自我教育才有可能。"小学阶段习惯的养成，将影响一个人终身的阅读兴趣与习惯。如何利用好图书馆丰富的教育资源，为小学生提供阅读服务呢？在不断探索和实践中，我们采取馆校联合的方式使简阳市小学生的阅读推广工作取得了阶段性的突破。2019 年，该馆共借阅图书 27.9 万册，仅少儿借阅量就达 18 万余册，这与该馆多年来注重馆校联合推广小学生课外阅读是密不可分的。

4 馆校联合，小学生课外阅读推广的思路及方法探索

4.1 小学生课外阅读的主阵地——图书馆，提供良好的阅读环境和丰富的阅读资源

简阳市图书馆前身是市政府办公楼，在市委市政府的支持下，该馆于 2017 年 8 月大胆进行馆舍调整，增加少儿借阅区的开放区域 400 平方米，让读者享受到更多人性化的阅读空间。同时，进行了少儿借阅区、亲子阅读室的软环境打造，对桌椅、窗帘、书架、艺术地板等均精心进行了色彩搭配。鲜明活泼的色彩在馆舍调整后的第一天就吸引了近千名小读者。此外，还在少儿借阅区外增设了"家长等候室"，专门为家长提供了阅览桌及各类育儿杂志，方便了家长与少儿读者间的亲子交流。2019 年在河东新区开设"市民书房"分馆，设计 VR、AR 少儿互动阅读体验室，更是吸引了不少少儿读者前来体验。在采购图书时，还积极征求学生、家长和学校的意见建议。近 3 年来，采购少儿纸质图书 6 万余册，充分弥补了学校教育资源的不足，深受学生及家长好评。

4.2 小学生课外阅读的助力器——学校，培养学生阅读兴趣和阅读能力

近年来，学校发现语文教学大纲对学生的课外阅读量要求越来越高，每年语文考题中涉及的课外知识越来越多，阅读理解的分值比重逐渐加大，甚至小学数学题也在考查学生的阅读理解能力。在简城一小《促进小学生课外阅读有效策略研究报告》中，我们看到，学校总结了不同的读书方法，如泛读、精读、速读，学生掌握了读书方法，阅读起来效果更好，质量更高。[2] 在图书选择上，学校的包容性也越来越强，为学生提供建设性意见，有必读和选读两类，兼顾了知识性、丰富性和趣味性。

4.3 馆校联合——探索助推小学生热爱阅读的相关活动，让小学生在寓教于乐中爱上阅读

2017 年，该馆开展阅读活动 84 场次，其中少儿阅读活动 52 场次；2018 年开展阅读活动 101 场次，其中少儿阅读活动 65 场次；2019 年开展阅读活动 145 场次，其中少儿阅读活动 80 场次。在活动中，激发了小学生的阅读兴趣，取得了非常好的效果。连续举办 21 届"春芽杯"少儿读者征文大赛，从 1999 年开始，经历了稚嫩、茁壮成长到开花结果。此项活动得到了市委市政府的高度重视，经费每年纳入财政预算。新华网、中图学会、四川电视台、川图导报等多家媒体均有报道，该活动与少儿阅读推广形成了良性互动。近年来，少儿读者呈稳步上升趋势。连续举办五届"我爱阅读·月朗读"活动，鼓励小学生坚持 21 天阅读打卡，用 21 天形成每天阅读的良好习惯，再进行线下阅读体验分享。2020 年参与活动的小学生近 4 000 名，点击率近万人，活动取得了阶段性的成果。后期，我们将举行线下的"诗词大赛"，将该活动成果进一步延展。此外，该馆还在每年暑期开展少儿故事演讲比赛、少儿公益讲座，由"少儿阅读推广人"专门进行阅读指导培训，丰富的阅读推广活动，让越来越多的小学生走进了图书馆，爱上了阅读。

5 简阳市小学生阅读推广的发展趋势

5.1 积极争取上级支持，注重硬件建设

阿根廷作家博尔赫斯曾说过："天堂是一座图书馆。"在当今社会，传统的阅读空间及硬件资源已无法吸引多元包容的"00 后"，各类特色书吧的开放，更是在感观上冲击着传统公共图书馆。要让公共图书馆的硬件建设与人们越来越高的审美需求相匹配，就需要我们多想办法，积极向上级争取资金支持，打造更多元的阅读空间，吸引更多学生走进图书馆、爱上阅读。

5.2 充分利用互联网，创新阅读推广方式

大数据时代，面对海量的信息资源，学生的需求变得更加人性化和智能化。我们的阅读推广如何与家长和学生的价值观、人生观产生共鸣呢？这就需要我们利用新技术、新媒体提供创新阅读推广活动。充分利用网络平台、博客、微博、微信等系统交流工具为读者服务活动提供了解家长及学生心理需求的渠道[3]，充分借鉴先进市馆的优质资源，再根据学生需求提供服务。

5.3 拓展服务半径，向偏远地方辐射优质阅读资源

2020 年，简阳市将实现分馆建设全覆盖。该馆提前拟定了《简阳市图书馆分馆考核管理办法》，在该办法中明确要求：分馆要根据当地产业优势、地域特点和人文环境确定本馆特色，在满足常规服务外，重点突出各自的特色服务，满足不同读者的需求，开展读书征文、知识讲座、科技培训等形式多样的读书学习活动，不断丰富服务形式，拓宽服务范围，充分发挥分馆的作用。年开展读书活动 6 次以上，其中少儿读者活动不得少于 2 次。

6 结束语

少年儿童是祖国的未来，加强对少年儿童的教育培养，是关系党和国家事业兴旺发达的重要战略任务。只有充分认识公共图书馆在小学生阅读推广中的重要地位，并使馆校联合，充分发挥教育合力，才能真正达到小学生阅读推广的目的。

参考文献

[1] 许安标，钱锋，杨志今. 中华人民共和国公共图书馆法释义[M]. 北京：中国民主法制出版社，2018.
[2] 中国互联网信息中主发布报告[EB/OL]. http://www.cnnic.net.cn/hlwfzyj/jcsj.

新媒体技术环境下图书馆的宣传及推广

何 静

（成都高新区巨力文化服务中心　四川成都　610000）

【摘　要】　伴随着社会经济与科技的飞速发展，新媒体在人们现实生活与工
作获得普及应用的同时，日益加大了图书馆的推广和宣传工作的
难度，由于人们要想查阅资料仅需在新媒体上即可轻松查阅，因
而日常生活中对于图书的需求量日渐下降。本文就新媒体技术背
景下带来的挑战，分析图书馆推广和宣传工作在新媒体技术背
景下存在的一系列不足，同时还提出了在新媒体背景下宣传与推
广图书馆的有效措施，旨在为图书馆在占据业界稳定的地位提供
保障。

【关键词】　新媒体背景；图书馆；宣传推广措施

　　21世纪是科学技术发达与信息技术飞速发展的时代，人们生活在网络化社会当
中，伴随无线通信与网络化技术的日渐发展，各类新型媒体技术逐渐涌现。当代年
轻群体尤其是15～40年龄阶段的群体，都在利用新型媒体技术如微博、微信、QQ
等手段更加便利地获取网络信息。同时，要想在宣传推广图书馆工作中合理地引入
新型媒体技术，势必会让图书馆面临前所未有的挑战与发展机遇。众所周知，图书
馆对新型媒体技术的加强应用定会让自身上升至信息化平台的效果，进而推进图书
馆的可持续发展。

1　媒体技术背景下带来的挑战

1.1　多样化的信息获取路径

　　随着新型媒体技术开发与使用力度的逐渐增强，人们可运用诸多方法轻松地获
得所需的数据信息，而并非在图书馆内才能找到需要的信息。在此种状况下，图书
馆人员流动量可能会越来越少，大部分的资源与材料无法得到合理的开发与应用。

同时，伴随着新型媒体技术的深化发展，人们所需的信息只要在互联网上即可轻松获得，但是在图书馆内需通过诸多复杂流程与方法才能获取，会耗费大量时间。此外，尽管图书馆中也在对新型媒体技术加强使用，但因工作者并未细致地将该技术讲清楚，这就造成诸多用户无法正常对新技术进行合理运用，继而出现资源被大量浪费的现象。

1.2　多样化的资源阅读模式

新媒体是经过多种媒体特性相融合得来的，此种技术的涌现使诸多用户在相同的时间段对图像、文字、视频及音频等相关信息进行观看，能够带给使用群体非常全面的阅读感受。现如今，人们阅读的主要方法早已从以往纸质阅读向当下手机与网络等阅读方向转变，尤其是青年与少年群体，任何信息都可以通过手机或网络进行获取。外加在图书馆中要想找出自身需要的资源较复杂，因此，在图书馆查找资源的群体日益减少。

2　新媒体技术背景下宣传推广图书馆工作中存在的主要问题

2.1　宣传推广工作存在的不足

实际上，图书馆属于一类公益性组织，其重点目标在于服务广大读者群体。基于现代化社会的发展角度而言，图书馆也需要采取相应的宣传推广手段，以此才能使广大读者阅读方面的要求得到满足。但是，当前我国大部分图书馆都在采用被动式宣传推广方案，如选择官方网站等手段进行宣传，这就造成图书馆中具体的资源服务仅能利用此种方式为用户提供服务。此外，就算部分图书馆的宣传推广工作正在使用新型媒体技术，服务方面也并未完善，而且并未合理地宣传自身的品牌形象，以致无法与其他图书馆相区别。迄今为止，图书馆资源早已并非竞争优势的必备条件，因此，宣传推广图书馆手段极为重要。但由于宣传模式往往一成不变，因而很难让广大读者对图书馆的读物形成浓烈的阅读兴趣。

2.2　新媒体技术的应用力度不足

如今，图书馆应用新型媒体技术还是非常有效的，往往都是对几个方面的应用，主要涵盖数据信息库、文献搜索等有关的电子阅读、多媒体实践运用、移动式图书馆、信息资源等。这些新技术的运用仅能方便读者便捷地获取图书馆内部资源，倘若图书馆并未将相关的应用进行合理的推广宣传，用户就会无法对其进行全面的了解。在这样的情况下，也就无法将图书馆的改进方法与努力效果发挥出来。图书馆开展宣传推广工作的基础含义在于通过对相应方法的运用，使用户对图书馆中存储的信息资源深入掌握，从而提升图书馆中服务与资源的应用效率。但基于当前的实际状况，大部分图书馆对新媒体技术的运用，通常仅仅体现在表层并未有效地融合有关技术的宣传推广，这就使图书馆就算采用了新媒体技术也并非将其优势有效地发挥出来。

2.3 图书馆宣传方式的表面化

通常，检索应用题目、查找文献及数据库都在图书馆里进行，这仅是新媒体技术当中的一小部分。表面化的图书馆宣传方式仅是对形式的关注，并未将其内涵进行宣传，如说微信公众号仅具备标题作用，实质性内容以及可读性较为缺乏。图书馆当中大部分宣传性能仍有待进一步挖掘，宣传方式不可限制在单纯一种，仅凭借丰富的主题博得大众的眼球是远远不够的，这样很难达到理想的效果。另外，单一的营销方法也是图书馆宣传推广中的一大难题，通常都是利用问卷调研、现场进行推广等形式对读者群体的阅读要求进行了解，然后提供适当的服务。

3 新媒体技术背景下图书馆宣传推广的有效措施

3.1 利用多媒体实现在线活动的开展

当前诸多图书馆都成功开通了手机移动、微博、公众号、微信等有关的图书馆平台，但是在具体的运行过程中，大部分都以单向推送消息为主，将读者群体置于被动式位置。长此以往，易导致其公众号平台被淹没。另外，相较其他读者在线的阅读活动，大多图书馆仍沿用以往的实体活动方式，而读者参与线下图书馆实体活动的数量受限，并且越来越多的读者对一成不变的阅读方式已无法提起兴趣，这就导致图书馆的服务无法受到公众的欢迎。所以，通过在线传播活动既快又具有较强的体验感等优势，结合在线与线下两类活动，作为能够快速实现的方式。比如说，在线转发微信或意见的征集等，还可以利用 4G 通信网、无线网进行在线直播活动的开展，提升其新媒体技术平台的供应活跃度，也能提升读者对图书馆服务程度的认识。

3.2 既有新媒体技术的有效创新

为促使新媒体技术在图书馆宣传推广工作中的合理运用，充分发挥应用效率，首先，图书馆内部的工作者需要改善自己以往的服务思维，将传统被动式转向主动式，为广大用户积极服务，将图书馆中存储的资源与资料及时进行更新，细致地与用户进行咨询互动，培养用户本身对于图书馆的热衷度，并将图书馆服务中存在的问题进行归纳。同时，由专人管理图书馆的微信与微博平台，负责人员既要具备专业计算机、数据分析、图书馆等技术与知识，还要全面掌握传播学与营销学等知识。其次，在手机移动媒体中融合图书馆服务。使用新媒体技术不仅仅是当面推送图书馆的活动与新闻，还要增强图书馆中的信息搜索、获取电子资源及借阅资料等服务，使读者群体随时随地都能了解图书馆所能提供的服务性，并获得用户群体的赞同。

3.3 宣传推广模式的丰富化

图书馆的重点措施就是丰富宣传推广方式。从图书馆宣传的角度而言，需采用多样化的宣传方法，并驾齐驱，进而使读者阅读量进一步增加。图书馆必须全面认知新媒体技术的价值，学会在实践生活中应用既有的新媒体技术。图书馆可通过开展个性化的服务，针对读者阅读方法的差异采取相应的宣传方法。我们都知道，图书馆的信息量很大并具备丰富的馆藏资源，为有效缩短读者查找资源的时间，其可以依据读者的借阅记录将合适的资源推送给读者。在如今的社会发展中，随着读者获得资源方法的多样化，图书馆若是无法跟随这一潮流，则无法避免被读者遗忘，必然也难以获得良好的发展空间。因此，图书馆需通过设计出读者意见表格，以此深入了解读者的爱好。图书馆的工作者可以将读者群体分成各种类型，针对读者喜好的不同，推送其感兴趣的资源，使其对个性化服务有所感知，进而提高读者的阅读积极性。

4 结束语

总之，伴随着科技的持续发展，基于新媒体技术的背景下，传统图书馆的推广宣传工作面临很大的挑战，为促使图书馆在越来越激烈的市场竞争中占据一席之地，将自身原有的公益性服务优势发挥出来，需要以广大读者群体为核心，基于读者的角度深入分析宣传推广中的潜在不足，并通过对新媒体技术的合理运用拟定相应的改善措施，进而保障图书馆综合实力的提升。

参考文献

[1] 张玲. 新媒体技术环境下图书馆宣传推广策略[J]. 图书情报工作，2015，59（1）.

[2] 罗治霞. 新媒体技术环境下图书馆宣传推广策略[J]. 中国科技投资，2017（9）.

儿童阅读推广服务现状与发展
——以成都市龙泉驿区图书馆为例

孙　佳

（成都高新区巨力文化服务中心　四川成都　610000）

【摘　要】　儿童阅读推广需要顺应全新时代发展，在推广活动中不断创新，不断提升推广活动的质量和效率，为图书馆发展注入崭新活力。本文以成都市龙泉驿区图书馆的儿童阅读推广活动为例，介绍儿童阅读推广现状，分析阅读推广需求，对儿童阅读推广发展对策进行探讨。

【关键词】　儿童；阅读推广；需求；对策

儿童是国家的未来，儿童阅读耕耘着儿童的学力，陶冶着儿童的心灵，是孩子实现社会发展和精神发展的奠基石。在全民阅读的背景下，公共图书馆作为文化服务体系中的重要一环，有责任也有义务大力开展儿童阅读推广活动，使广大儿童和青少年爱上阅读，让阅读成为他们生活中不可或缺的一部分。

1　成都市龙泉驿区公共图书馆儿童阅读推广现状

2019 年全年龙泉驿区图书馆共举办阅读推广 68 场，各类型讲座 49 场，展览 29 场。其中，龙泉驿区图书馆利用丰富的图书资源和数字资源，举办了"悦读童年读书会""乐高机器人""少儿国学经典诵读""锦城讲堂直播"等丰富多彩的儿童阅读推广活动。本文选取 2019 年 7 月—12 月龙泉驿区图书馆儿童阅读推广活动进行分析。（见表 1）

表 1　龙泉驿区图书馆 2019 年 7—12 月儿童阅读推广活动

活动名称	活动时间	活动地点	参与儿童年龄	推广活动内容
悦读童年读书会	7.12	总馆	5～12 岁	依托优秀绘本，讲故事，做创意手工
爱迪科森教育	7.19	总馆	4～7 岁	推广线上绘声绘色平台
阅读与写作	7.26	怡和新城分馆	5～12 岁	儿童阅读与写作
乐高机器人	8.10	总馆	4～7 岁	儿童创意乐高，锻炼动手能力
悦读童年读书会	8.30	市民艺术学校分馆	5～12 岁	依托绘本，培养儿童时间观念
悦读童年读书会	9.7	总馆	5～12 岁	依托绘本，进行儿童感恩教育
乐高机器人	9.28	怡和新城分馆	4～7 岁	儿童创意乐高，锻炼动手能力
悦读童年读书会	10.19	市民艺术学校分馆	5～12 岁	依托绘本，普及少儿科普知识
悦读童年读书会	10.26	总馆	5～12 岁	依托绘本，启蒙儿童天文知识
乐高机器人	11.9	总馆	4～7 岁	儿童创意乐高，锻炼动手能力
悦读童年读书会	11.23	总馆	5～12 岁	依托优秀绘本，讲故事，普及科学知识
悦读童年读书会	12.7	总馆	5～12 岁	依托优秀绘本，讲述中国传统节日
乐高机器人	12.28	总馆	4～7 岁	儿童创意乐高，锻炼儿童动手能力
阳光宝贝计划	每月 1 次	总馆	不限	特殊教育学校语言表现和阅读培训
少儿国学经典诵读	暑假	总馆	不限	欣赏、朗诵中华经典国学诗词
龙泉记忆戏曲社培训	每月 2 次	总馆	不限	戏曲表演培训
锦城讲堂直播	每周 1 次	总馆	不限	各种内容的线上讲座

　　从服务频次进行分析，龙泉驿区图书馆基本每周都有一次儿童阅读推广活动，服务频次较高。从服务对象分析，推广活动考虑了儿童年龄差异化，对应不同年龄段的儿童举办个性化活动。从服务内容进行分析，儿童阅读推广活动既包含了读书会、国学诵读等传统阅读推广，又有乐高、戏曲、讲堂直播等趣味性推广的活动。另外，龙泉驿区图书馆还充分利用总分馆建设体系在总馆及各直属分馆都开展了丰富的儿童阅读推广活动。

　　2020 年受新冠肺炎疫情影响，龙泉驿区图书馆持续探索线上儿童阅读推广活动。图书馆利用官网、微信公众号平台展开了"宅家闹元宵""亲子战"疫""宅家读书会""童话镇""趣听声活"等儿童阅读推广活动。疫情期间丰富的线上阅读推广活动加强了图书馆线上平台与儿童读者的互动，提高了儿童读者线上活动参与度与满意度。

2　当下龙泉驿区儿童阅读推广面临的需求

从儿童阅读推广活动的现状来看，龙泉区图书馆的推广工作得到了广大读者的肯定。但是当下的阅读推广也面临广大读者日渐丰富且多元化的需求。

2.1　优化推广渠道的需求

随着读者的阅读越来越趋于网络化、智能化，传统的阅读推广模式已不能满足广大读者的需求。虽然图书馆引入了线上互动式体验平台，在官网和微信公众号都设立了儿童数字阅读专区，也开展了不同形式的线上儿童阅读推广活动。但基于龙泉驿区读者满意度问卷调查显示，线上平台的参与度和满意度都有待提升。

2.2　拓宽阅读推广领域的需求

以龙泉驿区图书馆为例，目前龙泉驿区图书馆有直属分馆 4 个，馆外图书流转服务点 32 个。在日常的图书馆阅读推广活动中，区图书馆也关注到下属乡镇儿童的阅读诉求。龙泉驿区图书馆作为区域公共文化服务的核心，具有引领示范和业务指导的作用。图书馆不能仅仅满足城市公共文化服务，也要结合区域现状，因地制宜，保障乡村儿童阅读权益。公共图书馆的儿童阅读推广也应该不断向社区基层延伸、向乡镇基层延伸，最大限度地铺开儿童阅读推广的领域。

2.3　长效阅读推广机制的需求

目前图书馆的儿童阅读推广缺乏长效阅读推广机制，阅读推广持续影响力不强，无法长效持久地影响与激励儿童。

3　儿童阅读推广的发展对策与建议

3.1　优化馆藏配置

公共图书馆的馆藏资源优化配置十分重要，这是点燃少儿阅读激情的重要资源，增添趣味性图书可以引导少儿群体形成良好阅读习惯[1]。图书馆应该充分了解儿童的阅读习惯，广泛调研儿童读者需求，利用大数据分析读者喜爱的读物类型，对馆藏配置加以持续优化，增加优质童书，传播核心价值，弘扬传统文化，倡导儿童品质阅读。

3.2 融合互联网＋技术

当下图书馆线上阅读推广的首要挑战是提升广大儿童读者对阅读推广的参与度，提升线上阅读推广的趣味性，提高读者体验满意度。图书馆可以利用大数据技术，执行智慧化精准推广。精准推广模块依据读者的兴趣标签、阅览行为、借阅历史、检索历史、荐购历史等进行数据分析，并结合图书馆总体的入馆情况、借阅热点等大数据信息，定期自动向读者推送其感兴趣的文献资源[2]。图书馆借助大数据信息，可以为儿童读者提供必读书目、权威书目、专业书目等多维度智慧书单，从而有效促进儿童阅读推广，进而提高图书馆的借阅率。另外，为发挥自主阅读在幼儿阅读推广中的作用，我国公共图书馆应创建可与幼儿实现良性互动的智慧阅读推广生态圈，如投放阅读理解机器人，通过智能识别幼儿阅读绘本、自助录制儿童朗读作品，实时地记录分析孩子的阅读数据，促进馆方与幼儿读者之间的实时交互[3]。

3.3 基于总分馆服务模式下沉儿童阅读推广

社区分支机构的建设已成为促进儿童公共图书馆阅读的重要途径[4]。龙泉驿区图书馆实行总分馆服务模式以来，在各分馆开展了一系列儿童阅读推广活动，如儿童展览、亲子讲座、儿童读书会等，充分发挥了总馆对分馆的阅读引导作用，加强了总分馆整体联动。图书馆应该总结前期成熟经验，进一步下沉基层儿童阅读，从最基层抓起，吸引基层分馆的孩子们参与到活动中来，确保人人都有参加活动的机会，以提高图书馆推广领域和整体服务效能，进而大幅提升图书馆的社会影响力。

3.4 创设儿童阅读长效机制、阅读奖励机制

公共图书馆可以设立儿童积分制奖励机制，持久推广儿童阅读。比如儿童少年读者可凭借还书籍、捐赠书籍、3 年以内的各类获奖证书、图书馆义工服务等活动向图书馆申请积分，使用积分可参加图书馆定期举行的读者评选活动。图书馆以此评选出优秀儿童读者进行表彰和奖励。

3.5 提升馆员素质，培育儿童阅读推广人

图书馆员是图书馆阅读推广的核心资源。阅读推广人既要了解儿童的心理发展特征，以文献为基础，以形式为依托，开展推广活动；又要了解儿童教育、儿童文学、儿童心理，掌握儿童发展特点，从促进儿童身心成长的角度推进儿童阅读。图书馆需要重视对儿童阅读推广人的培养，鼓励图书馆馆员多元化学习儿童专业知识，不断培养自身阅读推广的能力，更好地服务儿童和青少年读者，同时让馆员成长为优秀的儿童阅读推广人，树立公共图书馆优秀文化传播者的形象。

3.6 完善阅读推广评价体系

评价机制的缺乏造成难以客观地衡量儿童阅读推广工作的优劣，所以建立科学完善的儿童阅读推广评价机制是亟待解决的问题[5]。图书馆必须建立科学、多方位的评价指标体系，按时评估阅读推广活动的实际成效，发现阅读推广存在的困难和不足，积累阅读推广实践的宝贵经验，为后期的阅读推广活动提供指导与参考。具体评价指标体系涉及多个方面的内容，如推广活动的经费是否符合预算、活动的制定是否有创意、馆员的服务态度是否到位、活动过程是否激发了读者的阅读兴趣、参与活动的读者满意度、推广后期的到馆率是否提升、图书借阅率是否提升等。

4 结 语

图书馆的儿童阅读推广是在各种活动经验积累中不断发展提升的，从传统的阅读推广到当下线上线下互动的阅读推广，未来的儿童阅读推广也迎来智慧服务化推广变革。公共图书馆应该不断回顾儿童阅读推广现状，总结推广活动成果，进一步挖掘读者新需求，持续探索儿童阅读推广的新方式、新对策。让图书馆的阅读推广能够有效提高儿童阅读能力，激发儿童的求知欲望和探索精神，照亮儿童成长之路，从而在全民阅读的新时代绽放光彩。

参考文献

[1] 郭芸芸. 公共图书馆少年儿童阅读推广工作思路研究[J]. 传媒论坛，2019（14）.

[2] 王佳. 基于"互联网＋"的智慧图书馆服务平台设计研究[J]. 四川图书馆学报，2020（1）.

[3] 张玉. 德国公共图书馆幼儿阅读推广服务分析[J]. 出版广角，2019（19）.

[4] 顾运婕. 公共图书馆少儿阅读推广渠道探析[J]. 传媒论坛，2019（16）.

[5] 田丽，高文静. 总分馆服务模式下的儿童阅读推广实践研究 以大连少儿馆为例[J]. 图书情报工作，2017（2）.

儿童阅读与服务转型和创新

杨彬玉

（成都高新区巨力文化服务中心　四川成都　610000）

【摘　要】　阅读是一个人获取信息和知识的最重要的途径，是开发智力、积累知识、塑造个人品格的必要条件动。儿童时期是培养一个人阅读爱好的关键时期，浓厚的阅读兴趣，良好的阅读习惯和超强的阅读能力都来自有效的少儿阅读阶段。儿童阅读对儿童的身心发展、素质提高，国家和社会主义精神文明建设有着重要的推动作用。图书馆作为儿童阅读推广的重要阵地，可以通过优化图书选择，推行亲子阅读、分级阅读、开展形式多样的推广活动等措施，实现儿童阅读工作的服务转型和创新。

【关键词】　图书馆；儿童阅读；服务转型与创新

1　儿童阅读服务工作的重要意义

1.1　帮助儿童形成阅读习惯

"全民阅读"已经连续 6 年写入政府工作报告，李克强总理更是在国务院常务会议上指出："一个国家养成全民阅读习惯非常重要。而这与公共图书馆普及密不可分。"[①]帮助孩子从小养成阅读习惯，不仅能为其以后的文化学习和知识积累打下坚实的基础，也是孩子将来获取信息、累积知识、提高能力的一种重要途径和手段。

1.2　为课堂学习打下良好基础，培养孩子的学习能力

从小培养孩子的阅读习惯的确非常重要，喜爱读书的孩子更爱动脑思考问题，将来上学后学习能力也会更强，相对来说情绪也更为稳定、个性较为冷静，能自我

---

①《李克强：一个国家养成全民阅读习惯非常重要》，中国政府网，2017-04-23。

约束，知识面宽广。阅读是学习的基础，人的阅读能力往往决定了他的学习能力，同时也是未来成功从事各项工作的基本条件。所有知识的学习都是从基础的阅读开始的，即使再高深的理论，都必须以语言和文字的形式呈现出来，并通过阅读来学习，这彰显了阅读的重要性。

1.3　帮助孩子形成正确的人生观、价值观

研究表明，孩子的品格教育在六岁前就已经基本完成。儿童阅读会使他们向书中优秀人物学习，在生活中会不自觉以其为榜样并努力向其学习。中国有句古话："五岁成习，六十亦然。"对人的一生来说，人格的形成是从小塑造并基本定型的，且定型后很难纠正。因此，儿童时期是人格塑造的基础，是进行品德教育的重要时期，也是良好心理品质形成的最佳时期。

1.4　促进社会主义精神文明建设，帮助青少年健康成长

社会主义精神文明建设要从基础抓起，从儿童抓起，从青少年抓起。要从培养未成年人的爱国情感、远大志向、文明习惯、良好素质等这些基本工作做起，真正把它作为精神文明建设的重中之重。少年儿童是党和国家的未来，图书馆担负着社会主义文化和精神文明建设的重要任务，更要切实做好儿童阅读工作，帮助青少年形成正确的人生观和价值观。

2　儿童阅读服务的创新措施

2.1　拓展儿童阅读资源，优化图书选择

2.1.1　优化图书选择的意义

英国哲学家考尔登说过："仅次于选择益友的，就是选择好书。"选书是阅读活动的起点。儿童选书的范围自然取决于他们手中能拥有什么书籍，这主要依赖于成年人。因此，成年人如果不能帮助儿童正确选择图书，势必将影响儿童的阅读兴趣乃至身心健康。图书馆作为书籍的大本营和社会主义精神文明建设的推进者，需要为广大儿童的阅读之旅把好起点这一关，结合先进的儿童教育理念，创新优化儿童阅读资源的选择。

2.1.2　图书馆选择儿童图书的转型和措施

作为儿童阅读资源的专业提供机构，图书馆要把好儿童读物选择的第一关，实

现从帮助少儿读者"选书"到"选好书"的转型，保罗·阿扎尔在《书，儿童与成人》一书中提到了他心目中优秀的儿童阅读书籍，包括：忠于艺术本质的书籍；能够给予儿童热爱的画面的书籍；能够唤醒儿童敏感的心灵，以及诱导儿童的想象力和创造力；等等。20世纪20年代的文学研究家严既澄说过："儿童文学，是小学时期内最不可或缺的精神上的粮食。"在这个关键时期，正确引导、培养孩子的阅读兴趣，对孩子以后的阅读、写作以及其他科目的学习都有着重要作用。学龄前儿童以阅读绘本、图画书为主。对孩子来说，一本好书，在带给他们欢笑与感动的同时，也可以帮助他们搭建起一个丰富多彩的心灵世界。成都市龙泉驿区图书馆，多次开展为少年儿童荐书的活动，开展以"书香伴我成长——中国儿童文学作品展"为主题的荐书活动，引导孩子们要读书，要读好书。

2.2 积极推行亲子阅读，创办家庭阅览室

2.2.1 亲子阅读的科学依据及成效

现代儿童教育心理学研究表明，亲子阅读比儿童单独阅读的阅读效果至少提高50%以上，亲子阅读不仅能培养孩子的阅读兴趣和阅读习惯，提高阅读能力，更能够促进父母与孩子之间的情感交流，帮助父母及时了解孩子的心理活动，进行积极的正面引导，让孩子深切地体会到父爱、母爱的温暖，促进儿童的身心健康和人格培养，这也是图书馆儿童阅读服务的目的和初衷。

2.2.2 图书馆推行亲子阅读的意义及措施

（1）定期开展家庭阅览活动，为亲子阅读提供有声的环境。

图书馆通过开办家庭阅览活动，为父母和孩子独立提供一个有声的阅读环境，为亲子阅读提供良好阅读氛围。研究表明，儿童阅读从倾听开始，孩子起始的阅读兴趣和优秀的阅读习惯源自倾听。一个从小倾听父母阅读的孩子，走进学校和课堂后，也会很专注；同时因为善于倾听，他的信息储量、语言能力、思维方式都会大大超越那些不愿倾听的孩子。

（2）举办家庭读书活动。

图书馆可以通过举办家庭读书活动，在孩子和父母共同读完一本书后，形成读书小组，让孩子相互交流读书乐趣，交流这本书讲了什么，其中有哪些人物？他们都做了些什么事？孩子们一起交流，在增强孩子阅读能力的同时，还提高了孩子的语言表达能力和社会交往能力。

2.3 推广儿童分级阅读，按年龄段分级阅读

中国的中文分级阅读早已起步，2008 年，南方分级阅读研究中心成立，针对 3~18 岁青少年儿童的阅读现状，提出了分级阅读理念。2011 年国务院颁布的《中国儿童发展纲要（2011—2020 年）》明确提出，推广面向儿童的图书分级制，为不同年龄儿童提供适合其年龄特点的图书，为家长选择图书提供建议和指导。在成都市龙泉图书馆的少儿馆，图书也被按年龄段分别陈列，便于孩子和家长找到适合自己的书。

图书馆作为儿童阅读资源的专业提供机构，要成为分级阅读推广的重要阵地，图书馆推行分级阅读有着重要意义，能够为广大少儿读者提供科学的适龄读物，有利于儿童的阅读体验和身心健康发展，图书馆可以积极为家长普及科学的分级阅读观念，按照各年龄段孩子的身心发展规律、阅读能力，提供不同年龄段孩子的读物，也可以邀请家长和孩子参与读书活动，分享读书心得，设计分级阅读调查表，开展分级阅读讲座，普及分级阅读，同时可以在馆内设立分级阅读咨询台，根据读者年龄、兴趣等，推荐合适的图书。比如对于低龄段儿童，可以推荐洞洞书，立体绘本。色彩丰富活泼的绘本，更能吸引该年龄段的孩子看书，养成从小看书的良好习惯。

2.4 举办"义务小馆员"活动

体验图书馆管理员的日常工作，让小馆员对图书馆的工作有更深刻的了解，对图书的了解更专业化。通过这样的工作实践，学会利用图书馆馆藏资源。该项活动一般是在寒暑假开展，以方便小读者有充分的时间参与。该活动寓教于乐，深受广大小读者喜爱。比如成都市龙泉驿区图书馆，已经开展了多次"义务小馆员"活动，得到了很多家长和小朋友的喜爱，这也是一种全民阅读的推广活动。

2.5 开展少儿读书活动的方式与意义

可以选择一些适合小朋友们的好书，通过阅读与演绎，激发孩子们对阅读的热情、爱上阅读。例如成都龙泉驿区图书馆在 2019 年开展了多次森林公园少儿屋"悦读童年"读书会，阅读经典绘本"太阳街和月亮街"等。这样的神话故事能引发孩子们对宇宙的兴趣和思考，拓展天文知识，开拓孩子的视野，丰富孩子对天体、宇宙的认知。一系列不同类型的书籍，让孩子们能感受不同书籍内容的魅力，从而能领悟到更多的书中乐趣、智慧和道理。

3 结 语

综上所述，儿童阅读关系到每个孩子自身的健康发展，更关系到国民素质发展和国家未来的希望，对未来学习型社会中国民素质的提高有着重要作用。图书馆作为儿童阅读推广的重要阵地，更应积极发挥引领作用，汲取先进的科学理念，实现儿童阅读服务的转型和创新。

参考文献

[1] 保罗·阿扎尔. 书，儿童与成人[M]. 长沙：湖南少年儿童出版社，2014.

[2] 王新利. 我国儿童分级阅读存在的问题及对策[J]. 图书馆，2016（2）.

[3] 王莉. 儿童阅读与服务转型[J]. 基层建设，2019（21）.

PART THREE

传统文化保护及传承

国内外图书馆学科服务实践与理论研究

张腾跃

（宜宾职业技术学院图书馆　四川宜宾　644000）

【摘　要】　学科服务是高校图书馆知识性、个性化文献新型服务模式，也是现阶段图书馆学领域新兴的课题内容，对于图书馆发展、高校学科建设、教学科研活动以及学生的发展具有积极的促进作用，能提升图书馆整体服务水平。基于此，本文深入分析国内外图书馆学科服务实践与理论研究现状，探索国内外图书馆学科服务研究的差异性，深入开展实践调研，选择实际的案例进行分析，有针对性地提出合理的发展创新方向。

【关键词】　国内外图书馆；学科服务；实践与理论

20 世纪 50 年代国外首次出现图书馆学科服务概念，推动图书馆领域发展。最初的图书馆学科服务内容与学科馆员的工作内容相似度较大，进而在研究过程中通常统一进行研究。但随着时代不断发展，两者的概念与内涵逐渐完善，其作用呈现出明显的区别，促使两者的研究逐渐分离，学科馆员的作用倾向个体服务，学科服务则以用户为核心，将学科馆员作为主体，开展一系列的新服务，完善现有的服务模式，实现信息资源的共享，为用户提供个性化与专业化服务。

1　国内外图书馆学科服务实践与理论研究现状

近年来，图书馆学科服务是图书馆服务领域创新发展的内容，注重用户的实际需求，有针对性地构建服务环境，构建基于服务、教学、共享、科研、协作融于一体的新型服务机制与模式，为用户提供优质的服务，为科研与教学提供强有力的支撑，优化学科服务概念。本文在研究过程中，深入分析国内外图书馆学科服务实践与理论现状，有针对性地开展创新，完善现有的模式，梳理相关的理论，从本质上探索其价值，提出合理的发展路径。

1.1　国外图书馆学科服务研究相关理论

国外对图书馆学科服务相关的理论研究较早，并在研究过程中形成了大量的理论，推进图书馆学科服务进一步发展，主要研究理论体现在以下几方面：

第一，从图书馆学科服务实践方面开展研究，学者大多围绕学科馆员的概念展开探讨，从其概念的建立与发展两个角度探索，方向呈现出多元化。以学科的馆员名称为例，在之前的研究中其名称并未统一，各地区的叫法也不同，如美国肯特州立大学的学科联络人（Liaison Librarians）。学科馆员的身份也存在明显的不同，不仅包含图书馆员，还包括其他学科领域的专业人士，如美国康涅狄格州大学图书馆与佛罗里大学健康中心图书馆聘请生物领域的学科博士担任生物信息学科馆员（Bioinformatics Librarian）、华盛顿大学图书馆则聘用专业的生物信息专家（Bioinformationist）作为图书馆员，呈现出明显的多元化。相关学科信息门户的实践研究过程中，大量的学者开展深入探索，如现阶段欧美图书馆中学科服务实践逐渐与学科信息门户（Subject Information Gateways）建设相结合，英国布里斯托尔大学就开展该方向的研究与建设，德国哥廷根大学则以地理学科信息门户为研究重点展开研究。

第二，从图书馆学科服务理论方面展开研究。实际上，国外图书馆学科服务的整个体系较为成熟，促使其实践与理论呈现出同步发展趋势，大量的学者开展理论研究，为实践提供良好的支撑，而不断地实践又为理论创新提供思路，实现良性的发展循环。例如从学科馆员的角色、职责、作用等角度开展，探索全新的发展理念，美国伊利诺伊州大学图书馆系主任 Robert Downs 在研究过程中提出设置学科馆员的总要性，是现阶段图书馆领域发展的重点，也是满足领域发展需求的基础，需要针对其工作与特征以及对用户的作用分析，保证其发挥出自身的功能，以满足实际的需求。美国学者 Holbrook A.在研究过程中深入分析图书馆的性质与职业专长，明确学科专家的作用，针对学科领域开展全面的探索，提出全新的领域发展新方向。美国学者 Sarbjit S. Sandhu 在研究过程中提出学科馆员应深入探索用户的实际需求，做好其定位。该观点重视学科馆员的实践，通过与用户的交谈与交流来提出有针对性的策略，推动领域发展。Schloman B.F 在研究过程中以该领域的科学定义为基础，深入强调用户与图书馆之间存在的关系。该观点明确提出该关系对服务产生的影响，为用户提供优质的各种类型信息，发挥出自身的作用。学科服务理论也是现阶段研究的重点，尤其是进入新时代，现有的研究方向逐渐趋向于学科知识服务，如美国学者 Guy St Clair 在研究过程中提出，21 世纪背景下人们逐渐进入信息共享时代，信息共享成为现阶段发展的主要方向，也是发展的基础，在知识服务过程中必须实现共享，以提升资源的利用效率，为用户提供优质的知识内容。

1.2 国内图书馆学科服务研究相关理论

近年来，国内对图书馆学科服务相关的理论逐渐增多，大量的学者开展探索，针对相关的内容进行进一步创新，形成较多的理论，推动现有的理论开展研究。例如，我国清华大学在 1998 年就已经建立了学科馆员小组，标志着国内大学图书馆学科服务的初步尝试，带动该领域全面发展。进入到 21 世纪，国内高校陆续开展学科馆员工作，有针对性地开展创新，制订完善的计划，推动整体水平提升，为用户提供优质的服务，满足现阶段的发展需求。相对来说，其研究主要体现在以下几方面：

第一，从图书馆学科服务实践方向展开的研究。现阶段，我国加强对图书馆学科服务的重视力度，针对相关项目不断建设，如中国高等教育文献保障系统、重点学科导航库、重点学科网络资源导航数据库、国家科学数字图书馆项目等，呈现出繁荣发展的趋势，促使现有理论实践方向呈现出多元化。例如，现有的大型门户、学科专业网站、科技点专题门户等数量增多，加强科学服务实践助推，满足实际的发展需求。上海 2006 年建设了我国第一个学科知识服务平台，以学科建设服务门户为基础项目开展建设，上海师范大学积极开发信息共享空间 （Information Commons），也是现阶段学科服务实践的代表性建设；清华大学在发展过程中更为注重学科馆员的网页建设；北京大学则构建良好的多媒体资源库，为领域的发展奠定良好的基础。在发展过程中，我国国内大多高校开展了实践创新，从不同的角度开展创新，推动学科服务实践呈现出多元化，打造具有特色的学科服务，为用户提供优质的功能服务，以适应新时代。

第二，从图书馆学科服务理论方向展开的研究。大量的学者开展深入的理论研究，形成全新的研究方向，如杨敏在《医学专科院校图书馆学科服务工作的探索及实践》中深入开展分析，探索现阶段图书馆在发展过程中为适应新环境而探索出的新观点与新方向，以用户的需求为基础，针对性开展研究，以保证整体的服务质量提升[1]。唐淑香在《湖南省高校图书馆学科服务实践调研及思考》中提出，现阶段高校图书馆学科服务实践调研发展方向，选择实际的高校为案例开展研究，并在研究中参考国外先进的理论，该观点明确提出合理的发展策略，为用户提供优质的服务[2]。郭冬梅在《高校图书馆分层次学科服务实践研究》中深入探索学科服务呈现出的层次性，提出图书馆环境是影响其层次性的重要因素，需要根据实际情况开展探索，凸显现阶段用户的主体优势，进一步应用先进的技术创新，最终提出学科化服务的新手段[3]。赵昕、高珑、王孝文在《"双一流"背景下高校图书馆学科服务实践与思考——以西安电子科技大学图书馆为例》中深入分析，现阶段图书馆学科服务实践的重要性，以新时代背景为基础开展探索。该理论以环境为前提，注重图书馆环境建设，灵活利用先进的技术与理论提升其服务质量，并对信息环境下学科服务自身呈现出的特点开展分析，通过电子科技大学图书馆的实践分析存在的问题与不足，提出全新的发展策略[4]。李梅、邵彦坤、肖宗花在《高校图书馆 ESI 学科服务模式探索——基于河北医科大学图书馆实践》中深入分析 ESI 科学服务模式存在的优势，选择实际的案例开展研究，针对现有的理论开展探索，提出在服务模式发展中呈现出的双向互动性，并提出针对性的策略[5]。周东华在《大数据"互联网＋"环境下高校图书馆嵌入式学科服务理论与实践研究》中提出全新的理论，针对现阶段的发展有针对性地开展创新，注重科学服务的细致性，以人为本，构建全新的服务体系，满足发展需求[6]。

1.3　国内图书馆学科服务实践与理论研究的差异性

实际上，现阶段国内外图书馆学科服务实践与理论研究存在明显的差异。其差异引起的因素较多，如地域因素、技术因素、理念因素、需求因素等，具体来说主要体现在以下几方面：

第一，时间上的差异。国外研究时间较早，国内研究时间较短，以借鉴国外先进的成果理论为基础发展，全面开展学科服务研究。国外的理论与实践几乎同步进行，如从 20 世纪 40 年代就已经开始，而我国则呈现出不同步情况，实践研究落后于理论，理论研究最早开始于 80 年代，实践研究开展的标志为 1998 年成立的"学科馆员小组"，呈现出明显的不同步差异。

第二，内容上的差异性。国外针对学科服务实践的内容研究呈现出多元化，并且具有明显的变迁性，而国内在发展过程中则缺少变迁性，对该方面的研究理论较少。例如，国外在开展实践研究过程中多数以实践变迁为学科信息门户开展实践，更注重学科知识服务，倾向学科知识服务的主变迁。而对于国内来说，与国外呈现出相反的趋势，从多个角度开展研究，如学科导航系统、学科信息门户、学科技网页、学科数据库等，构建信息共享空间，同时注重理论方面的研究，呈现出多元化，变迁方面研究则较少。

第三，战略上的差异性。国外针对学科服务发展战略制订的计划较为详细全面，具有明确的发展方向，而对于国内来说，对于现阶段的发展则重视力度不够，相关的战略目标还不够清晰，导致相关的建设略显不够。例如，相关的建设中经费投入较少，战略规划中长期与中期规划缺失，难以长期创新，还需要进一步发展完善，创新现有的发展模式，以适应新时代的发展。

2 国内图书馆学科服务实践与理论实践调研

在研究过程中，为保证研究相关理论与实践具有说服性，本文选择我国高校开展探索，分析高校图书馆学科服务实践情况，对比分析其发展现状，为我国的图书馆学科服务实践创新提供良好的参考。

2.1 研究方法

在研究过程中，选择案例研究法、文献分析法以及问卷咨询法开展研究，选择国内几所具有代表性的高校开展分析，保证相关调查数据的典型性与准确性。针对高校图书馆的服务、制度、岗位、内容、方式等进行分析，总结相关的内容，将其整理成综合资料。

2.2 研究内容

在研究过程中，利用中国知网、万方数据库、维普等检索"学科服务"关键词，搜集相关资料，并通过高校的工作咨询电话或者 QQ 咨询群开展问卷调查，整理相关的调查内容。在调查分析中，选择湖南大学、中南大学、国防科技大学、湘潭师范大学开展研究，调查高校的学科服务基本情况、服务制度、服务方式、服务内容以及服务评价，有针对性地开展探索，对比各个高校之间存在的差异，明确其学科服务实践与理论研究现状。（见表 1）

表 1　高校图书馆学科服务开展调查分析

高校	湖南大学图书馆	中南大学图书馆	国防科技大学图书馆	湘潭师范大学图书馆
学科服务基本情况	学科服务、4个学科馆员	学科服务、无学科馆员	学科服务平台、4个学科馆员（兼职）	学科服务平台、无学科馆员
学科服务制度	管理、工作、培训	管理、工作、培训缺失	工作合理、管理与培训缺失	管理、工作、培训缺失
学科服务方式	学科7个、面对面服务、学科导航等	学科3个、面对面服务、学科导航等	无学科、存在面对面服务、学科导航缺失	学科12个、面对面服务、学科导航等
学科服务内容	服务内容广泛，包含交流互动、资源建设、信息咨询、知识情报、课程素养等	交流互动、资源建设、信息咨询、知识情报、课程素养等，但工作不明确	服务内容广泛，包含交流互动、资源建设、信息咨询、知识情报、课程素养等	服务内容广泛，包含交流互动、资源建设、信息咨询、知识情报、课程素养等
学科服务评价	存在评价	评价缺失	评价缺失	存在评价

2.3 研究总结

通过表1的分析发现，现阶段我国高校学科服务实践与理论研究过程中还存在一些不足，如在学科服务制度方面存在较多的问题，高校存在制度缺失情况，制度的不健全造成整体的管理水平降低，未能对服务对象、服务方式、服务内容等做出明确的制度约束，限制学科服务发展，产生不良的影响。学科服务方式也存在一些不足，部分高校甚至出现学科缺失情况，学科导航不完善，在学科数量设计上存在明显的差异，其包含的内容存在差异性，需要进一步深化，以保证其满足实际需求。在学科服务内容方面，存在明显的差异性，其服务内容包含各个方面，但经常出现工作不明确情况，不同的高校存在明显的差异性，需要针对实际情况进行创新，促使其服务内容更加合理。学科服务评价对于不同的高校来说重视力度不同，部分高校的评价较为完善，部分高校评价缺失，需要深化现阶段的发展理论，针对实际情况进行创新，完善服务评价体系，以提升整体的服务质量。

3 图书馆学科服务实践与理论创新发展方向

在发展过程中，图书馆学科服务实践逐渐受到人们的重视，应积极合理的创新，完善现有的发展模式，明确未来的发展方向，有针对性地开展创新，保证学科技服务实现良性发展，优化现有的知识体系，全面开展服务反馈与评价，具体可以从以下几方面开展：

首先，加强对学科服务的重视力度，注重相关的人才培养，积极引进先进人才，以人才为基础带动图书馆学科服务发展，激励高素质人才创新，并完善现有制度，避免出现制度形式化情况，夯实学科服务基础，全面发展。各个地区的高校可以相互合作，制订完善的发展计划，实现团队合作，打造全新的特色学科服务实践，积极开展宣传，注重其实践性，调动学科馆员的工作积极性，保证学科服务的持久性与创新性。

其次，打造全新的学科服务平台，充分发挥出其地域性优势，提升平台的功能性，优化整体建设水平，实现资源特色化建设，同时引进先进的技术，如云计算、计算机技术、人工智能技术、大数据技术等，深入挖掘学科服务的动态价值，打造全新的发展模式，完善现有的学科服务内容，实现深层次发展，满足现阶段的发展需求。

最后，做好学科服务评价，明确学科服务评价的重要性。针对现有不足有针对性地开展创新，打造全新的评价指标体系，保证其科学化和针对性，建立符合要求的可行性评价机制，引导用户积极参与实践，创新现有模式，发挥出服务评价的功能，提升学科馆员的成就感，从多层次、多维度评价学科服务。

4 结 论

综上所述，在当前的时代背景下，高校图书馆学科服务实践与理论逐渐受到人们的重视，因此应从多个角度进行创新，探索全新的发展方向，制订完善的计划，优化现有模式，创新学科内容，以实际情况为基础选择适当的学科服务模式，科学合理地评价，深化整体内涵，以用户的需求为核心，开展优质的服务，加强学科服务与学科馆员之间的关联性，注重服务的广度与深度，适应时代发展。

参考文献

［1］ 杨敏. 医学专科院校图书馆学科服务工作的探索及实践[J]. 安徽卫生职业技术学院学报，2020，19（3）.

［2］ 唐淑香. 湖南省高校图书馆学科服务实践调研及思考[J]. 高校图书馆工作，2020，40（4）.

［3］ 郭冬梅. 高校图书馆分层次学科服务实践研究[J]. 内蒙古农业大学学报（社会科学版），2020，22（2）.

［4］ 赵昕，高珑，王孝文. "双一流"背景下高校图书馆学科服务实践与思考——以西安电子科技大学图书馆为例[J]. 兰台内外，2019，14（34）.

［5］ 李梅，邵彦坤，肖宗花. 高校图书馆 ESI 学科服务模式探索——基于河北医科大学图书馆实践[J]. 图书馆研究与工作，2019，11（8）.

［6］ 周东华. 大数据"互联网＋"环境下高校图书馆嵌入式学科服务理论与实践研究[J]. 智库时代，2019，12（26）.

成都图书馆藏川剧唱本《情探》演变考

张 莉

（成都图书馆 四川成都 610041）

【摘 要】 成都图书馆藏赵熙改编的川剧唱本《情探》，源于宋时的王魁故事。王魁故事在演变过程中，男女主角的爱情经历了"悲剧—喜剧—悲剧"，历时千年，直到赵熙改编《情探》，使之成为川剧史上的里程碑。本文旨在通过对《情探》的演变研究，加强对馆藏川剧唱本的整理利用，更好地为读者提供服务、为川剧发展提供文献资源。

【关键词】 川剧；情探；王魁；婚变戏

川剧历史悠久，曲目丰富多彩，表演技艺精湛，是中国戏曲宝库中的一颗明珠，也是巴蜀文化的一大特色。成都图书馆藏有大量川剧唱本，据统计，共藏有川剧唱本 182 种，520 册，内容涉及历史、爱情、志怪、公案等多种类型，有很多都是经典的戏剧故事。其中最广为人知的便是《情探》，讲述了王魁与焦桂英的爱情故事，是川剧演出的经典剧目。

该馆藏有两部《情探》，均为民国间坊刻本，书名页题名"情探活捉"。《情探》是大幕戏《焚香记》中的一折，其前身是宋时在社会上广为流传的王魁故事，经清末四川大儒赵熙改编而成。《情探》融合了许多唐诗、宋词、元曲中的名句，文辞优美，曲调高雅，其文学性堪称川剧之首。自被搬上舞台便是常演剧目，受到戏迷的一致欢迎，甚至一度成为成都市民广泛传唱的流行歌曲。川剧名角康子林、姜尚峰、曾荣华、蓝光临等都曾出演该剧。

1 《情探》的前身——王魁故事

宋初，落魄文人王魁得焦桂英相救，结为夫妇，二人于海神庙盟誓。后王魁高中，入赘相府，休弃焦桂英。焦桂英在海神庙悲痛自尽，鬼魂追至相府，将王魁活捉。一千多年来，王魁的故事以不同的文学形式出现在历史上，至今仍活跃在川剧舞台上，成为戏曲中传唱不衰的经典形象。王魁和焦桂英的结局，总的来说经历了"悲剧—喜剧—悲剧"的变化。为了便于比较，笔者将不同时期创作的王魁故事，按照年代顺序列于表1。

表1 不同时期的王魁故事

作品名	体裁	年代作者	存佚	出处	结局
《王魁传》	笔记小说	北宋	佚	（唐）陈瀚《异闻集》佚 （宋）刘斧《摭遗》佚 （宋）曾慥《类说》卷三十四	王魁负心
《王魁负心桂英死报》	话本	南宋	佚	（宋）罗烨 编《醉翁谈录》佚	王魁负心
《王魁》/《王魁负桂英》	南戏剧本	南宋	佚	（明）叶子奇《草木子》卷四、（明）徐渭《南词叙录》题有《王魁》条	王魁负心
《王魁三乡题》	杂剧	宋	佚	（宋）周密《武林旧事》"官本杂剧段数"著录词条	王魁负心
《王俊民休书记》	戏文	宋	佚	《永乐大典·戏文九》《南词叙录·宋元旧篇》著录词条	王魁负心
《追王魁》	传奇	元	佚	据庄一拂《古典戏曲存目汇考》记载，为旧传奇	王魁负心
《王状元扯休书》	传奇	元杨酷	佚	《传奇汇考标本·元传奇》	王魁负心
《海神庙王魁负桂英》	杂剧	元尚仲贤	散篇	《录鬼簿》《永乐大典》卷20754、《太和正音谱》收录残篇	王魁负心
《王魁不负心》	杂剧	明杨文奎	佚	（明）朱权《太和正音谱·国朝杂剧》、（清）姚燮《今乐考证》收录	大团圆结局
《焚香记》	传奇	明王玉峰	存	《今乐考证》著录《六十种曲》收录	大团圆结局
《桂英污王魁》	戏文	明	佚	《南词叙录》著录，据《今乐考证》著录为《焚香》本	大团圆结局
《情探》	折子戏	民国赵熙	存		王魁负心

2 王魁形象嬗变

王魁故事历经"悲剧—喜剧—悲剧"的变化，与之相对应的是王魁的形象"三变"，由"负心"到"痴心"再回归到"负心"。

王魁戏最早出现在戏曲舞台上，是南宋光宗年间在温州上演的《王魁》。《王魁》，即《王魁负桂英》，是温州南戏可考的最早的剧目之一，可以说是南戏之始。日后在民间流行的南戏多多少少有一些王魁戏的影子。宋元时期的王魁戏，还有《王魁三乡题》《王俊民休书记》《追王魁》《王状元扯休书》《海神庙王魁负桂英》，但除《海神庙王魁负桂英》还存有残曲，其余基本上已遗失了。因此，这一时期王魁的形象只能从宋人的笔记小说《王魁传》《王魁负心桂英死报》中窥得一二了。

《王魁传》中王魁的形象比较简单、单薄，最大的特点就是忘恩负义，富贵易妻。在他人生中最困难潦倒的阶段，是桂英收留照顾他，与他结为夫妻，资助他进京赴考。王魁也意识到了桂英的恩情，与桂英盟誓"吾与桂英，誓不相负，若生离异，神当殛之"，然发迹后便将当初的盟誓抛诸脑后。在这一过程中，王魁的"变心"是瞬间完成的，没有一丝犹豫和不忍。后来的话本《王魁负心桂英死报》对王魁的人物刻画有进一步发展，剧情也有所调整，突出了王魁的心理变化以及负心的外部压力。高中后，魁父做主与崔家结亲，面对桂英的来信，王魁"涕下交颐"，久久不能决断。经过反复的心理斗争，对锦绣前程的渴望、对父亲的不敢抗拒最终战胜了与桂英的夫妻情义。这部话本增加了矛盾冲突，强调情感张力，一个饱满丰富的负心人形象跃然纸上。

元末明初，薄情负心的王魁摇身一变成了"糟糠之妻不下堂"的君子，杨文奎的杂剧《王魁不负心》，无名氏的戏文《桂英污王魁》、王玉峰的传奇《焚香记》，无一不是为王魁"翻案"而代言。《王魁不负心》《桂英污王魁》皆佚，《焚香记》是第一部完整流传下来为王魁"翻案"的作品。《焚香记》中，王魁"椿萱早丧，弱冠未结姻亲。赴礼闱不第，羞涩寓莱城"，由相士胡先生做媒娶谢家桂英为妻，二人夫妻情深。王魁高中后，韩丞相要招赘其为女婿，遭到王魁的严词拒绝，"下官已有早年结发，乃贫贱糟糠，前不可弃，后不可取矣"。《焚香记》中的王魁，始终将与桂英的患难夫妻情放在首位，从未想过将婚姻作为求取功名利禄的筹码。在王玉峰的笔下，负心汉变成了痴情种。

清末民初，王魁又恢复了"负心汉"的形象。这一时期王魁戏在戏曲舞台上大放异彩，赵熙改编的川剧《情探》，田汉的京剧《情探》，周慕莲改编的川剧《焚香记》，席明真、李明璋改编的川剧《焚香记》，均沿袭王魁负心的路子，表现焦桂英的斗争精神。赵熙改编的川剧《情探》，"不仅是在川剧史上，而且在整个戏曲史上都很有影响，是文人创作地方戏曲剧本的杰出代表之一"。

3 王魁故事结局演变原因

3.1 宋初戏曲的创作者与受众群

宋代产生了大量以批判男子负心为主题的作品，在南戏中尤为多见。南戏，又称"鹘伶声嗽""温州杂剧""永嘉杂剧",是两宋时期在中国南方温州一带流行的地方剧种。宋元南戏"皆出于民间艺人和下层文人之手",它的受众也多为生活在社会底层的贫苦百姓,而非上层士大夫。因此,南戏从产生之初就带有浓厚的阶级色彩和斗争精神,它反映的是贫苦百姓对社会现实的揭露和反抗。南戏初期的两部作品《赵贞女蔡二郎》《王魁》是讲述书生发迹负心、遭到报应的婚变戏。明代戏曲家沈景将宋元婚变戏集中为《书生负心》散套,在"刷子序"曲中谈道:"书生负心,叔文玩月,谋害兰英,张叶身荣,将贫女顿忘初恩。无情,李勉把韩妻鞭死,王魁负倡女亡身。叹古今,欢喜冤家,继着莺燕争春。"在这些作品中,男主角都是穷困潦倒的书生,依靠女性的资助和扶持,一朝鲤鱼登龙门,便要抛弃糟糠之妻、攀附权贵,最后受到超自然的报应和惩罚,如蔡伯喈被暴雷震死,王魁、陈叔文被鬼魂索命等。

3.2　宋代科举制度的发展

宋代婚变戏的流行与科举制度有着密切联系,"朝廷用人,别无他路,止有科举",科举制度的发展使新兴的士人阶层快速成长。宋代的科举考试不论出身,待遇优厚,为下层文人发迹打开了大门,"十年窗下无人问,一举成名天下知",身份地位的骤然上升使他们产生了心理上的不平衡。王魁在发迹后,就产生了焦桂英配不上他的心理,"只听说文曲星君招驸马,未闻得状元及第配青楼"。同时,寒门书生初入仕途,需要寻找政治靠山,而达官显贵们需拉拢新贵扩充原有实力,两者联姻便成了他们利益结合的手段。书生发迹负心问题是当时社会的普遍现象,在戏曲上表现为婚变戏的流行。

3.3　元朝文人社会地位的降低

元后期,戏曲对书生普遍持同情和宽容的态度。终元之世,科举考试时兴时废,这使许多文人失去进身之阶,社会地位一落千丈,甚至出现"八娼九儒十丐"之说。书生负心婚变的悲剧作品,逐渐失去了创作的现实基础。元代是一个同情文人儒生的时代,元朝的戏曲作品中对书生的形象大多是正面描写。到元代后期,正面歌颂书生的作品逐渐成为戏曲的主流。例如高明将《赵贞女蔡二郎》改编为《琵琶记》,原著中背亲弃妇的小人蔡伯喈变成忠孝两全的君子,以团圆结尾。《刘文龙》《荆钗记》等曲目,为过去书生负心翻案。在崇尚团圆戏和同情书生的大环境下,王魁戏在杨酷的《王俊民休书记》中完成了向团圆剧的转变,正是反映了当时的社会情形。

3.4 明清统治阶层的文化政策

明初戏曲政策严苛，统治者要剔除悲剧性和暴露黑暗面的作品，同时还要将批判性的作品往忠孝礼义方向去阐释，宣扬妇德，为贞洁烈妇、孝子贤孙树碑立传，以达到教化世人的目的。"其神仙道扮及义夫节妇、孝子顺孙、劝人为善者，不在禁限。"因此，这一时期批判抛妻弃子、忘恩负义的悲情戏失去了生存的土壤，"宋元戏曲中的悲剧，在明代舞台上，差不多全变成团圆喜剧收场。旧的翻案戏和新的翻案剧畅行其道。其负心婚变悲剧更是首当其冲"。王玉峰改编《焚香记》正是受到当时政策倾向的影响，将王魁负心遭报应的悲剧改编成王魁辞婚守义、夫妻相聚的团圆戏。正如《曲海总目提要》对《焚香记》的评价"桂英重生，与魁偕老，则作者不得不然也"。

到了清代，魁桂故事基本是按照《焚香记》的方向改编演出的，如《阳告》《阴告》等单折，而《活捉王魁》一折则保持了宋元王魁戏的传统，延续了桂英的斗争精神。

4 赵熙改编《情探》

1902 年，赵熙在观看《活捉王魁》时认为剧中的桂英凶相毕露，当即改编了《情探》一折，之后又写了《誓别》《听休》《冥判》三折。《情探》一折，文辞优美，深情动人，剧中的桂英不再是一个声色俱厉的鬼魂，依然如生前深情美丽。她在向王魁索命时，一步步试探，最后确定他确实是"昧良心"才下决心将其活捉。这比之前三言两语提起王魁就走，合情、感人了许多。赵熙改编完《情探》，正值川剧改良期间，由川剧演员按词配曲演出，"因其格高调雅，声情双臻，遂致广为流传，极一时川剧之盛"。《情探》一经演出就受到广泛好评，剧院只要一挂《情探》的演出牌，戏票顷刻间就一售而空。走在街头巷尾，几乎人人都会唱几句，受欢迎程度不亚于现在的流行歌曲。巴金在写给成都川剧院建院一周年的信上说："我上岸去随便走走，忽然听见有人在唱《情探》，我居然站在一家商店门前听完了半张唱片，我觉得多么亲切、多么高兴。"可见大文豪也为《情探》着迷。

赵熙改编的《情探》文学性极强，在川剧舞台上取得了巨大的成功，还影响了一大批川内文人投入川剧改良工作中，诞生了一大批文学性极高的川剧改良剧本，如《三尽忠》《审吉平》《江油关》《邺水投巫》等。可以说，川剧剧本思想性和文学性的提升，与大批优秀文人参与剧本创作是分不开的。

5　现代王魁故事的发展

新中国成立后，周慕莲、胡漱芳等人整理《焚香记》，从 1956 年首演一直受到观众的欢迎。1959 年中国川剧团赴欧洲访问演出，演出的剧目就有《焚香记》，是由席明真、李明璋参照周慕莲版本和其他资料整理的。

6　结束语

王魁故事从宋初开始就在民间流传，经历了"负心—不负心—负心"的改编路程。赵熙改编的《情探》，将川剧艺术的发展推向了高潮。成都图书馆所藏的川剧唱本数量众多，时间较早，剧目丰富，是巴蜀文化的重要组成部分。其中，有些唱本已经不再演出，也未进入川剧目录中，更不见其他藏本。川剧唱本作为该馆的重要馆藏，可以对某些剧目起到正本清源的作用，也可以对现有的川剧目录进行补充。通过对《情探》的研究，希望在以后的工作中可以对馆藏的这批川剧文献进行深入挖掘、研究、开发、利用，实现其历史和社会价值，从而更好地为读者提供服务，为川剧发展提供文献资源。

参考文献

[1]　王玉峰撰，吴书荫点校. 明清传奇选刊：焚香记 偷甲记[M]. 北京：中华书局，1989.

[2]　（明）毛晋：六十种曲[M]. 北京：中华书局，1958.

[3]　孟蔚红. 情探——川剧经典剧目访谈记[M]. 北京：商务印书局，2013.

[4]　俞为民. 宋元南戏考论续编[M]. 北京：中华书局，2004.

[5]　周贻白. 中国戏曲发展史纲要[M]. 上海：上海古籍出版社，1979.

[6]　（宋）张端义. 贵耳集（卷下）[M]. 北京：中华书局，1985.

[7]　（宋）周密. 武林旧事（卷二）——唱名[M]. 北京：中华书局，2007.

[8]　大明律讲解（第二十六卷）——刑律杂犯 王利器元明清三代禁毁小说戏曲史料[M]. 上海：上海古籍出版社，1981.

[9]　黄仕忠. 婚变、道德与文学——负心婚变母题研究[M]. 北京：人民文学出版社，2000.

[10]　赵景深. 中国古典小说戏曲论集[M]. 上海：上海古籍出版社，1985.

[11]　孟蔚红. 情探川剧经典剧目访谈记[M]. 北京：商务印书局，2013.

古籍普查工作的体会与思考

康良琼

（青羊区图书馆　四川成都　610091）

【摘　要】　本文从古籍普查工作的具体实践和切身体会着手，分析了公共图
书馆古籍保护工作的现状和存在的问题，对如何进一步加强古籍
保护工作进行了思考，提出了建议。

【关键词】　古籍普查；体会；思考

古籍普查是中华古籍保护计划中最重要的基础性工作。2020 年四川省按照国家
文化和旅游部对四川作为旅游资源普查试点省的工作要求，全面开展文化和旅游资
源普查工作，重点对古籍等六大类文化资源和八大类旅游资源开展系统普查。各类
古籍收藏单位应按照最新要求和规范，对馆藏古籍进行重新清点和编目整理，共建
全国古籍普查平台信息数据库，为下一步有重点、有针对性地开展古籍保护、促进
古籍资源利用奠定坚实基础。笔者有幸能够在古籍特藏室岗位参与此项工作，虽粗
浅实践难概其精髓要义，更无以仰望浩瀚卷帙和古圣先贤之项背，但个中体会和思
考却是由衷而真切，谨做如下简要梳理。

1　古籍普查工作艰巨而神圣

古籍普查平台录入项目较多、要求细致、涉及面广，是一项专业性较强的古文
献编目工作。本次古籍普查，内容除了对 1912 年以前形成的具有传统装帧形式的稿
本、抄本、印本、拓本、简帛典籍、宋辽西夏金元明清时期版印抄写的古籍、古地
图、碑帖拓片、少数民族文字古籍，以及西学传入后产生的新学书籍的类别、题名
卷数、版本、版式、级别等次、破损情况和保存保护环境进行调查、鉴定和记录，
还包括对 1912—1949 年形成的具有传统装帧形式的汉文书籍的整理。需要普查人员
系统掌握古籍基础知识和信息平台规范登记方法，借助多种专业工具书查考、厘清、
揭示出准确的版本信息和载体形态。对于有一定馆藏数量的古籍收藏单位而言，工

作可谓艰巨烦琐。自己虽刚接触这项业务工作，但有幸通过藏本和文字，与远古先贤、文人墨客、篆工刻匠近距离地在精神上相遇，内心一直被敬仰和神圣充盈着。结合自己几个月的岗位具体实践，有以下两个方面的深切体会：

1.1　整理古籍需秉持敬畏之心

古籍是中华文明绵延数千年、一脉相承的历史见证和重要标志，是人类文明的瑰宝和不可再生的重要文化资源。从事古籍工作的人，应怀有敬畏之心。首先需对民族优秀传统文化和经典载籍，对古圣先贤，心怀敬重和虔诚，恪守"书比人寿、人不负书"的理念。在整理时需做到轻拿轻放、慢展慢合、小心谨慎、细心呵护，不得折页卷角、堆压勾画、粗枝大叶、失手误伤。同时，对当代读者，对子孙后代，怀揣高度负责的态度以传承文脉，自觉担负起"继往开来、守先待后、为古人行役、不为自己张本"的责任。整理过程中的任何一点敷衍和草率，就可能会影响典籍存卷的完好程度，影响其所承载的历史价值和学术价值，或可能让著录数据失真失准，甚至偏离著者的初衷。

1.1.1　古籍成书来之不易

为何需秉持敬畏之心？因为在遥远的年代，要通过文字记录下思想和社会发展变迁，形成看上去制作精良、规范整齐的典籍，实谓来之不易。这中间要经过编撰、校勘、刻板、印刷、装订等24道工序，而且一切几乎都是手工完成的。校勘，需要排除每个人的盲点，经多人完成，一旦定稿，意味着传世的准确度。刻板，意味着需要先在木板上刻成凸起反向的文字及图像，这中间一旦有错，则会废掉整块木板，一旦遇火，则意味着整个版本将不复存在。印刷，考究的是力度的均匀、着墨的成色等方面，清晰度、完整性是书籍成书的核心。装订，这个看似简单的环节，也包括裁纸、捻纸捻、上书皮、订线等多道工序，而固定起来虽只需用纸捻、糨糊、丝线等传统工具，每一项都需要极其的小心谨慎，最终才能成为看起来浑然一体、字字分明、页页生辉的宁静典籍。

1.1.2　古籍保存何其不易

古籍的成书不易，保存更加艰难。古籍的保存过程中，不可避免地要受到各种内外部因素的影响。古籍怕虫、怕潮湿、怕油迹，纸张材料的酸化、老化、絮化、性能降低会随保存时间的延长而日渐凸显。除人为毁坏和异常自然灾害的破坏外，古籍会受到来自周围环境经常的、间断的物理、化学、生物、灰尘、光线、空气污染、温度湿度等环境因素的影响，其结果就是古籍纸张日益改变其本来的形态和成分。受外在因素和保存条件的直接影响，存世古籍中，有的浑身虫洞，有的整套书页黏成书砖，有的珍贵碑帖全身黑霉，有的严重缺损。因此，文献修复工作从古代开始就一直存在，北魏贾思勰在《齐民要求》中将补书的原则、方法、验证、经验描述为："书有毁裂，郦方纸而补者，率皆挛拳，瘢疮硬厚。瘢疮于书有损。裂薄纸如薤叶以补织，微相入，殆无际会，自非向明举之，略不觉补。裂若屈曲者，还须于正纸上，逐屈曲形式取而补之。若不先正元理，随宜裂斜纸者，则令书拳缩。"

纵览古籍流传于世、保存至今的过程，不得不嗟叹古籍保存工作极其不易。先秦的众多著作在秦汉时期有不少毁于战火和始皇帝的焚书坑儒，两汉太学开始有意识地整理，诞生了一大批为古籍做注的学者。魏晋南北朝经历了漫长的动荡岁月，烽火连绵中又毁掉了许多书籍。到了唐代天下太平，学者们又开始了古籍的整理和勘校注释工作，但书籍的流传还完全仰赖手抄，一旦抄本太少，整本书就有失传的风险。直到宋人发明了印刷术，宋代的书籍才得以大量出现。但是由于印版是人工刻制，刻工稍有疏忽就会出现讹误，不同的书坊更是不能完全统一，除了四书五经之外，流传至今的刻印古籍都有众多异本。

1.1.3　古籍中蕴含深厚的文化内涵

我国古籍中蕴含深厚的文化内涵，单就古籍的印版版式，就充分体现了"天人合一"的思想。以"鱼尾"符号为例，作为折页基准的"鱼尾"，从功能上看，古人巧妙地运用两个对称的"▲"，形成"⌒"符号；观其形，似"鱼尾"，以造型取义表达"翻转"之义，因为鱼的尾鳍有其"转向、推进、平衡"的作用，有"相续"之义，鱼尾符号在整本书中，寓指每页"像鱼群游动一样先后相续"（鱼贯而行），全书流畅连贯，形成整体。同时通过"鱼尾"所在的"版心"来传达印有书名、卷数这些重要信息点，充分体现出古人以"鱼"为载体来表示"传达信息"的思想。同时，古籍印版中的"鱼尾"符号还体现出中国传统的审美意味，展现出对称韵律美。鱼尾形制过程中，其特有的"刀味"特征，与印墨和纸张的结合，呈现出独特的美感，例如挺拔秀丽的宋版鱼尾符号、磅礴大气的元版鱼尾符号、自然灵动的明版鱼尾符号、精致整齐的清版鱼尾符号及单黑、双黑、三黑、花鱼尾等多样性的变化，承载了文化深厚的内涵和智慧。

1.2　整理古籍需练持贯虱之睛

许多人对古籍整理工作存有误解，甚至包括图书馆行业内部人士。大家认为古籍整理工作很简单，不过就是录入点文字、量量尺寸、数数卷册。事实上，要做好古籍整理工作，需要具备较为全面扎实的专业素养、综合素养，需要掌握很多零零碎碎的相关学科知识，深层次的古籍整理可谓是难度极大的研究工作和考订之学。

为使本次古籍普查数据规范、统一，国家、省级、市级古籍保护中心在规范平台录入的基础上，分别下发了古籍普查登记表格，按普查号、索书号、分类、题名卷数、著者、版本年代、版本类型、版式、装帧形式、册数、存卷、批校题跋、单位等必备项进行调查和登记。执行标准主要有：《古籍定级标准》（WH/T 20—2006）、《古籍普查规范》（WH/T 21—2006）、《古籍特藏破损定级标准》（WH/T 22—2006）等。但是对于这些标准的运用和执行，却是需要细致、严谨的专业精神，需练持贯虱之睛，否则数据就很可能出现偏差，甚至讹误。

例如在整理《九经朴学报》（中国公置九经训故学堂铅印本）时，这种创刊于清光绪乙巳八月的新学类刊物，从序中可见"本报月出一册为一期，今年自八月起至除夕共出六期"，很容易推断此刊共有 6 期。而馆内仅存有第一期、第二期，貌似缺卷四期。但经过查考发现，此书在国家图书馆《近代学报汇刊》中，仅存《九经朴学报》第二期，首刊号未予收录，其他图书馆均未见馆藏。再查询史实得知："1905年 9 月，清光绪帝下令终止科举考试制度。由于《九经朴学报》刊载的是传统经学的内容，只好就此停刊。《九经朴学报》也因此成为近代成都文化转型的活化石和典型代表。"而青羊区图书馆收藏有《九经朴学报》全套两册，其文献价值一下子就从"残卷"提升到了"独有"藏本价值。又如在整理《六书音均表五卷》时，从《中国古籍总目》可见题名完全相同的版本共有 25 种，而本馆藏本前后均残损缺页，如果单从看得见的"乾隆丁酉五月"的序尾看，很容易将其归入"清乾隆四十二年刻本"。经细致翻阅全书，从封底缺页处发现一摞悬挂褶皱的纸絮，借助竹启子和针镊，小心翼翼地将其展开后，依稀可见"仁寿毛瀚"4 个字，从"四川尊经书院纪略"中查考到"仁寿毛瀚丰"曾为四川尊经书院的学生，为《六书音均表》校过字，通过查考毛瀚丰的生平 1843—1906 年，其生活在光绪年代，遂断定馆内的这本《六书音均表五卷》为清光绪刻本而不是清乾隆刻本。

古籍整理工作中的版本鉴定尤其是一门讲求细致、务求实事求是的考订之学。除了依据直观可见的牌记、卷端、序跋、题注识语、藏章、讳字、用纸等方面来鉴定，还需以贯虱之睛从文献的载体和相关信息中寻找蛛丝马迹，方能有效避免失之于偏、失之于准的问题。

2　古籍保护利用任重道远

近年来，随着中华古籍保护计划的实施，我国的古籍保护事业取得了巨大成就，古籍保护的学科建设也日渐成为学界关注的焦点。但就目前公共图书馆古籍保护工作的现状来看，尚存在一些亟待解决的问题。

2.1 古籍保护条件亟须改善和提升

古籍是不可再生的重要文化资源，但各类古籍收藏单位馆藏古籍的老化、霉蚀、鼠啮、蛀损、破损、缺损情况较为普遍，有的馆古籍破损率高达90%以上。因此，加强古籍保护工作刻不容缓，亟须从对国家和历史负责的高度，增强做好古籍保护的责任感和紧迫感。首先，需要改善古籍文献的保存条件，完善古籍书库的基本保护设施，如增加恒温恒湿设备、加大虫霉防治措施等。虫霉问题一直是古籍受损的重大威胁和隐患。按照《图书馆古籍虫霉防治指导》（WH/T 88—2020）标准，古籍收藏单位均需增加必备的虫霉防治设施设备，防范微生物对古籍的继续侵害。其次，需要提升古籍日常保护的基本保障。视各馆实际适量配置馆内古籍基本整理工具和必备修复材料，因古籍修复价格较高，珍贵古籍和破损较为严重的古籍文献，可依托专业机构进行修复，较为普通的古籍、较为轻微的受损，可由收藏单位培训专业人员及时修补、及时止损。最后，需要提升古籍保护宣传力度。各收藏单位需积极开展"保护古籍文献，传承历史文明"古籍相关知识展览，开展古籍文献价值研究和成果转换运用等。各馆还可以着手编制馆藏古籍名录，揭示古籍普查成果，为后续提炼馆藏文献价值奠定基础。

2.2 古籍存世价值有待挖掘和激活

在完成古籍普查后，各古籍收藏单位需要着手对古籍的价值进行激活和挖掘，让沉寂在古籍中的文字活起来。古籍的价值主要体现为历史文物价值、艺术美学价值、文献研究价值。有些古籍，抄写或刻印本年代久远，流传稀少，如宋版书存世不多，无论从纸质、墨迹、印刷技能、装帧水平等方面都具有很高的文物考古价值。有的书籍所描述记载的史料非常丰富，是研究社会发展变迁不可缺少的第一手材料。不断激活古籍的新生命，是中华民族传承古老文明、再造先进文明的源头活水。着力发掘古籍的存世价值，潜心挖掘古籍的新理解，对于彰显中华文明新气象具有深远意义。

2.2.1 挖掘古籍中的地域文化

"五里不同风，十里不同俗。"地域文化是特定区域源远流长、独具特色、传承至今且仍发挥作用的文化传统，它包括在这一地域所产生的经济体系、社会组织、宗教信仰、民俗传统、价值观念等。地域文化以地域为基础，以历史为主线，以景观为载体，以现实为表象，是社会进程中发挥重要作用的人文精神。古籍中蕴含的地域文化，并不单单指向场景和物体本身，而是景观所固有的内涵、所传送的信息、所隐藏的秘密和所带来的意义，对于历史的传承、社会的稳定、人心的维系都发挥着无法替代的作用。挖掘古籍中的地域文化，是对中华优秀传统文化的继承，对于发现中国人内心的生活秩序、透视中国人的精神实质，对于中华民族风俗的传承、中华文化的复兴具有重要的历史和现实意义。

2.2.2 激活古籍中的文化基因

在五千多年文明发展进程中，中华民族创造了博大精深的灿烂文化，我们理应薪火相传，代代守护，同时也需要与时俱进、不断创新，汲取传统文化跨越时代的精髓，系统梳理沉积已久的丰富内涵。中央电视台"诗词大会"这个节目受欢迎的程度，充分证明了包括"诗经—楚辞—乐府—赋—辞—唐诗—宋词—元曲"等中华古诗词在内的经典古籍，一直涵养着中国人的精神生活，充实着中华民族的心灵空间，是华夏儿女走向世界、走向未来的自信与动力。古籍中的音韵学和诗词律学，道法自然、修齐治平、革故鼎新、兼济天下等思想体系，以及历日、礼俗、宗法、饮食、衣饰等方面，在历代典籍中都可以找到对应。中国古籍存载了一脉相传的中国智慧，激活了古籍中的文化基因，以此呼应中华文化复兴的时代诉求。

2.2.3 汲取古籍中的治理智慧

古籍中，蕴含着古人丰富而深刻的治国理政思想。党的十九届四中全会提出推进国家治理体系和治理能力现代化，"治理"一词成为人们关注的热点。探寻"治理"悠久的传统文化之学脉，发掘"治理"厚重的历史传承之底蕴，有助于深刻领会党的十九届四中全会精神。

"治理"具有整治、调理之义，是中华民族绵延数千年传统文化的思想积淀与历史传承。"治"从水，与古人治水活动相联系，引申为管理、整治、修治之义，如"昔禹治洪水"（郦道元《水经注》）。"理"从玉，意为物质的纹路、层次、肌理等，指加工雕琢玉石，"顺玉之文而剖析之"（许慎《说文》）。"治理"在中国古籍中较多出现在汉代，有制度、秩序的意思。之后，其使用范围不断拓展，词义也较为宽泛。五代时期"四海归仁，众志成城，天下治理"之述（何光远《鉴诫录》），有良政和善治的意思。唐朝《丁公著传》记述"穆宗立，未听证，召居禁中，条询治理，且许以相"（《新唐书》列传第八十九）；宋代有"天道以顺不以逆，地道以谦不以盈。故治理之世，建仁为旌，聚心为城"之论（《文苑传二·侯嘉正传》）；明朝时"练达治理"成为举荐人才的考核科目；清朝时对"国家治理"作出明确表述，"国家治理之法与庶司奏绩之谟，毋贵乎法古也，亦毋贵乎守常，要在随时变通因时制宜以期益国益民而已矣"（陈忠倚《清经世文三编》）。

古籍中的治国之道都强调了"民为邦本"的治理基础，"德治""法治"的治理理念，为今天"治国理政"理论与实践提供了珍贵的思想资源。我国今天的国家治理体系，是在我国历史传承、文化传统、经济社会发展的基础上长期发展、渐进改进的结果。我国古代所主张的民惟邦本、政得其民，礼法合治、德主刑辅，为政之要莫先于得人、治国先治吏，为政以德、正己修身，居安思危、改易更化等，至今仍具有重要价值和启示意义。对传统治理资源的辩证"扬弃"，使"治理"内涵得到进一步丰富和升华。以史为鉴，是为了古为今用、推陈出新，对我国历史和传统文化做深入了解，对我国古代治国理政的探索和智慧进行积极总结，有利于治理好今天的中国。

2.3　抢救和修复珍贵文献

古籍是一种因岁月沉淀而形成的具有独特韵味的书籍，由于自然、历史、社会等原因，通常当我们再看到这些古籍时，它们早已是"伤痕累累"。据不完全统计，全国现存古籍 3 000 万册以上，需要修补的古籍超过 1 000 万册。以青羊区图书馆为例，所藏 3 500 余册古籍大多数为清末和民国时期的线装书籍，经本次普查初步判断，相当数量的残损本已失去了纸张应有的机械强度。长期以来，人们普遍认为越是古老的文献越珍贵，忽略了清末和民国时期文献的价值，有的思想文化价值不在善本古籍之下，如果不及时进行抢救，部分文献将在百余年内玉损殆尽。

所幸本次普查要求做好破损古籍的定级工作，摸清古籍的破损情况和破损程度，目的就是使今后开展的修复工作能更加有的放矢。各收藏单位应该集中资金和骨干力量，按照"抢救为主"的原则，有计划地对破损古籍进行修复，集中力量修复那些毁坏严重，濒临灭绝的孤本、残本古籍，尽力抢救那些 PH 在 5 以下的古籍，防止这部分中、轻度破损古籍因没有及时修复，发展演变为中、重度破损。在修复过程中，同时也要注意将传统修复技艺与现代技术相结合，充分吸收各国先进技术和经验，提高古籍修复水平。

2.4　推进和发展古籍学科建设

作为一项具有可持续发展的业务工作，"古籍保护独立成学""古籍保护学科归属"等建议和问题已开始受到学者的关注。呼吁学界乘势而为，加快推进力度，通过构建我国古籍保护学科建设的理论基础，进而系统阐释古籍保护的研究对象、研究类型和范围、研究内容、研究方法、策略措施、学科性质等基础理论问题。同时，借鉴各国古籍保护人才培养模式，提出我国古籍保护教育的培养目标、培养方式、研究方向、课程设置、教材建设、实验室和实训基地、操作实务等。建议将"古籍保护"设为一级学科，其下再设"古籍保护学""古籍版本学""古籍编目""古籍典藏""古籍修复""古籍再生传播"等二级学科。若能付诸实际，将会带来古籍保护学科建设、人才培养和文化遗产保护事业发展的深刻变革。

参考文献

[1] 徐中文. 古籍印版鱼尾符号的文化内涵[N]. 孔夫子网，2018-02-05.

[2] 杨永德. 中国古代书籍装帧[M]. 北京：人民美术出版社，2006.

[3] 钱宗武. 激活古籍文化基因 弘扬国学研究正脉[N]. 中国社会科学报，2015-04-15.

新都区图书馆藏《槐轩全书》举要

庄 严

（新都区图书馆 四川成都 610500）

【摘 要】 刘沅是清代中期四川著名教育家、思想家，讲学槐轩 40 余年，著述甚丰。在他身后，其后人及门人将其主要著作辑为《槐轩全书》，以弘扬其学术。《槐轩全书》今诸种版本多已散佚，存世稀少。新都区图书馆所藏《槐轩全书》虽是拼凑之配本，但完整无缺，实属罕见之全本，仍不失其学术资料和版本价值。本文旨在揭示馆藏，供有兴趣的读者和研究人员参考。

【关键词】 新都区图书馆；刘沅；槐轩全书；古籍普查

清代学者刘沅的《槐轩全书》，是一部以儒学原典精神为根本，会通儒家哲学、道家哲学和佛家哲学，融道入儒，会通释道，而归于本儒，用以阐释儒、释、道三家精微学说，揭示为人真谛的学术巨著，是中华传统文化尤其是巴蜀文化中尚待开发的宝库，具有很高的研究价值。对于《槐轩全书》，咸丰后至民国间有数种刊本行世，但存世稀少，"诸种版本多已散佚，散佚各处的刘沅著作已被学界视为'无价孤本'，即今专门的研究者亦未见全貌"。新都区图书馆藏《槐轩全书》（以下简称藏本），是近年来在普查馆藏古籍时发现的，虽是由多种版本拼凑的配本，但完整无缺，实属罕见之全本。下面对全书面貌加以揭示，并略述其版本源流及各版本之间的顺承关系。

1 刘沅生平简述

刘沅（1768—1855 年），字止唐，一字讷如，号青阳居士，四川双流县（今双流区）人。他创立"槐轩学派"，被称为"槐轩先生"，在四川学术界有深远影响。乾隆五十年（1785 年），刘沅以双流县第一名考中庠生，乾隆五十七年（1792 年）由拔贡中式举人，乾隆五十八年（1793 年）、六十年（1795 年）、嘉庆元年（1796

年），三次会试皆落第，遂绝意仕进，专注学术研究；同时，在双流开门兴塾课徒（一说乾隆五十四年，即在双流设帐授徒）。嘉庆十八年（1813年），刘沅从双流迁至成都纯化街，"因宅院中有百年老槐，浓荫掩映，清爽洁净，刘沅遂名其宅院曰'槐轩'"。此后他一直在此兴学授徒，坚持有教无类的方针，"平日裁成后进，循循善诱，著弟子籍者，前后以千数，成进士登贤书者百余人，明经、贡士三百余人，熏沫善良、得为孝子悌弟贤名播乡间者，指不胜屈"。道光六年（1826年），以举人身份被清廷选授湖北天门知县，他以侍奉年迈母亲为由婉拒；改授国子监典簿虚衔，"奉母讲学至髦，著《四书恒解》等书数十种，阐明圣道"。光绪三十一年（1905年），刘沅逝世五十年后，由四川在籍绅士翰林院编修伍肇龄、胡峻，庶吉士颜楷等呈请，时任川督锡良"奏进《恒解》等书，请将事实宣付史馆，儒林列传"，同年十月二十四日，清廷准奏。

刘沅一生讲学40余年，"门生弟子有如桃李满门墙，世称'槐轩学派'"，他还被誉为"塾师之雄"；其学术影响远播他省，闽人尊称其为"川西夫子"。因崇尚内丹道，又以道养性授儒，组成"刘门道"，实践儒与道的内丹功夫。从刘沅一生的经历看，他是一位成功的教育家，也是一位圆融儒释道三教的伟大思想家。

2 藏本馆藏概况

笔者在普查馆藏古籍时，发现200余册散乱堆放在书架上的刘沅著作。经仔细清理，整理出一部完整的《槐轩全书》，品相完好，刊刻精良，除略沾灰尘外，几乎与新书一般。该部书由多种版本配成，是民国时期新都县立图书馆旧藏，封皮、书脊、卷内均钤有"新都县图书馆收藏图记"长方形篆体阳文藏书印。书根上印有书名、书册号。其中《四书恒解》第1册卷前刻有"槐轩全书"总书名并总目录，总目录所题与实际清理结果一致，全书包括（子目顺序依目录所题）：《四书恒解》十四卷十册，《诗经恒解》六卷六册，《书经恒解》六卷六册，《易经恒解》六卷六册，《礼记恒解》四十九卷十册，《春秋恒解》八卷八册，《周官恒解》六卷六册，《仪礼恒解》十六卷六册，《史存》三十卷二十四册，《大学古本质言》一卷一册，《孝经直解》一卷一册，《槐轩杂著》四卷四册，《正讹》八卷四册，《拾余四种》四卷，《槐轩约言》一卷一册，《埙篪集》十卷四册，《子问》二卷二册，《又问》一卷一册，《俗言》一卷一册，《明良志略》一卷一册，《寻常语》一卷一册，《下学梯航》一卷一册，《蒙训》一卷一册，凡二十三种一百七十八卷，共一百零七册。依著录习惯，一般将《子问》和《又问》著录为一种，实为二十二种。

3 藏本版本特征

《四书恒解》十四卷（《大学》一卷、《中庸》二卷、《论语》四卷、《孟子》七卷），半页十行，行二十字，小字双行同，白口，四周双边，单黑鱼尾。版心除刻书名、页码外，每页版心下方均刻有"光绪十年豫诚堂镌"字样。书名页为整页，正面题"晚年定本/四书恒解/豫诚堂藏板"，背面空白。该书第 1 册卷前补刻增添有"槐轩全书"总书名，次光绪三十一年（1905 年）锡良《奏章》，次《儒林刘止唐先生八十八岁肖像》，次《槐轩全书目录》，次《国史馆本传》。版心下方无刻年。

《诗经恒解》六卷，十一行，行二十四字，小字双行同，白口，左右双边，单黑鱼尾。版心除刻有书名、卷次、页码外，版心每页下方均刻"致福楼"字样。书名页为整页，正面题"晚年定本/诗经恒解"，背面题"庚申夏五月/致福楼重刊"。卷首有《奏章》，次《国史馆本传》，次《诗经恒解序》，题署"嘉庆十年岁在乙丑仲春广都刘沅识"，次《诗经恒解凡例》，题署"止唐刘沅志"。

《书经恒解》六卷附《书序辨正》一卷，版式行款、版心所刻同上。书名页为整页，正面题"晚年定本/书经恒解/守经堂印"，背面题"壬戌夏六月/致福楼重刊"。卷首有锡良《奏章》，次《尚书恒解序》，题署"双流后学刘沅谨识"。次《国史馆本传》，次《书序辨正》，次《书经恒解凡例附辨正》，题署"双流刘沅识"。

《周易恒解》五卷首一卷，版式行款、版心所刻同上。书名页为整页，正面题"晚年定本/易经恒解/守经堂印"，背面题"壬戌夏六月/致福楼重刊"。卷前有锡良《奏章》，次《国史馆本传》，次卷首一卷，版心刻有"卷首"字样，其内容包括：《周易恒解序》，题署"嘉庆庚辰年九月初一日双流刘沅叙"；次《义例》，题署"双流刘沅识"；次《周易恒解图说》，题署"双流刘沅撰"；次《八卦取象歌》。是书封皮题签、书名页题书名为《易经恒解》，正文各卷卷端、版心皆题《周易恒解》，书名径依正文卷端所题。

《礼记恒解》四十九卷，版式行款、版心所刻同上。书名页为整页，正面题"晚年定本/礼记恒解"，背面题"甲子夏六月/致福楼重刊"。卷首有锡良《奏章》，次《国史馆本传》，次《礼记恒解序》，题署"道光八年初夏日双流刘沅识"。次《礼记恒解凡例》，题署"双流刘沅识"。

《春秋恒解》八卷附《余传》，版式行款、版心所刻同上。书名页为整页，正面题"晚年定本/春秋恒解/扶经堂印"，背面题"乙丑夏六月/致福楼重刊"。卷首有锡良《奏章》，次《国史馆本传》，次《春秋恒解序》，题署"道光十有八年孟夏双流刘沅书，咸丰二年重校定，时年八十有五"。次《春秋恒解凡例附辨正》，题署"双流刘沅识"。

《周官恒解》六卷，版式行款、版心所刻同上。书名页为整页，正面题"晚年定本/周官恒解/扶经堂印"，背面题"丁卯秋九月/致福楼重刊"。卷首有锡良《奏章》，次《国史馆本传》，次《周官恒解序》，题署"道光十九年阳月谷旦双流刘沅识"。次《周官恒解凡例》，题署"双流刘沅识"。

《仪礼恒解》十六卷首一卷，版式行款、版心所刻同上。书名页为整页，正面题"晚年定本/仪礼恒解/扶经堂印"，背面题"丙寅夏六月/致福楼重刊"。卷前有锡良《奏章》，次《国史馆本传》，次《仪礼恒解序》，题署"道光壬寅小阳月双江刘沅谨识"。次《仪礼恒解卷首》，其内容为"凡例"，题署"双江刘沅识"。

《史存》三十卷，半页十行，行二十字，白口，四周单边，单黑鱼尾。版心除刻书名、卷次、页码外，每页版心下方皆刻有"致福楼"字样。书名页为整页，正面题"史存"，背面题"丙辰冬十月/致福楼重刊"。卷首有《自序》，题署"道光丁未季春月双流刘沅书于槐轩，时年八十"。次《凡例》。

《大学古本质言》一卷，半页十一行，行二十一字，上下黑口，四周单边，单黑鱼尾。版心刻书名、页码。书名页为整页，正面题"大学质言"，背面题"辛卯五月平遥李氏刊"。卷首有锡良《奏章》，次《国史馆本传》，次《大学古本质言序》，题署"咸丰二年岁次壬子仲春止唐刘沅书，时年八十有五"。正文卷端、版心皆题书名为《大学古本质言》。

《孝经直解》一卷附《辨论》，半页十行二十一字，白口，左右双边，单黑鱼尾。版心刻书名、页码。书名页题"道光戊申新镌/双江刘沅注/孝经直解/豫诚堂藏板"。卷首有《孝经直解敍》，题署"道光丁未年重阳日双流刘沅敍，时年八十"。次《孝经正文便读》，题署"咸丰辛酉虚受齐书"。

《槐轩杂著》四卷，半页十一行，行二十四字，白口，左右双边，单黑鱼尾。版心除刻书名、卷次、页码外，每页版心下方皆刻"致福楼"字样。书名页为整页，正面题"槐轩杂著"，背面题"致福楼刊板/戊辰仲秋成"。卷首有《自敍》，题署"咸丰二年仲夏望日止唐书，时年八十有五"。次《槐轩杂著目录》。

《正讹》八卷，半页九行，行二十二字，白口，左右双边，单黑鱼尾。版心刻书名、卷次、页码。书名页题"咸丰四年清和月镌/正讹/豫诚堂藏版"。无卷首。

《拾余四种》四卷（《恒言》一卷、《家言》一卷、《剩言》一卷、《杂问》一卷），九行二十二字，白口，左右双边，单黑鱼尾。版心刻书名、页码。书名页题"辛丑三月/拾余四种/守经堂藏板"。卷首有《拾余四种自敍》，题署"道光乙巳春正月止唐书，时年七十"。次《恒言自叙》，题署"道光八年长至双江刘沅自序"。

《槐轩约言》一卷，半页十行，行二十字，小字双行十九字，白口，左右双边，单黑鱼尾。版心刻书名、页码。书名页为整页，正面题"槐轩约言"，背面题"戊辰夏刊成/板存扶经堂"。卷首有《槐轩约言序》，题署"止唐书，时年八十有五"。次"槐轩约言目录"，次《图解》。

《埙篪集》十卷，半页十行，行二十一字，小字双行同，白口，左右双边，单黑鱼尾。版心刻书名、卷次、页码。书名页题"壬子嘉平镌//埙篪集/豫诚堂藏板"。卷首有写刻《序》，题署"咸丰二年岁次壬子仲冬至日止唐书，时年八十有五"，又署"右集东坡帖刻成虚受齐记"。次《目录》。

《子问》二卷《又问》一卷，半页十一行，行二十一字，上下黑口，左右双边，单黑鱼尾。版心刻书名、卷次、页码。书名页题"书名/癸亥春平遥李氏刊"。卷首有《子问弁言》，题署"咸丰二年岁在壬子初夏止唐刘沅书，时年八十有五"。

《俗言》一卷，半页十一行，行二十字，上下黑口，左右双边，单黑鱼尾。版心刻书名、页码。书名页题"俗言/壬戌八月平遥李氏重刊"。卷首有《俗言序》，题署"咸丰四年岁在甲寅正月止唐书，时年八十有七"。次为《俗言目录三十六则》。

《明良志略》一卷，半页十一行，行二十四字，白口，左右双边，单黑鱼尾。版心除刻书名、页码外，每页版心下方皆刻"致福楼"字样。书名页为整页，正面题"明良志略"，背面题"己巳七月/致福楼重刊"。卷首有《明良志略序》，题署"道光二十九年岁次己酉伏日双流刘沅志，时年八十有二"。

《寻常语》一卷，半页十一行，行二十一字，上下黑口，左右双边，单黑鱼尾。版心刻书名、页码。书名页题"寻常语/辛卯三月平遥李氏刊"。卷首有《弁言》，题署"咸丰甲寅年桂月初一日下学等白"。次《寻常语目次》。卷末有"平遥李氏重刊"图记。

《下学梯航》一卷，半页十行，行二十字，白口，左右双边，单黑鱼尾。版心刻书名、页码。书名页为整页，正面题"下学梯航"，背面题"丙寅刊板/存扶经堂"。卷首有《下学梯航序》，题署"道光三十年岁在庚戌重九日双流止唐刘沅书，时年八十有三"。

《蒙训》一卷，半页四行，行十字，白口，左右双边，单黑鱼尾。版心仅刻页码。书名页为整页，正面题"蒙训"，背面题"壬戌夏重刊/版存扶经堂"。卷首有《序》，题署"道光甲辰春月止唐书，时年七十有七"。

4 藏本版本介绍

从上文可知《藏本》由豫诚堂本、守经堂本、扶经堂本、致福楼本、平遥李氏本五种版本配成。因掌握的资料有限，现将各本略做介绍如下。

4.1 豫诚堂本

刘沅命其中堂为"豫诚堂"（一说是刘沅所定刘氏堂号），所著《豫诚堂家训》

亦以此名。刘沅著述在其生前多已自刻刊行，但也有其他版本，"子注四子六经多年，好事者刊印流布颇多"。由此可知除刘沅自刻本外，还有其他版本，但都以单刻本行世。现今可考刊印最早是刘沅注释的"《观音大士自订观音经》一卷，清嘉庆三年刻本"。但以"豫诚堂"之名刻书始于何年不知，也未见文献记载。以笔者所见，最早以"豫诚堂"之名所刻的书即是藏本中收录的刻于道光二十八年（1848 年）的《孝经直解》。次为新都图书馆藏道光二十九年（1849 年）刻单行本《明良志略》一卷，书名页为单页，题"己酉桂月梓/明良志略/豫诚堂藏板"。卷首有《明良志略序》，题署"道光二十九年岁次己酉伏日，双流刘沅志，时年八十有二"。另外，新都区图书馆还藏有道光二十五年（1845 年）刻的单行本《史存》三十卷，书名页为整页黄纸，正面题"史存"，背面题"道光乙巳开雕/槐轩刘氏藏版"。卷首有《自叙》，题署"道光丁未季春月双流刘沅书于槐轩，时年八十"。从以上三种书刊刻时间来看，可以确定的是在道光二十五年（1845 年）还未以"豫诚堂"之名刻书，但在道光二十八年（1848 年）、道光二十九年（1849 年）已经出现以"豫诚堂"之名刻的书，据此可大致判定以"豫诚堂"之名刻书始于道光末年。

4.2 守经堂本

刘沅之子刘桢文（1841—1913 年），"于光绪年间在成都纯化街开设守经堂，主要刊刻印售刘沅著作《槐轩全书》二十二种一百零六册"。刘桢文，字子维，刘沅第六子，接替其兄长刘松文主持槐轩学派，是槐轩学派第二代负责人，刘沅教育事业的真正继承者。刘沅逝世后，为弘扬其学术，刘桢文将其主要著作辑为《槐轩全书》。一般认为，《槐轩全书》最早的版本即是刘桢文将其家藏各种旧版修补印刷而成。

4.3 扶经堂本和致福楼本

刘沅之孙刘咸焌（1870—1935 年），于民国 5 年（1916 年）开办扶经堂，仍主要刊刻印售刘沅著作。刘咸焌，字仲韬，刘沅第四子刘桂文之次子，是槐轩学派第三代主要负责人。他掌理刘门，亦被尊称为"刘夫子"。1914—1934 年，刘咸焌以"致福楼"（刘咸焌读书楼）之名重刻《槐轩全书》22 种 107 册。

4.4 平遥李氏本

山西平遥李氏（刘沅门人，可能是日升昌票号财东李视箴），于晚清至民国时期多有刊印刘沅著作，但是否完整刊印了《槐轩全书》现尚不明。检索全国古籍普查登记基本数据库，检索到两条信息：一是辽宁省图书馆藏刘沅《寻常语》一卷，版本项著录为"清光绪十七年（1891 年）平遥李氏刻双流刘止唐先生全书本"；一是湖南省图书馆藏《子问》二卷《又问》一卷，版本项著录为"清同治二年（1863）平遥李氏刻《槐轩全集》本"。是否平遥李氏以《双流刘止唐先生全书》或《槐轩全集》为总书名刊印刘沅著作尚需做进一步考证。

5 结 语

《槐轩全书》主要由刘沅后人为弘扬家学而刻印，其版本系统并不复杂，俱是一脉相承，主要有二十二种和二十一种两个版本系统，所收子目和卷数略有不同。其他各地刊印的刘沅著作多为其门人翻刻其中几种或十数种，完整翻刻的《槐轩全书》，现可考者仅有民国 20 年至 23 年（1931—1934 年）西充鲜于氏特园刻本。期待通过这次全国古籍普查发现更多完整版本的《槐轩全书》，以利于《槐轩全书》的版本考查及学术研究。

参考文献

[1] 段渝. 一代大儒刘沅及其《槐轩全书》[J]. 社会科学战线，2007（2）.

[2] 张莉红，张学君. 成都通史：清时期[M]. 成都：四川人民出版社，2011.

[3] 国史馆本传[M]//刘沅. 槐轩全书. 成都：巴蜀书社，2006.

[4] 刘佶，刘咸荣等. [民国]双流县志[M]//四川省地方志编纂委员会. 四川历代方志集成. 第二辑（第十七册）. 北京：国家图书馆出版社，2015.

[5] 舒大刚. 巴蜀文献. 第一辑[M]. 成都：四川大学出版社，2014.

[6] 刘沅. 又问[M]//刘沅. 槐轩全书. 成都：巴蜀书社，2006.

[7] 中国古籍总目编纂委员会. 中国古籍总目. 子部[M]. 上海：上海古籍出版社，2010.

[8] 王孝源. 清代四川木刻书坊述略[M]//四川新闻出版局史志编纂委员会. 四川省新闻出版史料（1）. 成都：四川人民出版社，1992.

[9] 四川省地方志编纂委员会. 四川省志·出版志（下册）[M]. 成都：四川人民出版社，2001.

新都区图书馆藏清代蜀刻经部古籍五种述略

庄 严

（新都区图书馆 成都 610500）

【摘 要】 新都区图书馆是首批四川省古籍保护单位，收藏有明清古籍近 20 000 册，其中清代蜀刻古籍数十种。这批清代蜀刻书籍种类丰富，内容涵盖经、史、子、集。现择其版本信息完整的经部书籍五种，分别对其版式、版本、著者、内容、刻书机构（人）等情况做简略介绍。

【关键词】 新都区图书馆；古籍；墨耕堂；善成堂；尊经书院；苏廷玉；文天骏

四川是中国雕版印刷术的发祥地和中心之一，其雕版印刷史可追溯到初唐时期。四川历史上的雕版印书业，由于宋、元、明、清朝代更迭，几经战乱破坏，直到清代康乾时期，才又再度兴起，至同治、光绪年间形成发展高潮。据《四川省志·出版志》附录《清代雕版图书简目》统计，仅清代中期至末期四川便印制雕版图书有：总类 100 种、经部 249 种、史部 325 种、子部 406 种、集部 337 种，合计 1 417 种。上述统计为不完全统计，并未包括清代四川各地出版的地方志及寺院所刻书籍，加上漏收书籍，实际出版数字要远远超出此数字。可见，四川雕版出版业发展至清同治、光绪年间取得了突飞猛进的发展，书坊、官署、学院、寺庙、私家刻书达到了最繁盛时期。所印之书，上至经史子集、医农卜算，下至字韵历书、尺牍唱本。清代四川究竟刻了多少书，由于后世散佚较多，无精确统计。现仅选取新都区图书馆馆藏版本信息完整，且具有一定代表性的清代蜀刻经部古籍五种，就其版式、版本、著者、内容、刻书机构（人）等情况做简要介绍，希望对研究四川清代刻书情况有所裨益。

1 《易经精华》六卷首一卷末一卷

《易经精华》是（清）薛嘉颖辑，清光绪十一年（1885 年）新都魏氏古香阁刻增订《四经精华》本。线装，共三册，半页上下二栏，十一行，行十六字，小字双行，行三十字，白口，左右双边，单黑鱼尾，无界格。版心上镌"易经精华"，中镌卷次、小题、页码，下镌"古香阁魏氏校"。书名页为整页，正面题"增订四经精华"，背面题"光绪乙酉年新镌/古香阁魏氏藏板/新都墨耕堂发售"。正文首卷卷端题"易经精华"。书前有魏朝俊序，道光元年（1821 年）何治运序。《易经精华》一书是清代学者薛嘉颖博采诸家之说，会通古代研究《易经》的成果辑录而成。卷一至四逐条解释经文；卷五为《系辞传》；卷六为《说卦传》《序卦传》《杂卦传》；末卷为《筮仪》及《占法》。薛嘉颖，字悟邨，生平不详。据书前何治运序云："悟邨七兄⋯⋯默而好深沉之思。与余年相比，入学充秋赋皆同岁"，可知薛嘉颖与何治运年龄相近，同年入学（府或州、县学），又同年登秋赋（秋贡）。何治运（1774—1821 年），字志贤，闽县（今福州）人，藏书家。嘉庆十二年（1807 年）举人，学识广博、笃志汉学。阮元督粤时，聘其编纂《广东通志》。其经解及论辩文字辑为《何氏学》四卷。道光元年（1821 年）卒，年仅 47 岁。从何治运生平可知薛嘉颖主要生活在清乾、嘉、道时期。此书是魏朝俊辑刻《四经精华》之一种。《四经精华》以刻印精审著名，《中国丛书综录》有著录。魏朝俊，字青士，四川新都县（今成都市新都区）人，出版家，生卒年不详。魏朝俊于同治九年（1870 年）创办墨耕堂于新都县城南街，民国时期又在新都县城状元街和成都中新街开设分销处，是一家较有规模的中型书坊。墨耕堂储放书籍和书版的地方名"古香阁"。墨耕堂的经营极富特色，"所售书籍，概系自版，并无外庄书籍""所出书籍均精工雕版，并选用上等纸张，印装精致究讲，是木刻书业中刊刻质量较高者"。该堂所刻书籍内容丰富、种类很多，从启蒙读物到"四书""五经""八股制艺"等。从清末至民国，墨耕堂刻印的线装书行销川省各州县，直至 1937 年前后才因经济不景气歇业。

2 《钦定春秋传说汇纂》三十八卷首二卷

《钦定春秋传说汇纂》是（清）王掞等撰，清道光十八年（1838 年）成都刻本。线装，共二十四册，半页八行，行十九字，小字双行，行二十一字，白口，四周双边，单黑鱼尾，无界格。版心上方镌"钦定春秋传说汇纂"，中镌卷次及小题，下镌页码。书名页为单页黄纸，题"道光戊戌年重镌/钦定春秋传说汇纂"。卷首有康熙六十年（1721 年）御制序。《钦定春秋传说汇纂总裁校对分修校刊诸臣职名》后刻有"署理四川总督臣苏廷玉重刊"。《钦定春秋传说汇纂》系康熙朝所修"四经"之一，文渊阁大学士兼礼部尚书王掞任总裁，奉旨"敕修于康熙五十四年正月前后，修成于五十七年，而刻于康熙六十年"。后与康熙朝敕修的《御纂周易折中》《钦定书经传说汇纂》《钦定诗经传说汇纂》及乾隆十三年（1748 年）敕修的《钦定三礼

义疏》合刊成《御纂七经》，是清代御纂、钦定诸书中主要的经学书籍之一。王掞
（1645—1728 年），字藻儒，江南太仓（今属江苏）人，明大学士王锡爵孙。康熙九
年（1670 年）进士，选庶吉士，授翰林院编修，累历工、兵、礼诸部。康熙五十一
年（1786 年）授文渊阁大学士，兼礼部尚书。王掞又号西田主人，著有《西田集》
等。其事迹具《清史稿》（卷二百八十六·列传七十三）。此书是苏廷玉主持重刊的
《御纂八经》（一说为九经）之一种。苏廷玉（1783—1852 年），字韫山，号鳌石，
晚号退叟，清泉州府同安县（今属厦门市）人。嘉庆十三年（1808 年）举人，十九
年（1814 年）进士。道光十八年（1838 年），"秋七月戊申，刑部尚书鄂山卒，以宝
兴为刑部尚书，苏廷玉署四川总督……十一月……壬子，以宝兴为四川总督"。苏廷
玉由布政使代理总督仅约四个月，刻"《御纂八经》，计板片连封面共七千九百六十
一块，木架十四架，存文翁祠。"清朝统治者因文治教化的需要，一方面大兴"文字
狱"；一方面又在皇帝（主要是康、雍、乾三朝）的亲自主持下，搜集各种儒家经典，
制定政治标准，以"御纂、钦定"之名重新进行编纂、注解，以求达到统一思想，
进一步巩固自己的统治地位的目的。为扩大这些书籍的影响，清廷多次向各省颁发
这些御纂、钦定书籍，并要求各地督抚自行刊刻，作为标准教材颁发给书院及府、
州、县学以作讲习之用。这就不难理解苏廷玉在短时间内就刻印了如此多的御纂、
钦定经学书籍。苏廷玉宦海沉浮三十年，为官卓有政声，著有《从政杂录》《亦佳室
诗文钞》等。其好刻书，除刻印宋苏颂《苏魏公文集》等十数种苏氏先人遗著外，
还捐资刊刻官献瑶《石溪读周官》及孙经世著作。

3 《四书反省录》七卷《续录》一卷

（清）李颙述，（清）王心敬录，清光绪十一年（1885）四川礁务官舍刻本。线
装，共二册，半页十行，行二十四字，下黑口，左右双边，单黑鱼尾。版心上方镌
"四书反身录"，中镌卷次及小题，下记页码。书名页为整页，正面题"四书反省录"，
背面题"光绪十有一年十月校刊于四川礁务官舍"。卷首有光绪十一年（1885 年）
文天骏序，次康熙二十五年（1686 年）许孙荃序，次王心敬序，次《国史儒林传》。
正文首卷卷端题"四书反身录/二曲先生口授/鄠县门人王心敬录"。《续录》卷前有
康熙四十一年（1702 年）李隅门人贾缔芳、程伊藻合序。正文卷端题"四书反身续
录/二曲先生口授/鄠县门人王心敬录"。《四书反身录》一书系李颙教人读"四书"
反身实践之语，由其门人王兴敬辑录而成。李颙认为："孔、曾、思、孟，立言垂训，
以成"四书"，盖欲学者体诸身，见诸行。充之为天德，达之为王道，有体有用，有
补于世。否则假途干进，于世无补，夫岂圣贤立言之初心，国家期望之本意耶？"
并主张读《四书》者，"一人肯反身实践，则人欲化为天理，身心平康；人人肯反身

实践，则人人皆为君子。世可唐虞，此致治之本也"。其说充分体现了他躬体力践，经世致用的儒家实学思想。《四库全书存目》著录此书为"六卷续补一卷"；新都区图书馆藏牛树梅同治五年（1866 年）刊《李二曲先生全集》为"十四卷续录二卷"。李颙（1627—1705 年），字中孚，盩厔（今陕西周至县）人，清初著名理学家。李颙曾讲学江南，后主讲关中书院，"布衣安贫，以理学倡导关中，关中士子多宗之"。其门徒众多，与浙江余姚黄宗羲、直隶蓉城孙奇逢鼎足称三大儒；又与富平李因笃、眉县李柏被关中儒者尊称为"三李"。李颙又号二曲，其主要著作收入《李二曲先生全集》。其事迹具《清史稿》（卷四百八十·列传二百六十七·儒林一）。王心敬（1656—1738 年），字尔辑，陕西鄠县人。从 25 岁起，师从李颙潜心理学十余年，为李颙得意门生。他曾应湖北巡抚陈铣之邀，讲学于汉江学院。乾隆元年（1736 年），举孝廉方正，他以年老有病拒绝赴京为官。王心敬又号丰川，他一生无意仕途功名，专心致学，著述甚丰，著有《丰川集》《丰川易说》《关学编》等数十部著作。这部书是清光绪十一年（1885 年）四川盐务局刻印的，较稀见。与它本卷数略有差异，《大学》《中庸》合为一卷，《论语》五卷，《孟子》一卷，共计七卷，另《续录》一卷。书前文天骏序曰："同志夏子菽轩亦私淑先生者，因与商榷重刻……是书向附先生全集后，今刻为单行本，意使寒畯易于购读也。""夏子"即夏时（1834—1906 年），字菽轩，湖南桂阳人，同治三年（1864 年）举人，历任江西、陕西巡抚，兵部侍郎、都察院右副都御使等官职；御赐一品封典，诰授光禄大夫，建威将军，是晚清新政时期颇有治绩的一位地方督抚大员。光绪八年（1882 年）丁宝桢调夏时赴四川总办滇黔边记盐务，掌四川（盐务）官运局十五载。文天骏，字云衢，贵州清镇人。清同治六年（1867 年）举人，领乡荐，入京供职刑部。光绪二年（1876 年）丁宝桢督川，奏调差遣帮办（盐务）官运局，以道员试用。该书系夏时和文天骏二人在四川盐务局任上所刻，版式阔大，字大板朗，具有典型的官刻书风格。

4 《说文解字注》三十卷附《六书音均表》二卷

（清）段玉裁撰，清光绪三年（1877 年）成都尊经书院刻本。线装，共二十四册，半页九行，行二十二字，小字双行同，白口，左右双边，单黑鱼尾。版心处镌篇次、页码。书名页为整页，正面题"说文解字注/六书音均表坿"，背面题"光绪三年成都尊经书院重刊经韵楼本"。卷首有嘉庆十三年（1808 年）王念孙序，次嘉庆十九年（1814 年）江沅后序、二十年（1815 年）陈焕跋，次乾隆五十一年（1786 年）卢文弨序，次《说文解字注分卷目录》。卷三十后附其弟子陈焕编《说文部目分韵》一卷。书后附《六书音均表》二册，版式与前书不同，半页十行，行二十字，小字双行二十九字，白口，四周单边，单黑鱼尾。卷首有乾隆三十五年（1770 年）

钱大昕原序，次乾隆三十八年（1773 年）戴震《戴东原先生来书》、四十年（1775年）段玉裁《寄戴东原先生书》，次乾隆四十二年（1777 年）吴省钦序。次《六书音均表目录》，题署"四川候补知县前贵州玉屏县知县臣段玉裁记"。《说文解字注》，清段玉裁撰，全书分三十一篇，凡三十卷。此书为段氏研究文字学之代表作，积四十年精力，终成此书。特点在阐明许学体例，使读者能领悟原著旨意。东汉经学大师许慎所撰《说文解字》是中国第一部系统分析汉字字形和考究字源的字书，也是世界上最早的字典之一。但许书重在析形，而段注音形义并重，以音韵为骨干进行训诂，创见颇多，用以修订许说。在清代众多研究《说文》的著作中，以《说文解字注》影响最为深远，王念孙评价其为"千七百年来无此作也"。

段玉裁（1735—1815 年），字若膺，号茂堂，江苏金坛人。早年师事戴震，乾嘉学派中著名文字训诂学家。乾隆二十五年（1760）举人，曾任贵州玉屏，四川富顺、南溪、巫山等地县令。46 岁时，在巫山县任上以父母年迈多病、自身有疾为由辞官归故里，卜居苏州枫桥，潜心著述。段玉裁博览群书，由经学治小学，一生以著述为乐，著述宏富。著有《说文解字读》五百四十卷、《毛诗古训传》三十卷、《古文尚书撰异》三十二卷、《春秋左氏古经》十二卷、《六书音均表》五篇等。《六书音均表》也是段玉裁代表作之一，戴震赞其为"自唐以来，讲韵学者所未发"。嘉庆二十年（1815），段玉裁在贫病交加中去世，卒年八十一。王念孙闻讯，叹曰："膺死，天下遂无读书人矣！"其事迹具《清史稿》（卷四百八十一·列传二百六十八·儒林二）。

这部书是清光绪三年（1877 年）成都尊经书院刊刻的，是尊经书院早期所刻书籍之一，主要作为书院教材，供学生讲习之用。光绪元年（1875 年），四川总督吴棠和学政张之洞应地方热心教育事业人士的请求，开办尊经书院，院址设在成都南校场内。光绪五年（1879 年），时任山长王闿运创办"尊经书局"，大量刻印各种书籍，除书院学生自用外，还向社会各界发行。尊经书院拥有雄厚的编辑力量，所刻之书选本认真，校勘精审，均精工雕版，款式精良，流传较广，是四川书院刻书系统中的佼佼者。该书院出版的《说文解字段氏注》《书目答问》《春秋经传集解》《尚书今古文注疏》《礼记笺》等受到学界的好评。光绪二十八年（1902 年）与另一所四川官办学府锦江书院同时结束，改为四川省高等学堂，存续时间仅二十七年。

5 《尔雅注疏》十一卷

（晋）郭璞注，（宋）邢昺疏，清光绪二十二年（1896）渝城善成堂刻本。线装，共五册，半页九行，行二十一字，小字双行同，白口，左右双边。版心上方镌"尔雅疏"，中镌卷次及页码。书名页为整页黄纸，正面题"尔雅注疏十一卷"，背面题

"光绪廿乙年孟秋月渝城善成堂刊"。卷首刻有《钦定四库全书提要》。正文首卷卷端题"尔雅注疏/晋郭璞注/宋邢昺疏"。《尔雅注疏》是对《尔雅》的注解之书,由晋郭璞作注,宋邢昺作疏。《尔雅》可以说是中国最早的一部词典。它是一种故训汇编,撰者不详,非经一时一人之手,大体由汉初学者缀辑周秦诸书旧文,递相增补而成。今本有十九篇,一至三篇释一般词语,四至十六篇释各种名词,是考证词义和古代名词的重要文献资料。《尔雅》对后世影响很大,至唐宋时成为"十三经"之一。在郭璞之前就有刘歆、樊光、李巡等多人为《尔雅》作注。《十三经注疏》中的《尔雅注疏》采用的是郭璞《尔雅注》和邢昺的《尔雅疏》,后世向以《十三经注疏》本最为通行。

郭璞(276—324),字景纯,河东闻喜(今山西闻喜县)人,是两晋时期著名文学家、训诂学家。郭璞"好经术,博学有高才,词赋为中兴之冠"。有文集十七卷(《唐书·经籍志》作十卷)。又注《尔雅》《山海经》《三苍》《方言》《穆天子传》《楚辞》及《子虚》《上林赋》,又著有《葬经》《玉照定真经》等风水术数之书,都数十万言,明人辑有《郭弘农集》。其事迹具《晋书》(卷七十二·列传四十二)。邢昺(932—1010年),字叔明,曹州济阴郡(今山东曹县)人,北宋学者、教育家。宋太宗太平兴国初年,以通九经及第,历任国子监博士、国子监祭酒、礼部尚书等官职。邢昺一生虽然担任过许多官职,但在国子监任职从事教学实践活动长达三十余年。在讲经之余,著有《论语疏》《尔雅疏》《孝经疏》,后与何晏《论语注》、郭璞《尔雅注》、李隆基《孝经注》合为《论语注疏》《尔雅注疏》《孝经注疏》收入《十三经注疏》。

这部书是清光绪二十二年(1896年),重庆善成堂所刻单行本。善成堂由江西人傅金铎于康熙末年(一说约在乾隆十五六年间)创办于重庆长江南岸鲤鱼湾,市区店面先在学道街,后迁陕西街。从道光初年起先后在北京、上海、浒湾(今江西)、济南、东昌(今山东聊城)、汉口、沙市、成都、广安等地,开设十八处分庄。该堂在大型书坊中具有代表性,刻印的书分经、史、子、集、医、卜、星、相和地理九大类,行销全国。总号历经傅家几代人经营,直至1945年停业,存续约二百年。

参考文献

[1] 四川省地方志编纂委员会. 四川省志·出版志(上下册)[M]. 成都:四川人民出版社,2001.

[2] 张忠. 民国时期成都出版业研究[M]. 成都:巴蜀书社,2011.

[3] 王丰先.《钦定春秋传说汇纂》纂修时间考正[J]. 中国典籍与文化,2009(2).

［4］ 赵尔巽，等. 清史稿[M]. 北京：中华书局，1977.

［5］ 李承熙. 锦江书院纪略[O]. 清咸丰八年成都锦江书院刻本.

［6］ 李颙. 四书反省录[O]. 清光绪十一年四川矇务官舍刻本.

［7］ 王念孙. 说文解字注序[O]//段玉裁. 说文解字注. 清光绪三年成都尊经书院刻本.

［8］ 王孝源. 清代四川木刻书坊述略[M]//四川省新闻出版局史志编纂委员会. 四川省新闻出版史料（1）. 成都：四川人民出版社，1992.

［9］ 谭正璧. 中国文学家大辞典[M]. 上海：上海书店，1981.

浅谈县级公共图书馆地方文献的整理与利用

杨　蓉

（大邑县图书馆　四川成都　611330）

【摘　要】　地方文献记载着地方文化的发展史。地方文献的整理和利用有助
于推动地方文化的继承和传播。本文分别对地方文献的整理和开
发利用做了阐述，并就如何做好此项工作提出具体意见。

【关键词】　地方文献；整理；利用

地方文献是人们了解历史文化的重要途径。随着社会的发展，地方文献在当地经济建设、旅游产业开发、人文科学等方面发挥着重要作用，也是一个地区的历史、现在和未来的记录者，更是了解一个地区最快速的方法。

1　地方文献的收集整理

地方文献的收集、整理是一项重要工作，也是一项长期的、战略性的任务。

1.1　根据本地区的实际情况，确定地方文献的收藏范围

地方文献是反映一个地区历史现状的全部文献的总称，其特点是：地方特色突出，资料性强，涉及面广、类型多，品种杂。其范围大体包括以下几个方面：

地方著述：本地人士的著述，不论是否在本地出版；包括原籍为该地，虽原籍非该地但在本地任职、居住，并有一定影响的古今人士的著作、译著、论文、各类文学艺术作品等，不论汇集成册与否均在其列。

地方出版物：包括本地党政机关、群团组织、企事业单位、出版机构、大中学校及各种学会和协会等编辑出版的各种正式出版物及非正式出版的各种资料（包括油印本、复印本）。

论及该地方的著述：凡内容论述本地方的一切有价值的中外文专著书刊资料

（作者、出版者不限于本地区）均属其范围之内。地方志、地方风情、地方概况和地方史等，是这类著述中的重要组成部分，尤应着力收集。明确了收藏范围，使地方文献收集工作的目标明确，再据以制定出实施细则，更有利于收集工作的深入开展，并取得较大的成效。

1.2 建立专门小组或设专人负责，长期坚持开展工作

地方文献的收集是一项长期性工作，不可能在短期内完成。因此，必须制订出长远的和近期的工作计划，按计划分阶段开展工作，才能保持收集工作和所征集文献的连续性。有条件的图书馆，可安排专人负责地方文献工作。起步之前，一方面在馆内摸清已入藏的地方文献情况，另一方面到社会上广泛了解文献线索，作为制订工作计划的依据，经过认真分析，分出轻重缓急，从而制订出切实可行的工作计划，既有长远目标，又有近期安排，使收集工作有计划、分阶段地开展。

2 地方文献的开发利用

2.1 建立健全地方文献数据库，促进地方文献资源共享

随着时代的发展，图书馆在地方文献资料的收集与整理工作中应顺应时代潮流，建立地方文献数据库，完成从线下到线上的转变，跟上时代的步伐，更好地解决读者工作时间长、阅读时间紧的现状。收集整理人员所收集整理的地方文献入库后，将与入库单位的系统形成地方文献资料数据库，这些文献资料将被永久保存在地方文献资料数据库中。然后，地方文献收集整理人员对这些地方文献资料进行规范整理，做好分类和编目工作，选择最佳的存储方式方法，并通过扫描或数码摄影等方式进行地方文献资料数字化管理，以便于日后查阅和整理。这不仅是地方文学发展领域的一个突破，也将带动人们的阅读热情，提高人们的精神文化素养。同时，也应重视文献检索系统的建立。地方文献往往数量众多，内容混杂，不能很好地查询相关内容。图书馆工作人员应创建相应的书目、索引、摘要、标题等，以便节省读者查找时间。

2.2 立足馆情，确定重点，形成地方文献特色，设立具有鲜明地域特色文化的地方文献专架

大邑文化底蕴深厚，地域民俗特色鲜明，境内有三国文化（子龙祠墓）、道源文化（大邑鹤鸣山中国道教发源地）、佛教南传文化（雾中山佛教南传第一站）、民国

建筑文化（安仁民国公馆）、红色文化（西岭镇横山岗红军战斗遗址）。为进一步加强大邑地域文化研究阐释工作，巩固地域文化探源成果，服务于地方社会经济建设，大邑县图书馆设立了三国文化（子龙祠墓）地方文献专架、道（佛）教地方文献专架、古镇（安仁、新场古镇）地方文献专架、红色文化（横山岗红军战斗遗址、党史）专架。这种分架展示地方文献的方法，极大地方便了读者对地方文献的查阅和利用。

2.3　开发馆藏地方文献

大邑县历史悠久，地域广阔，文物璀璨，人文荟萃，素有"蜀之望县"的美誉。乡邦人士留下丰富的文献，境内人文景观、自然景观十分丰富，可供开发的旅游景点达 251 处，其中寺、观、洞、山、水等特色资源极具开发价值。图书馆地方文献部组织编辑大邑名胜丛刊，特聘请卫复华老先生任主编，汇集县内文学、教育、考古、宗教界等数十位知名人士，充分利用馆藏地方文献资料，经过大量资料采集，考察走访，相继编写了《雾中山艺文》《大邑名胜拾遗》《大邑佛教志》《鹤鸣山志》等 21 册大邑名胜专辑系列，让读者从全新的角度去理解大邑历史，为更好地宣传大邑、发展大邑文化旅游提供了新的思路，被认为是开拓性的大邑县地方文献资料，提升了县图书馆的形象与地位。大邑县新场镇是中国历史文化名镇，为了打造名镇亮点，加大古镇人文景点建设，委托县图书馆编写新场籍原川军总司令刘成勋传记。县馆在多年的地方文献开发实践中，坚持注重依托丰富的馆藏地方文献资源，以突出大邑地方特色，努力满足读者和社会的普遍需求为宗旨，取得了一定的社会效益。

2.4　利用地方文献，会同有关部门共同开发本地资源

图书馆与相关部门共同承担和完成本地课题，编辑有关信息资料，也是地方文献利用的一个好形式。近年来，大邑县图书馆根据本地经济和社会发展的实际需要，利用地方文献资料内容的广泛性，进行针对性的整理，编辑系列地方文献丛书，与县政协文史委联合编辑——"魅力大邑"系列丛书，先后编写完成《人文宗教》《古镇风物》《风土人情》《山川胜迹》4 部专辑，对地方工作和经济发展起到了一定的推动作用，同时也促进了地方文献资料的进一步开发和利用。

2.5　不断提高职工业务知识水平和服务技能

随着地方文献的开发和利用，想要促进地方文献工作的开展，地方文献工作人员不仅要有高度的责任感和强烈的事业心，而且还要具备一定的文学素养和掌握现

代化管理的能力，要对当地的文化、生活、历史、民族宗教等进行了解。因此，图书馆要制订长远的人才培养计划，对地方文献工作人员进行系统的专业教育和培训。

总之，地方文献的整理与利用是一项艰巨而琐碎的工作，地方文献资料的收集和整理还有很长的路要走，我们要充分开发和利用现有的地方文献，真正做到藏以致用，并尽全力将地方文献工作做到最好。

参考文献

[1] 任小骏 . 地方文献的收集整理和开发利用[J]. 图书馆建设，2017（3）.

[2] 曹山 . 浅谈县级公共图书馆地方文献的开发和利用[J]. 图书馆，2010（10）.

浅谈地方文献资料的收集与整理

万竞波

（大邑县图书馆　四川成都　611330）

【摘　要】 地方文献是记录一个地区经济、文化、历史、教育等方面的载体，也是一个地区的历史、现在和未来的记录者，是了解一个地区最快速的方法，能够深刻地展示当地的历史、风俗、特色和其他特色文化，对当地未来的发展具有重要的参考价值。因此，许多文献收藏部门开始重视地方文献的收集和利用，但地方文献资料的收集与整理中仍有许多问题需要解决。本文将对此进行探讨，并提出合理的地方文献资料的收集与整理措施，希望能对收集和整理人员有所帮助。

【关键词】 地方文献资料；收集与整理

1　地方文献资料收集与整理存在的问题

1.1　相关部门领导重视不够，资金不足

由于对地方文献认识的僵化和不全面，很多人不明白为什么要广泛收集地方文献，包括相关的地方领导，他们对地方文献重视不够，了解不够，所以不会为收集工作提供资金和其他帮助。然而，地方文献的收集离不开上级部门的财政支持，经费短缺已成为文献收集中的最大问题。

1.2　缺乏人力投入

目前，大多数地方文献资料的收集与整理工作缺乏可用的人员，地方文献资料的收集和整理往往由一些工作人员单独完成。由于地方文献资料的收集与整理工作不被重视，工作人员似乎可有可无，导致地方文献资料的收集与整理工作很容易出错，造成不必要的资金损失。

1.3 地方文献资料概念的定义不够明确

要做好地方文献资料的收集与整理工作，首先要了解地方文献的收集范围和地方文献的概念。如果收集整理范围不确定，往往会出现文献资料收集整理内容的错漏和收集的不完善，不仅浪费人力、物力，并且容易收集到许多无用的文件。

1.4 收集渠道复杂

一个地区的文献资料众多，且种类也比较多，有的是报纸，有的是笔记或者其他记录；地区分布也比较分散，比较不容易被发现，可见收集渠道非常复杂，再加上相关部门不重视和人力物力投入较少，则导致地方文献资料的收集与整理工作开展困难。

2 地方文献资料收集与整理中问题的对策

2.1 寻求当地政府的支持

在地方文献资料的收集与整理工作开展之前，要向地方政府明确收集与整理地方文献资料的重要性，争取上级政府的支持，确保地方文献资料的收集与整理工作的经费不被挤占。同时，在政府的帮助下，我们也可以更好地收集文献整理。

2.2 确立地方文献的明确定义

由于不同地方对地方文献的理解不同，收集和整理的内容也不同。因此，界定地方文献资料的概念就是把握地方文献资料收集与整理的范围，这是做好地方文献资料的收集与整理工作的前提。地方文献资料涉及面广，相关工作者应注意去其糟粕，取其精华，减少人力物力的浪费。

2.3 提高思想认识

文献资料的收集和整理是相关部门文献管理的重要组成部分，也是相关部门管理规范化发展的有效保障。在收集整理地方文献数据的过程中，长期存在文献数据不真实、不完整，这往往是因为对文献资料的收集整理缺乏认识和重视[1]。因此，有关部门应做好地方文献收集和整理的宣传工作，尤其是提高地方文献资料收集整理部门以外的其他部门的认识。所以，有关部门要充分认识收集整理地方文献资料的重大意义。

2.4 加强领导

在地方文献资料收集整理单位内部，要加强合作，加强请示，形成合力。根据地方文献资料收集整理工作安排，细化收集整理工作任务，明确收集整理标准要求，并指定专人负责，坚持到底。另外，要采取实事求是、科学严谨的态度和方法，确保数据来源的准确性，全面、客观、真实地记录地方风土人情，按时、保质、保量地完成地方文献资料的收集和整理工作。各级文献资料管理部门可以组织和派出地方文献资料收集整理人员深入基层，进而加强地方文献资料的收集整理，指导地方文献资料收集整理工作，确保地方文献资料收集整理工作在地方上的推进。

2.5 加强工作团队建设

要做好地方文献资料收集整理工作，必须依靠文献资料收集整理人员的参与和支持，因为他们是这项工作的参与者和执行者。首先，有关部门要做好地方文献资料收集整理人员的思想教育工作，定期组织内部地方文献资料收集整理人员进行学习和交流，提高他们对地方文献资料收集整理工作的认识，使他们真正了解这项工作的内涵和重要性。其次，要做好相关部门地方文献资料收集整理人员的培训和技能提升工作。鉴于数字文献管理的不断发展，应有效巩固地方文献资料收集整理人员在信息和数据处理方面的能力水平，可以在收集工作开展之前，组织相关人员进行信息化培训，掌握一定的信息化办公技能方可进行下一步的收集或整理工作，以为地方文献资料收集整理工作奠定基础。

2.6 建立健全地方文献收集整理机制

为了做好地方文献的收集和整理工作，必须要完善相关机制。首先，相关部门在收集整理地方文献资料时，应建立统一的监管机制，建立规范的地方资料收集和整理流程，督促地方文献资料收集整理人员严格按照监管流程进行地方文献资料的收集和整理。其次，为加强地方文献收集和管理的技术投入，相关部门应提供一定的资金，保证地方文献收集整理的信息化建设和数据建设，借助相关的计算机网络技术来提高地方文献收集整理人员的收集整理效率和质量[2]。应注意的是，一定要建立相关保障机制，从而确保地方文献收集整理工作的顺利实施，如不断完善地方文献收集整理人员的监督管理机制，通过有效的监督管理，确保地方文献收集整理工作的科学化、规范化。

2.7 地方文献资料信息化管理

近年来，网络发展很快，地方文献资料的收集与整理部门应该顺应时代潮流，建立地方文献数据库，完成从线下到线上的转变，跟上时代的步伐，更好地解决读者工作时间长、阅读时间紧的现状。收集整理人员所收集整理的地方文献入库后，应与入库单位的系统形成地方地方文献资料数据库，以永久地保存这些文献资料；然后由地方文献收集整理人员对这些地方文献资料进行规范整理，做好分类和编目工作，选择最佳的存储方式方法，并通过扫描或数码摄影等方式进行地方文献资料数字化管理，以便于日后查阅和整理。这不仅是地方文学发展领域的一个突破，也将带动人们的阅读热情，提高人们的精神文化素养。同时，也应重视文献检索系统的建立。地方文献往往数量众多，内容混杂，不能很好地查询相关内容。图书馆工作人员应创建相应的书目、索引、摘要、标题等，以便节省读者查找时间。

2.8 群众性收集

单单靠政府工作人员收集文献资料是远远不够的。一般来说，文献资料种类多，涉及广泛，相应的文献资料也比较多，且分布比较散，收集困难大。针对这个问题可以进行广泛宣传，或者开展相关文献资料征集活动。在政府的支持下，可以开展相应的宣传活动，如举办地方文献展览，以展示地方特色、文化、历史、民俗等内容，或举办座谈会等活动，向广大人民群众介绍地方文献资料的重要性，说明收集地方文献资料的紧迫性，让广大人民群众知道地方文献资料的不可替代性。充分调动广大人民群众的积极性，带动广大人民群众自发收集和整理地方文献整理，从而形成良性循环，彻底带动地方文献资料的收集和整理工作。还要对征集上来的地方文献资料进行编号，向捐赠者颁发证书，通过广泛宣传和征集活动，可以收集最全、最详细的地方文献资料，同时也能巩固群众基础，增强文化认同感。

3 结 论

地方文献具有深远的历史意义和重要的参考价值，然而由于种种问题，地方文献资料收集和整理工作长期没有得到发展。主要原因是人力物力严重不足，人们对它的重视程度远远不够，无法为地方文献资料的收集和整理提供足够的支持。可见，地方文献资料的收集和整理还有很长的路要走，存在的问题需要尽快解决，从而有效推动地方文献资料收集和整理工作的开展。

参考文献

[1] 陆志华. 小议新时期县级图书馆地方文献收集工作[J]. 低碳世界，2019，9（12）.

[2] 陈亚娜. 地方文献资料的收集整理与利用[J]. 河南科技，2009（10）.

PART FOUR

公共图书馆数字化建设

浅论智慧图书馆建设的构成要素

薛鸿雁

（成都图书馆 四川成都 610041）

【摘　要】 互联网时代的万物互联，让图书馆迈进了智慧化时代。读者与图书馆之间、图书馆与藏书之间、藏书与读者之间、读者与馆员之间的角色不断变化，产生了更加广泛的交融。构建智慧图书馆，就是以物联网为基础，以协同共享立体互联为技术支撑，以智能化物件为载体，使图书馆服务智慧化。笔者试述了智慧图书馆的内涵、特点，并着重就智慧图书馆的构成要素进行了论述。

【关键词】 智慧；图书馆；构成要素

1　智慧图书馆的内涵

学界一般认为，"智慧图书馆"一词最早是在 2003 年发表的《智慧图书馆：基于位置感知的移动图书馆服务》中提出的。2015 年，中国政府提出"互联网 +"战略，由此陆续开始了智慧城市、智慧交通、智慧医疗、智慧教育建设，"互联网 + 图书馆"建设也陆续在各大图书馆开始探索和实践。随着大数据、云计算、物联网技术的蓬勃发展，"互联网 + 图书馆"建设又不断吸收整合这些新科技、新技术，由此开始了真正意义上的智慧图书馆建设。

结合智慧图书馆建设的实践，有的学者认为"智慧图书馆是以数字化、网络化、智能化的信息技术为基础，以互联、高效、便利为主要特征，以绿色发展和数字惠民为本质追求，是现代图书馆创新发展的理念与实践"，有的学者认为"智慧图书馆是利用物联网技术、智能感知设备通过对信息用户的数据进行采集和分析，为用户主动提供信息服务的新一代图书馆模式"。纵观各种定义，比较一致的认识就是智慧图书馆的建设基础就是新信息技术。笔者认为，智慧图书馆就是利用新信息技术（包括物联网、云计算、大数据、5G 等）实现馆与书、书与人、人与馆之间互融互通、相互感知、相互呼应的新形态图书馆。通过将数字化图书馆和物联网、感知设备、大数据分析等有机整合，实现馆、书、人集于一个系统，实现图书馆智慧化的服务和体验、智慧化的调控和管理。

2 智慧图书馆的特点

2.1 深度数字化

智慧图书馆信息资源均以数字形式存放，读者可以在任何时间、任何地点、通过各种方式各种设备获取信息资源。智慧图书馆数字资源通过智慧管理不仅方便查找定位，还可通过云计算对海量的信息和数据进行挖掘分析。

2.2 全面互联化

智慧图书馆通过射频识别、红外感应、5G 等技术，将藏书与互联网连接，实现互联互通。这样的物联颠覆了传统图书馆开馆闭馆的时间限制、到馆离馆的空间限制，实现随时随地通过手机、电脑、平板等各种终端设备访问藏书。智慧图书馆通过获取读者的借阅记录，通过大数据分析，可以判断出读者的阅读偏好、阅读习惯等信息，从而更有效、更个性、更全面地向读者提供服务，实现服务的主动化、智能化、自动化。

2.3 充分感知化

智慧图书馆通过信息技术将藏书与读者、馆员整合串联、智能连接，实现各类碎片化信息全面分析读取、感知运用，从而实现信息感知的全覆盖，为读者提供更智慧、更高效、更准确的服务。

2.4 协同运行化

智慧图书馆通过各种智能设备和信息技术，大数据分析跨部门、跨地区的信息，重新定义管理模式，将所需信息准确提供给需求人，从而达到最佳运行状态。尤其是通过互联网、物联网、云计算、云存储将信息发布在网络平台上，实现信息的共享共用、有机整合，加速信息从点到线、到面、到立体的转变，实现图书馆服务与管理更高效、更便捷的协同化运行。

3 智慧图书馆的构成要素

3.1 数字资源是基础

智慧图书馆服务的核心在于用户的需求，尤其是对数字资源的需求、对数字资源的建设整合，相较传统图书馆更具重大意义。数字资源，就是将纸质书籍、文献通过技术手段，转化为数字形态的资源。图书馆可以根据读者反馈的需求，有选择性地将重点优质书籍，在充分保障知识产权的前提下，运用技术手段编辑整理为数字化资源。对读者有需求，馆藏没有的资源，一方面可以选择购买和合作的方式取得，如通过包库、授权访问、网络共享等方式扩大馆藏数字资源；另一方面可以通过合作共享，组建数字图书馆区域共享平台、共享联盟等，做到资源共享、共建共享。数字资源还应注重特色馆藏的建设。图书馆可以通过自建、购买服务的方式，将自身有影响力的、有自身特色的形成数字资源，做强做精，形成自身独有的品牌，以避免服务的同质化，提升服务的竞争力，形成特色亮点，如成都图书馆建立的"锦城讲堂""蜀风雅韵"等特色数据库。数字资源的建设应适应新时代新阅读的要求，在建设时就应该遵循满足 PC 端、智慧终端、移动终端均可访问使用的原则，实现一次制作，多点访问使用，避免重复建设，做到服务最大化、成本最小化，尽可能方便读者，提升阅读体验。

3.2 信息技术是关键

智慧图书馆构建的关键，是云计算、大数据、物联网、RFID 射频识别技术、5G 技术等新信息技术。

云计算通过对海量数字资源的分析处理，结合大数据技术、云存储技术，将图书馆海量数字资源存储在云端，读者通过大数据分析和云访问，直接迅速、有效地获取准确资源，实现了数字资源的最大最优共享，为图书馆服务提供了强大助力。

物联网是智慧图书馆信息技术的根基，也是云计算、大数据计算分析的依托，它通过传感器、RFID 射频识别技术等信息识别设备，将各类数字资源、设备、读者、馆员通过互联网连接在一个系统中，实时采集任何需要的信息，实现物、人及网络的互联互通，达到高效低耗、灵活便捷的实时共享数据，提高资源的利用率。

RFID 射频识别技术是智慧图书馆建设的核心技术，其工作原理为在阅读器与标签之间进行非接触式的数据通信，达到识别目标的目的。随着技术更新，RFID 已经不再局限运用在纸质文献上。现在 RFID 射频识别技术已经运用到图书馆各类公用设备，将这些设备标签化后，可以将所有资源接入物联网，真正实现馆与书、书与人、人与馆互联。

5G 技术在智慧图书馆建设中，更起到了中间润滑体的作用，它将各类技术更加流畅、更加高效地黏合为一个整体。比如因加载缓慢体验不佳的借阅导航、无感借阅等服务在 5G 技术的支撑下就可以完美呈现，并提供给读者。

此外，其他一些新型智能化设备，如 AR、机器人等新型设备在建设智慧图书馆中也起到了独特作用。

3.3 场景应用是目的

智慧图书馆的建设，会颠覆一些传统图书馆的借阅经验，解决一些传统图书馆想解决而无法解决的具体事务，实现图书馆服务的创造性提升。从某种意义上讲，智慧图书馆建设的目的，就是实现这些更迅速、更准确、更愉悦的借阅体验。下面举几个智慧场景应用，来体会一下新的借阅感受。

3.3.1 智能咨询

传统图书馆提供的咨询主要通过电话、网站、微信、微博等，这些咨询均由咨询人主动向图书馆发问，图书馆回答，完成咨询。而智慧图书馆可以通过大数据分析，将最常见的或者读者最感兴趣的信息主动发送给读者，从而有效提高数字资源利用率，提高服务质量，优化读者体验。

3.3.2 智慧借阅

智慧借阅是通过人脸识别技术，在读者入馆后即与图书馆后台管理控制系统连接并确认读者身份，读者可在允许的范围内自由通行，并享受书籍借阅、资料查询、选取座位等服务，这样既能减少图书馆人力投入，又能节约读者时间。

3.3.3 智慧导航

在传统图书馆，读者有时要想找到目标书籍的准确位置虽然理论上可行，但实际借阅中经常发生目标书籍未在应在位置的情况，最终造成无法查找到目标书籍的情况。而在智慧图书馆中，读者可以根据手机 APP 或图书馆智能终端查询到目标书籍的准确定位，这样能大大提升读者的借阅愉悦感和成功率。智慧导航还可以定制 AR 功能，将书籍的视频、音频资料实时呈现给读者，让读者有更为直观的感知。

3.3.4 智慧阅读室

智慧图书馆通过 5G 技术和应用 VR 技术，给读者提供主题阅读室。这个阅读室与图书馆智慧管理系统连接，综合利用 5G 技术高效快速地为读者提供数字资源的搜索抓取，再利用 VR 技术在阅读室以虚拟现实的方式呈现给读者，提升读者的阅读体验。

3.3.5 智慧报告厅

智慧图书馆可以 5G 技术提供高速稳定的网络传输，将传统图书馆开展的学术报告、主题讲堂等大型活动以 VR 技术形式进行展现，有的甚至可以进一步完善 VR 渲染，提升互动体验，完善用户的体验。

3.3.6 智慧推送

智慧图书馆可以根据大数据分析，对每个读者历史阅读特点、阅读兴趣和学科背景进行分析，向读者进行精准推送，减少读者选择书籍的时间。

3.3.7 智慧机器人

智慧图书馆可以安置 AI 机器人，通过实时连接机器人系统与图书馆业务系统，为读者提供咨询、导航服务。此外，AI 机器人还可以运用自身预置的功能，进行书籍扫描、信息预判、书籍定位、书籍移动等功能，协助馆员进行书籍盘点、运送、上架，提高工作效率和服务质量。

4 智慧馆员是纽带

智慧图书馆的建设中，硬件的建设必不可少，但最终还是要靠人来完成，这就离不开图书馆馆员。智慧图书馆提供的是智慧服务，馆员更应具备实现提供智慧服务的能力。智慧馆员不但应具备比较高的专业素养、业务水准和具备图书情报专业背景，更应对大数据、物联网、云计算等新技术有一定深度的了解和理解，并具备熟练操作智慧设备的能力。只有这样，才能发挥好读者和智慧图书馆之间的纽带作用。

5 结 语

智慧图书馆建设的初心是带给读者更完善的阅读体验，带给读者更优质的服务。建立在新信息技术基础上的智慧图书馆，随着技术的进一步发展，随之也会不断发展，其构成要素也将不断增加完善，变得更加智慧。这就要求图书馆不断以读者需求为导向，以最新技术为依托，完善图书馆的各项服务，促进图书馆事业的高质量发展，给读者带来更高质量的服务。

参考文献

[1] 储节旺，李安. 智慧图书馆的建设及其对技术和馆员的要求[J]. 图书情报工作，2015，59（15）.

[2] 夏立新，白阳，张心怡. 融合与重构：智慧图书馆发展新形态[J]. 中国图书馆学报，2018（1）.

[3] 盛丽萍. 智慧图书馆建设的思考[J]. 河南图书馆学刊，2019（2）.

浅谈公共图书馆自建特色数字资源库的保存与长期利用

——以成都图书馆自建特色数字资源库为例

薛鸿雁

（成都图书馆　四川成都　610041）

【摘　要】 本文主要论述公共图书馆数字资源的概念、数字资源与传统文献资源的区别、数字资源类型，着重阐述成都图书馆自建特色数字资源库的长期保存与维护更新利用，部分自建特色资源库的存亡，自建特色数字资源保存的目的，以及如何进行保存与利用。

【关键词】 公共图书馆；自建；特色数字资源库；保存；利用

随着计算机的普及与互联网的快速发展，公共图书馆面临较大的变革，公共图书馆在为读者提供优质服务的同时，应在业务上、服务项目上、基本功能上进行逐步改进，努力拓展数字资源共享平台。利用各种先进的数字技术对海量的数字资源进行保存，以便广大读者利用与传递。众多公共图书馆都在大量向数字资源商购买数字资源，并不断将传统文献资源转化为数字资源文献，并开展特色数字资源库的建设，以加快从传统图书馆向数字图书馆过渡的步伐。

1　数字资源分析

1.1　数字资源的概念

数字资源也可以叫数字信息资源，是一种新信息资源类型，主要存储于电磁光介质中，以互联网传播方式，依靠计算机等终端设备读取信息，为广大读者提供便捷的服务。随着数字信息化、网络服务化的时代发展，数字资源已成为各大公共图书馆非常重要的网络文献资源。

1.2 数字资源与传统文献的区别

数字资源不同于传统文献，传统文献主要是以纸质印刷型为主，以缩微型、光盘音像磁带为辅；数字资源文献以电子数据的形式存在，利用互联网通信把图像、声音、动画、文字，通过计算机等终端设备展现出来。

1.3 数字资源的类型

数字资源可以归纳为以下几类：① 自建特色资源数据库；② 多媒体作品库；③ 传统印刷型文献二次加工后变成数字化资源；④ 机构网站自建网页信息；⑤ 资源商购买数字资源；⑥ 免费获取的等。笔者将着重分析自建特色数字资源的保存与利用。

2 自建特色数字资源的保存

随着公共图书馆数字图书馆的兴起，有特色的自建数字资源数量逐渐增多，种类也逐渐丰富，其重要性也日益增强。面对日益庞大的数字资源，公共图书馆对有特色的数字资源更要做好相应保存。如何长久地保存有价值的自建特色数字资源，并确保广大读者能随时提取到有利用价值的各种特色数字资源，以便为公共图书馆提供数字信息保障。

2.1 成都图书馆现有自建特色数字资源库的现状

2.1.1 现有自建特色数字资源库

目前，成都图书馆自建特色资源库有"成图锦城讲堂讲座库""成图展厅""馆刊库——《喜阅》《参考》""成都市公共图书馆联盟学术研究库""成都市古籍保护与修复中心库""成都文献馆""蜀风雅韵成都非物质文化遗产数字博物馆"第一、第二届非物质文化遗产网站""首届西南四城市风雅颂国学经典诵读"。

2.1.2 自建特色资源库的运行和维护情况

成都图书馆自建特色资源库中持续更新与长期维护得较好的是锦城讲堂讲座库，讲座举办于 2004 年，讲座资源库于 2005 年开始建设，至今已录制近千部讲座。经后期加工处理，已上传至成都图书馆网站锦城讲堂讲座库，供读者使用的已有 800 余部。而且此特色资源库还支持互联网移动终端设备使用（通过微信关注成都图书馆公众号—微服务大厅—精品讲座），做到了网站与微信公众号资源库同步更新，同步使用。

馆刊《喜阅》《参考》，为成都图书馆内部发行刊物。《喜阅》作为成都图书馆创办的阅读和图书评论的小刊物，主要为了倡导全民阅读、快乐阅读的风气和理念，构建一个喜于知，阅于行的书香社会。《参考》的主要内容是聚焦社会热点、关注时政要闻、突出地方特色、应对突发事件等。其服务对象具有针对性、知识服务具有系统性、资料来源具有可靠性、信息提供具有时效性。两种刊物在保持传统纸质印刷的同时，均进行二次加工，形成特色数字化资源上传至网站和微信公众号供读者通过互联网终端设备在线读阅。刊物创办至今，《喜阅》已发行 50 余期，《参考》已发行 100 余期，均持续维护与同步更新于馆刊资源库中。

成都市公共图书馆联盟学术研究库从 2017 年建成至今，已收录 70 余篇图书馆方向的学术论文，主要收录的是成都市全市公共图书馆馆员们的学术论文。

2.1.3 自建特色数据库的存亡

前面笔者阐述了成都图书馆几个长期进行维护与更新较好的具有代表性的自建特色资源数据库，这里也简单介绍几个由于各种外在与内在的因素未能继续维护更新的自建特色资源库。

"蜀风雅韵成都非物质文化遗产数字博物馆"库，主要收录成都非遗项目。非物质文化遗产是文明古国的历史积淀，是中华民族传统文化中的瑰宝传承人，是非物质文化遗产的承载者和传递者，他们所承载的技艺、经验、文化记忆与教学能力，是非遗保护与发展的核心内容与动力来源。然而，由于传承人普遍年事已高，许多非遗项目面临"人在艺在，人亡艺绝"的危机。再加上物力、财力、媒体的关注度等原因，导致"蜀风雅韵成都非物质文化遗产数字博物馆"库无法持续更新与维护。

"第一、第二届非物质文化遗产网站"库。从 2007 年开始，每两年一届在成都举办的国际非物质文化遗产节，主要收录国际非遗项目，2007 年、2009 年两届均由成都图书馆参与举办，因此网站数据也交由成都图书馆负责制作维护与更新。由于各种外界因素，自第三届开始图书馆参与减少，无法获取到一手资源，只能通过互联网检索获取二手资源，而往往二手资源又涉及相关版权问题无法解决，因此网站资源数据库的更新与维护无法跟上。

作为特色网站，"首届西南地区四城市风·雅·颂——国学经典诵读"邀请赛由成都市文化局承办，成都图书馆具体执行。为积极探索中华优秀传统文化创造性转化、创新性发展的实践路径，营造传承优秀文化、弘扬社会主义核心价值观的社会氛围，切实把优秀传统文化转化为实现伟大中国梦的强大正能量，成都市文化局在文化部公共文化司、文化部全国公共文化发展中心、中央人民广播电台中国之声的大力支持下，联合重庆市文化委员会、昆明文化广播电视体育局、贵阳市文化广播电影电视局，在成都举办首届西南地区四城市"风·雅·颂——国学经典诵读"邀请赛。此后每年下半年举办一届，分别由重庆、成都、昆明、贵阳四城市文化主管部门轮流承办，使之成为在全国具有一定影响力的中华优秀文化传承、传播品牌活动。其自建特色资源库记录 2014 年首届"渝、成、昆、贵"四家公共图书馆联合举办的国家经典诵读大赛。在成都图书馆学术报告厅组织开展"风·雅·颂——国学经典诵读讲座"活动，并举办西南地区四城市"风·雅·颂——国学经典诵读"活动展览。

首届由于新鲜，媒体热度度较高，宣传力度较强，各方面人力、物力、财力充足，且是首届主办方，所以获取资源时效性、准确性高，数据更新及时，访问量高，资源库利用价值也高。而后几届，由于不是主办方，各方面内外在的因素造成无法更新或者少量数据更新。长此以往，数据无更新，用户从中获取的价值减少，访问量也就下降了。此特色资源库目前已从外部互联网访问改为内部局域网访问，只能作为内部数据库查阅使用。

3 自建特色数字资源的保存与利用

3.1 物理存储方面

数字资源非常脆弱，具有特色的自建数字资源更加脆弱，更具有保护价值。数字资源基于互联网传播，以终端等方式面向广大读者把信息展现出来，它依赖于网络、存储设备，对网络和存储设备要求极高，如果网络和存储设备不稳定，很容易造成数据资源丢失。信息资源存储载体升级变化极快，随着使用年限的增加，存储载体不管是硬件设备还是软件设备都有着不可预测的老化。一旦设备老化，管理人员又未能及时提前预估判断设备使用年限，如未做好设备新旧替换的工作，一旦设备出现故障，则易造成不可逆的数据资源丢失。

3.2 使用方面

目前，公共图书馆的自建特色数字资源保存和利用都还面临很多问题，首先面临的是知识产权问题，尤其是通过一些技术手段把纸质文献转化成电子资源，以及通过网络采集的一些相关视频、音频、图片、文字。如果用户未能解决知识产权问题，则会产生法律纠纷。所以公共图书馆购买或构建数字资源的时候必须拿到保存权利，并呼吁国家制定相关法律和政策，进行数字资源授权，划分责任体系，要求出版商在放弃保存前将数据移交给图书馆。

3.3 维护方面

图书馆是信息交流的平台，如今人们对信息资源的时效性、个性化要求越来越高，自建特色数字资源的及时更新、维护是保证其生命力的关键所在。有些自建特色数字资源库花了大量的人力、物力建成后，由于各种后期因素，如管理不善、相关人员流失、经费不足等，以致在资源库建成后，后期没有对其进行相应的后续维护和建设，版块的相关内容也没有再持续增加与更新。长此以往，资源库的使用价值会降低，用户会减少，甚至到最后会让一个特色资源库变成"僵尸库"。

3.4 展现方面

在信息化互联网时代，信息资源呈现爆炸化、多元化、碎片化，读者的关注点很快会转变，关注持久度不高，且很难集中在公共图书馆领域，因而图书馆的自建特色资源库应呈多元化的展现，通过网站、微博、微信、抖音等进行积极宣传，吸引受众粉丝；也可利用车站牌、广告牌、灯箱等设施，或在报纸等传媒上进行自建特色资源库的馆外宣传，以吸引更多潜在的受众成为公共图书馆的长期用户。

4 结 语

公共图书馆正面临一个新时代，万物互通，互联网信息产业渗透到我们生活的每个方面。建设图书馆特色资源库不仅可以丰富图书馆自身数字资源的总量，还能够更好地传播和弘扬地方优秀文化，保护和传承地方文献。当前，自建特色资源库面临的最大问题是如何避免资源库沦为"僵尸库"，要做到长期的宣传与维护更新，就需要耗费大量的人力、财力、物力。这是一个长期性、系统性的复杂工作，需要我们保证其资金链不断，从而保障特色资源库的持续建设。

参考文献

[１] 宛玲. 数字资源长期保存问题[D]. 保定：河北大学，2008.

[２] 范媛静. 数字资源长期保存政策比较研究[D]. 保定：河北大学，2007.

[３] 林培发. 数字资源整合与图书馆服务[M]. 北京：国防工业出版社，2015.

成都地区公共图书馆联盟数字资源建设

田 宇

（成都图书馆 四川成都 610041）

【摘 要】 随着成都地区公共图书馆通借通还服务体系的建立、全民阅读的推广，越来越多的人成为公共图书馆的读者，数字资源服务的对象也从单馆读者扩大到全市所有公共图书馆读者。本文就成都地区公共图书馆数字资源的建设背景、建设过程、资源分类、使用方式等进行了梳理和阐述，旨在为从事相关工作的图书馆人提供一些参考。

【关键词】 公共图书馆；数字资源建设；数字资源服务

1 成都地区公共图书馆联盟

1.1 成立背景介绍

按照成都市"十二五"规划和国家公共文化服务体系示范区后续管理相关要求，全市公共图书馆应于 2014 年年底全面实现全域成都"通借通还"工作。该项工作已纳入成都市人民政府下达的 2014 年成都市文化局创新工作目标以及全面深化改革发展的具体任务，并定于 2014 年 12 月实现全市范围"通借通还"服务（《成都市文化局关于加快推进全市公共图书馆"通借通还"专项工作的通知》）。为保障工作顺利开展，达到预期服务效果，促进成都地区公共图书馆业务交流，成都地区公共图书馆联盟应运而生。

1.2 联盟体系成员

成都地区公共图书馆联盟成员馆目前有 22 家，分别是：成都图书馆、锦江区图书馆、青羊区图书馆、金牛区图书馆、武侯区图书馆、成华区图书馆、高新区图书馆、龙泉驿区图书馆、青白江区图书馆、新都区图书馆、温江区图书馆、双流区图书馆、郫都区书馆、金堂县图书馆、大邑县图书馆、蒲江县图书馆、新津县图书馆、都江堰市图书馆、彭州市图书馆、邛崃市图书馆、崇州市图书馆、简阳市图书馆。

1.3 服务理念和目标

成都地区公共图书馆联盟体系内成员馆要以人为本，以人性化服务为指导，以服务读者为使命，在公平、公开、公正基础上开展工作，力求让图书馆数字资源合理化、合法化、充分化利用起来，提升服务质量和效能，最大限度地满足读者的多样化需求。

1.4 联盟成立的意义及建设成效

首先，联盟的成立标志着成都地区公共图书馆从原有的单馆服务模式向多馆集群服务模式转变，服务对象从原有本馆读者扩大至全市 22 家公共图书馆联盟读者，极大地降低了服务门槛，最大限度地方便了读者使用图书馆资源。

其次，读者注册量显著提高。以成都图书馆为例，截至 2014 年 3 月，读者注册量为 94 109 人；截至 2020 年 3 月，读者注册量为 289 108 人。6 年时间读者注册增长量为 194 999 人，增长率为 207.2%。全市公共图书馆读者注册总量（含成都图书馆）从 2014 年 3 月的 381 059 人，增长到 2020 年 3 月的 1 169 243 人。6 年时间读者注册增长量为 788 184 人，增长率为 206.8%。

另外，随着成都市新一代社保卡天然具备借还书功能的推广，超过 1 000 万人的成都市社保卡持卡人将成为全市公共图书馆的有效读者，成都市公共图书馆的持证读者总量与全市服务人口的比例将跃居全国第一。

2 数字资源

截至 2019 年年底，成都市公共图书馆数字资源共计 30 个。其中，"本地镜像资源"是指数据存储在图书馆本地机房存储设备上的资源，用户通过图书馆网络授权访问获取；而"远程包库资源"是指数据存储在资源商指定的网络云端的资源，用户通过互联网授权访问的方式获取。具体资源如表 1 所示。

表 1 具体资源

资源	资源名称	PC 端	微信端	是否本地镜像数据备份
本地镜像资源	万方数据库			
	中国旧方志			
	CNKI 期刊数据库			
	锦绣讲堂			
	围棋数字学习平台			
	成都市标准文献信息索引查询数据库			
	雕龙中日古籍全文资料库			
	中国数字方志库			
	中华连环画数字图书馆			
	民国图书馆数据库			
远程包库资源	龙源期刊			
	超星电子书			
	全国电子报纸库			
	中文在线——书香成都			
	畅想之星电子书			
	晚清民国期刊库			
	云图数字有声图书馆			
	新东方多媒体学习库			
	维普考试资源系统			
	维普中文期刊			
	职业全能培训库			
	e 线图情			
	国务院发展研究中心信息网			
	读秀中文学术搜索			
	超星视频			
	库克音乐数字图书馆			
	微视少儿馆			
	微学习中心			
	超星少儿绘本			
	博看有声图书馆			

2.1 数字资源来源分类

2.1.1 商业数字资源

商业数字资源是指图书馆向资源厂商付费获取资源使用权，并把资源通过互联网的方式免费向图书馆读者开放。通常情况下，图书馆会按年度进行资源采购和付费，获取资源的使用权，继而向读者开放。

成都图书馆每年会对资源的使用情况进行评估，对使用率较高或内容优良的资源进行持续性购买和续费，而对使用率低下的资源或者有其他更好替代性的资源进行下架并终止购买和续费。

2.2.2 自建数字资源

自建数字资源是指由图书馆自行采集、整理、加工、制作完成的，并且图书馆拥有自主版权和使用权的数字资源。

成都图书馆目前的自建数字资源主要是以讲座视频为主，内容涵盖艺术、名著、道德、国学、健康等方面。正在建设中的数字资源还有专题性数据库网站——成都地方老照片库，也将在不久之后上线。

2.2 资源内容分类

2.2.1 电子书刊

电子书刊目前有 8 个，分别是超星电子书、龙源期刊、全国电子报纸全文数据库、中文在线——书香成都电子书、畅想之星电子书、近代报刊索引数据库、云图数字有声图书馆、博看有声图书馆。

2.2.2 教育学习

教育学习类资源目前有 7 个，分别是新东方多媒体学习库、维普考试资源系统、职业全能培训库、围棋数字学习平台、e 线图情、国务院发展研究中心信息网、微学习中心。

2.2.3 学术资源

学术资源目前有 11 个，分别是读秀中文学术搜索、CNKI 中国知网、维普中文期刊、万方数据库、锦城讲堂、成都市标准文献索引、中国旧方志、雕龙中日估计全文资料库、超星视频、中国数字方志库、民国图书数据库。

2.2.4 少儿资源

少儿资源目前有 3 个，分别是中华连环画数字图书馆、超星少儿绘本、微视少儿馆。

2.2.5 音乐艺术

音乐艺术资源目前有 1 个，即库克音乐数字图书馆。

3 图书馆数字资源服务

3.1 图书馆数字资源建设的意义

在当前网络信息化时代，图书馆数字资源建设是图书馆不断向前发展的必然要求，各类文献数字资源呈海量的增长对图书馆丰富馆藏和读者获取资源来说都是有积极意义的一件事。如何从海量信息资源中快捷地检索有用信息，并将这些信息资源便利地提供给读者，已经成为图书馆数字资源建设工作中必须要考虑的重要问题之一。

3.2 单馆模式下提供数字资源服务

成都图书馆数字资源从 2004 年开始上线对读者提供服务，由于受当时资源提供商服务模式的限制，读者只能到图书馆电子阅览室查阅使用相关数字资源。

随着技术的不断发展和进步，成都图书馆在 2007 年推出了数字资源"RAS 远程访问系统"，该系统基于 C/S 模式架构。读者从成都图书馆官方网站下载、安装系统客户端，通过读者证号和预设密码登录系统，访问图书馆系统服务器，从而能够方便快捷使用成都图书馆购买的各种数字资源。通过这样的方式，读者完全能够脱离图书馆本体，在任何时间、地点，只要有联通网络的电脑，就能自由地使用图书馆提供的数字资源。

3.3 联盟体系下提供数字资源服务

随着成都地区公共图书馆联盟的建立，数字资源服务的对象已经不仅仅是一个单馆的读者群，而是面对全市 22 家公共图书馆的读者群。原有的远程访问系统服务模式也不适用于联盟体系下的所有读者。

经过详尽的技术调研和系统测试，成都图书馆在 2015 年 7 月上线了"成都市公共图书馆数字资源共享平台"，并一直沿用至今。该平台基于 B/S 模式架构，无须下载安装客户端，读者通过访问 https：//sso.cdclib.org 网站，登录以后就可以使用所有图书馆的数字资源。该平台对全市所有 22 家公共图书馆用户免费开放，不受时间地点的约束。

3.4 数字资源服务按照使用场景分类

在数字资源的服务方面，主要包括基于 PC 端的服务、基于 APP、第三方公众平台的移动应用服务以及触屏等服务方式。国内省级公共图书馆，大部分通过读者证号和密码认证提供部分数字资源的远程访问，也有部分图书馆通过 VPN 专用网络和集成远程访问管理系统来提供服务。

3.4.1 PC 电脑端

成都图书馆数字资源从 2004 年上线之日起，就采用 PC 电脑端的使用方式。所有采购和自建数字资源都只适配于电脑端使用习惯，包括在线阅览、下载阅读、音视频点播等方式。

3.4.2 手持移动端

随着移动互联网的迅速发展，特别是智能手机的全面普及，数字资源阅读也随之发生了改变。成都图书馆为满足读者多样化需求和顺应时代的快速变迁，适时推出了基于手持移动端的数字资源服务。

（1）APP。

2014 年，成都图书馆推出了移动图书馆阅读机，读者通过苹果 App Store 或安卓市场，下载安装"超星移动图书馆"APP，然后扫描阅读机上对应的图书二维码即可方便地下载图书带走，随时随地通过手机进行阅读。

（2）微信公众号、小程序。

2014 年，成都图书馆微信公众号上线。2016 年成都图书馆微信公众号推出了掌上数字资源服务，读者可通过微信登录使用成都图书馆数字资源。

2020 年，成都图书馆微信小程序上线，将数字资源重新进行定义、整合，使数字资源的访问更加纯粹、便捷、高效。

4 结 语

成都地区公共图书馆联盟数字图书馆建设历经多年，从数字资源量和种类的由少到多，从本地化服务到网络远程化服务，从单一化服务到多元化服务，图书馆数字资源建设格局也在不断实践中悄然成长蜕变，图书馆工作人员在日常工作中也积累了大量的经验，并对图书馆数字资源建设起到很好的促进作用。未来，随着科技不断进步及数字阅读的全面推广，数字图书馆建设必将迎来更快更好的发展契机，图书馆人需要做的就是把握这个机会，共同为图书馆事业发展做出应有的努力和贡献。

参考文献

[1]　贺晖，王璁. 全域成都公共图书馆"通借通还"建设实践[J]. 中文信息，2017（9）.

[2]　邓菲，张娟. 基于情境理论的公共图书馆数字资源建设与服务提升研究[J]. 中国图书馆学会论文集（2016 年卷），2016（1）.

[3]　李彬彬，刘灿姣. 东部地区地市级公共图书馆数字资源建设调查分析[J]. 图书馆，2013（2）.

[4]　孙卫. 数字图书馆在我国的实施与应用[J]. 数字图书馆论坛，2006（1）.

大数据下数字图书馆精准服务策略探讨

王 欢

（成都图书馆 四川成都 610041）

【摘 要】 在大数据的时代背景下，数字图书馆正在逐步取代传统的图书馆，为更多人提供了便捷的服务。而在当下，数字图书馆的发展速度显然已经跟不上信息技术的更新速度，对读者的服务水平也难以有较大的提升。所以，数字图书馆还需对自身当前的服务进行反思，借助大数据的力量，对自身的服务的各方面进行改善和优化，从而为读者提供更加精准的服务。

【关键词】 数字图书馆；精准服务；大数据

随着现代科技的飞速进步，我们迎来了大数据时代，在此背景下，互联网技术和通信技术也在不断更新和发展。而数字图书馆在当下不仅面临着科技发展所带来的挑战，同时科技的进步发展也为数字图书馆的发展提供了一些便利。数字图书馆需要管理的图书数据是在不断增长或变化的，而为了给读者提供更好的、更加精准的服务，就需要不断更新、优化自身的管理系统，让资料的查询更加精准、更加快捷，为读者提供更优质的精准化服务，从而推动自身的发展和进步。

1 大数据与数字图书馆概述

1.1 大数据概述

随着时代的不断进步，人们对于"大数据"已经不再陌生并且还越来越熟悉，到目前它已经被应用于人们生活的方方面面，给人们的生活带来了诸多的便利。移动互联网、社交网络等，都和大数据有着十分紧密的关联。大数据有着极为丰富的内涵，其信息资源多种多样，包括图文信息、视频动画、音频等。简而言之，大数据就是指将大量的、分散的信息数据化，让信息能够及时地删选、统计或分析归纳，从而得出有用的数据信息。而大数据平台往往在短时间内就会产生大量的数据信息，因此就有信息产生速度快的特点，而且大数据的数据信息也是可以整理、处理的，通过特定的方式往往能够让大数据发挥重要的作用和价值。

1.2　数字图书馆概述

数字图书馆是信息数据化的产物，虽然目前已经有许多人有了使用数字图书馆的经历，但人们对于其的理解仍存在不同之处。有的人认为数字图书馆更偏向于对信息的获取和整理，有的人则认为数字图书馆的功能更偏向为用户提供数据化的信息。但严格来说，数字图书馆介于两者之间，将图书馆的信息通过信息数字技术进行整理、加工、存储，然后再呈现给读者，实际上是一个具有特殊功能的信息服务平台。而数字图书馆的用户能够随时、随地查询馆藏资源的数据信息，让信息的获取更加便捷、更加快速。

2　我国数字图书馆发展现状

相较于世界其他发达国家，数字图书馆在我国的发展比较晚，直到 20 世纪 90 年代，我国才开始相关项目的制定和落实。而后，由于国家的高度重视和大力支持，数字图书馆才不断增多，各级各类的数字图书馆越来越多，服务的人群也越来越多，数字图书馆获得了较好的社会效益和影响。但与此同时，数字图书馆的缺陷也逐渐显现，其服务质量、受众面、信息技术等方面都还有待提高。

3　大数据下数字图书馆精准服务的具体策略

3.1　优化馆藏资源

馆藏资源是数字图书馆中最重要的组成部分，数字图书馆如果想要长久、稳定的发展，那么就需要注重最基本的馆藏资源，不断丰富、扩增自身的馆藏资源，并且根据读者的需求合理地配置资源。首先，数字图书馆的馆藏内容要"全"，也就是要全面，馆藏资源应对文艺文化、科普、古籍古典等各个方面都有所涉及，保证馆藏资源的全面性，让读者能够找到自己想要阅读的馆藏类型。其次，数字图书馆的馆藏资源还要"精"，馆藏资源需要注重内容的质量，不可令其"鱼龙混杂"，质量参差不齐。一方面，要对现有的馆藏资源进行整理，将一些内容质量较差的书籍清理掉；另一方面，在扩展馆藏资源时，要选择内容质量较好的书籍资料，从而让读者享受更优质、更高效的阅读，提高读者对数字图书馆馆藏资源的认可度。再次，数字图书馆馆藏资源的优化还要考虑读者的阅读喜好，对于读者查询、阅览较多的书籍资料类别，需要进行保留并适当扩充，而对于鲜有人查看的过时的馆藏资源则需要将其下架，避免占用不必要的资源。最后，还要对数字图书馆全部的馆藏资源进行清点和整理，将其分门别类，构建完善的、系统化的资源数据库，从而让读者的馆藏资源查询更便利、更便捷。

3.2 完善服务模式

在大数据的时代背景下，人们对于服务的要求在逐渐提高，而社会的服务模式也在不断改变，传统的数字图书馆服务模式已经不再适应社会的发展，也逐渐难以满足读者的需求。因此，数字图书馆需要借助大数据时代的便利，改善自身的服务模式，从而提高自身的服务质量，满足读者当下的服务需求，促进自身的发展。一方面，数字图书馆需要运用大数据去统计、了解读者在数字图书馆中想要获得哪些服务，然后根据需求量逐一改进自身的服务，从而满足大部分读者的个性化需求。另一方面，数字图书馆也要自主学习、引进先进的服务模式。例如，在人工智能技术日益成熟的当下，就可以将此引入图书馆的服务中，可以购置人工智能机器人，将馆藏资源的全部内容系统化地录入机器人的芯片中，读者找不到某一馆藏资源的位置时，可以向机器人询问并让其带领读者去找到这一馆藏资源；也可以构建馆藏资源云资源库，让读者不必到图书馆就能阅览到图书资源，即使足不出户也能够随意借阅数字图书馆的馆藏资源。另外，还可以对读者的阅读信息进行统计和分析，根据其个人阅读喜好为其精准化地推荐一些其可能感兴趣的内容，从而提高数字图书馆服务的精准性。

3.3 划分读者类型

数字图书馆想要提高自身服务的精准性，还需要对现有读者的类型进行划分，然后才能给予读者个性化的、精准化的服务。并且，读者类型的划分指标也不能是一成不变的，必须是包含多个方面的。例如，可以对读者的阅读喜好给予标签化的调查，了解读者最喜爱阅读的前三种书籍类型，是文学类或是科普类，是生活类还是历史类，等等。也可以对读者的学历类型进行划分，是本科生还是专科生，是初中生还是高中生……或者对读者的专业研究方向进行划分，教育类、旅游类、医学类以及计算机类等。此外，还有许多读者类型划分的标准，数字图书馆可以在具体的实践中不断创新、学习，从而对读者有更加清晰的分类和定位。了解了读者个性化的特征属性，才能根据读者的个性化需求提供更加精准化的服务。

3.4 提高馆员素质

值得注意的是，数字图书馆与传统图书馆有着诸多不同。传统图书馆是由图书管理人员对馆藏资源及其他方面进行管理的，而数字图书馆相较于传统图书馆在管理方面更加简便，利用了大数据技术对馆藏资源等进行管理。这就意味着数字图书馆的管理工作有着较高的能力要求，图书管理人员需要较好地掌握、适应数据化的管理模式，必须要兼具图书管理的基础理论知识和数据化管理、信息技术相关方面的能力，从而才能够对数字图书馆及其馆藏资源进行良好的管理。所以，数字图书馆在图书管理人员、图书馆员的选聘环节，就要注重图书管理和信息化技术两方面的知识与能力的考虑，从而选聘综合素质更高、更全面的馆员。其次，在数字图书馆馆员的工作过程中，也要对其进行定期培训和考核，使其能力不断提高。最后，在数字图书馆引进新的数据化管理技术时，也要组织全体馆员学习，让图书馆员能够独立地对读者的相关信息进行整理、统计和分析，并且能够根据分析的结果提出个性化的服务方案，从而为读者提供更精准化的服务。

4 结 语

总之，在大数据的时代背景下，数字图书馆需要优化自身的馆藏资源、完善服务模式、对读者的类型进行多方面的划分，并且不断提高馆员的专业素质与能力，如此才能为读者提供更加精准化、更加优质的服务，从而提高数字图书馆的服务质量，推动自身长远、稳定发展与进步。

参考文献

[1] 赵丽梅，张花. 我国大数据时代数字图书馆研究前沿分析——基于共词分析的视角[J]. 情报科学，2019（3）.

[2] 刘海鸥，陈晶，孙晶晶，等. 面向大数据的移动数字图书馆情境化推荐系统研究[J]. 图书馆工作与研究，2018（9）.

[3] 黄传慧. 大数据时代数字图书馆研究述评[J]. 图书情报工作，2018（23）.

[4] 高洁. 大数据环境下数字图书馆数据资源建设探究——基于国家科技数字图书馆的调查分析[J]. 科技通报，2018（8）.

[5] 张鹏. 大数据环境下公共图书馆精准服务研究[J]. 图书馆工作与研究，2018（9）.

[6] 李广丽，朱涛，刘斌，等. 面向大数据的数字图书馆多媒体信息检索系统优化研究[J]. 情报科学，2019（2）.

对图书馆影音资源挖掘利用的思考

赖静斯

（成都图书馆　四川成都　610041）

【摘　要】 如今，图书馆的经营、管理、发展模式，不再按照局限性的思维完成，须结合时代的发展走向和图书馆的文化地位趋势来完善。本文通过讨论图书馆影音资源的挖掘与利用及其全新的发展策略，提高新一代图书馆在人民群众中的认知，对传统的图书馆影音资源做出改变，从而提高图书馆的读者数量。本文就此展开讨论，并提出合理化建议。

【关键词】 图书馆；影音资源；发掘；利用

图书馆影音资源挖掘利用的落实，在于对资源本身开展调查和分析，在资源的整合措施、方法上有效的提升，最大限度地减少资源的流失和浪费现象。另外，图书馆影音资源挖掘利用的体系、方案、措施需不断健全，一方面加强先进科技的运用，另一方面针对资源的挖掘路线和利用模式，不断进行创新。

1　图书馆影音资源发掘利用的必要性

1.1　有利于解决读者不断变化的喜好和需求

公益图书馆运营体系当中，传统的书籍运营模式并不能得到高度的支持和肯定，而且伴随着网络发展和媒体进步，大家获得信息和文化以及学习技能的途径更加多样化。相比传统的图书模式，其他手段的应用更加便捷。因此，图书馆的运营必须居安思危，在新时代的发展过程中，努力探索新的前进路线。图书馆影音资源发掘利用，可以更好地解决读者不断变化的喜好、需求。首先，影音资源的存在，并不能完全替代图书，但是可以与图书起到相辅相成的作用。例如，部分读者非常喜欢小说，可是在场景描述、人物塑造等方面，仅仅依靠个体读者的自我想象，缺少足够的媒介来辅助，因此在阅读过程中造成了一定的障碍。若是通过影音资源的利用，对于小说的架构、人物、场景、事件背景等做出一个有效的分析，让读者在阅读过程中，能够得到更多的指导，在阅读和学习、欣赏等方面，实现试听与阅读的多重体验。其次，读者的喜好和需求，会伴随社会流行文化的变化而变化，图书馆影音资源的挖掘和利用，可以更好地满足读者的诉求，一方面对自身的运营体系做出改变，另一方面在读者的辅助效果上得到提升。

1.2 有利于图书馆打造自身特色

图书馆在影音资源挖掘利用方面，能够利用图书馆的自身特色，按照全新的理念、标准来完成。首先，图书馆运营过程中，随着时代的发展，提供的服务不断增加。例如，读者在图书馆浏览书籍、阅读、小憩的过程中，传统的环境是"死气沉沉"的，再加上嘈杂的处境，导致图书馆的环境并不优良。影音资源的运用，在于通过舒缓的音乐，让读者在一个较为宁静的氛围下阅读、学习，可以通过不同形式的声音媒介传播设备，播放注意事项和阅读要求，提醒不同读者群体去遵守，减少矛盾和摩擦；视频影像资料，在于对图书进行宣传和指引，同时帮助广大读者对想要购买的图书，有一个更好的把握，对读者提供建议和指导。其次，从图书馆影音资源挖掘利用方面展开，让图书馆从传统的"藏书馆"转变为"文化艺术馆"。当代读者的文化诉求、文化素养不断提升，影音资源的运用在于给读者带来更加完美的文化艺术体验，从而推动阅读的推广和图书馆的相关业务增长。

1.3 有利于图书馆管理服务提升

目前，图书馆影音资源挖掘利用，成为必然的发展趋势。同时也成为一种全新的竞争手段。各类图书馆为更好地改善图书馆管理服务，也在此方面做出努力。首先，图书馆传统服务，缺少与读者的沟通、交流，阅读推广和指导等方面，完全按照被动服务来完成，缺少主动问询，对于读者提供的帮助较少，难以给读者留下良好的印象，从而导致图书馆的形象建立存在一些问题。图书馆影音资源挖掘利用以后，图书馆环境塑造从内到外改变，转变为主动服务和多元化的咨询，部分图书馆通过智能化的机器人应用，提升了阅读体验和服务管理水平，受到了读者的欢迎。其次，图书馆影音资源挖掘利用过程中，能够引导图书馆管理者，站在读者的角度思考问题，在管理服务的制度、规范、标准以及在处理读者矛盾摩擦的过程中，从正确的思路出发，为建立图书馆影音资源挖掘利用的良性循环体系打下坚实的基础。

2 图书馆影音资源挖掘利用的对策

2.1 发挥管理层面的作用

对于图书馆影音资源挖掘利用方面，在具体的措施、方法上，建议对管理层做出有效的改良、优化，促使图书馆影音资源挖掘利用，从而做出一定的成绩。第一，针对影音资源的管理，在于从筛选到过滤，从使用到反馈，从改良到创新等方面，进行全面的优化，以更好地解决影音资源的一些问题。例如，影音资源的选用过程中，需要与图书馆本身相互匹配，而不是为了博噱头。如打造"影院"概念的模式，既无法较好地向读者提供阅读服务，又导致图书馆本质发生了变化。正确的管理模式，在于通过影像技术手段的匹配来完善，图书业务仍然占据主导，一方面改善阅读体验，另一方面定期对影音资源进行调整。第二，管理层的作用变革。该项工作需要拥有专业的岗位、专业的人员来完成，并不是追求短期效果，而是要长期努力，因而需要对图书馆影音资源挖掘利用的团队进行创建。

2.2 进行阅读环境调整

图书馆影音资源挖掘利用层面上，阅读环境的调整是比较重要的内容，同时针对阅读的综合感受转变，以及读者的想法改善，包括长期阅读获得的知识学习效果，具有较大的影响力。第一，图书馆影音资源挖掘利用的初期阶段，针对音乐的配备要通过整个图书馆所能够达到音乐覆盖效果来分析。例如，部分图书馆通过粗放的设备来完成，看似拥有音乐，实际上造成的杂音较多，根本无法提供优良的阅读环境，饱受读者的诟病。通过对音乐覆盖设备、播放方式、播放内容进行调研和反馈，站在读者的角度来分析，掌握好音乐的类型和播放的音量、播放的曲目等，才能在阅读环境的塑造过程中，达到柔和的效果。第二，影视资源的运用过程中，以图书馆的各类书籍出发。例如，在政治书籍、学习书籍方面，需要对新闻联播、国家重要会议、探索频道等影视资源进行挖掘利用。这样可以更好地帮助读者学习，从而提升图书的匹配程度。

2.3 构建良好的视听资源共享机制

在图书馆影音资源挖掘利用方面，针对视听资源共享机制的建设成为主要的方向和手段。对于长期发展而言，可以产生较大的积极作用。第一，视听资源共享机制，在于促使图书馆影音资源的挖掘利用，能够带来全新的体验和感受。例如，某些限量版的小说、故事发售，能够引起读者的关注，为了拉动阅读推广，可以专门创建小型的视听资源空间,将人数控制在 50 人左右,让大家免费欣赏网络 VIP 电影,还可以提供一些免费的饮品,从而实现图书购买、阅读、影视资源欣赏、学习、身心舒缓的多重资源共享。这对于读者而言,不仅有了更多的学习和休息空间,同时在图书馆主体业务上,也能进行更好的辅助。第二,视听资源共享过程中,需要搜集同类图书馆的一些创意,对于国外图书馆的布置和机制进行借鉴,从读者群体中得到更多的反馈,从而在图书馆影音资源挖掘利用过程中,能按照循序渐进的方式来改良。

3　图书馆影音资源挖掘利用的注意事项

当前,图书馆影音资源挖掘利用体系日趋健全,各类措施、方法得到高度关注,避免造成新的漏洞。首先,图书馆影音资源挖掘利用的方案设计,要减少同质化的现象,坚持结合图书馆的特色和标准来设计,在影音资源的挖掘路径、利用手段上,均要做出持续性的改进。这对于长期工作的创新,能够产生更好的效果。其次,在影音资源的整合与更新速度上,要做出良好的把控。例如,过慢的更新速度,难以适应读者变化的口味;过快的更新速度,导致读者本身的适应能力无法满足。所以,要结合社会上的文化发展、时事热点、影音走向等,定期进行更新,并且更新前要征求读者的看法和观点,对更新内容进行有效的控制,促使更新内容有更大的吸引力,从而在图书馆影音资源挖掘利用的循环过程中,获得读者的支持与认可。

4　结　语

我国对公共图书馆影音资源的挖掘利用,给予了充分的肯定,相关的不足得到了持续性弥补,取得了较好的发展成绩。另外,图书馆影音资源挖掘利用的创新,在于加强各类资源的全面整合,针对图书馆的一些不足和挑战,进行有效的完善。所以,针对图书馆影音资源挖掘利用的创新,要站在大局角度来分析,确保在每一类资源的融合操作过程中,可以从科学的角度来创新,为公共图书馆文化事业的进步做出卓越的贡献。

参考文献

[1]　顾俊. 对图书馆视听资源挖掘利用的思考[J]. 江苏科技信息,2018,35（28）.

［2］ 王璠. 福建少年儿童图书馆发展现状及对策研究[D]. 福州：福建师范大学，2015.

［3］ 董婷婷. 图书馆影音资料管理系统的设计与实现[D]. 大连：大连理工大学，2014.

［4］ 周群. 图书馆外部营销 YouTube 平台的构建与实践[J]. 图书馆界，2011（4）.

实现公共图书馆手机服务体系的三种方式

徐士峰

（成都图书馆　四川成都　610041）

【摘　要】　随着移动数据技术的迅猛发展，数字图书馆在我国已经形成了比
较完善的体系。而现在，手机作为大众不可或缺的通信工具，它
的发展也日新月异。为了方便读者，建立手机服务体系就显得尤
为重要。本文简单介绍了手机服务体系的三种实现方式和各自的
优缺点。

【关键词】　手机图书馆；数字图书馆；图书馆服务；公共服务文化体系

1　现状分析

随着移动数据技术的迅猛发展，数字图书馆在我国已经形成了比较完善的体系。
而现在，手机作为大众不可或缺的通信工具，它的发展也日新月异。现在的 4G 乃
至 5G 技术，完全可以支撑手机作为数字图书馆为读者用户提供服务的终端。

手机相比于传统的电脑或者其他终端的优势在于读者可以通过手机，随时随地
的访问数字图书馆，而不需要专门找一台电脑或者是一台终端，大大方便了读者。

目前，很多公共图书馆搭建了数字图书馆，但是还没有做到多种终端兼容。即
从读者的角度来看，从电脑上获取数字图书馆服务的难度要小于从手机上获取数字
图书馆服务的难度。读者可以通过电脑访问公共图书馆官网，可以通过官网内的链
接查找到自己所需的服务链接，然后访问享受到自己所需的服务（书目检索、书目
借还与延期、数字资源访问、读者活动查询、讲座时间查询等），或者通过馆内不同
的自助设备享受到所需的服务。但是手机则不然，第一，部分公共图书馆没有响应
手机端的官网，读者虽然也能从手机上访问图书馆官网内的服务链接，但是对读者
用户来说并不方便。第二，部分服务页面也没有做到手机端兼容，读者使用起来可
能困难甚至无法使用。所以需要公共图书馆建立一个完整且合理的手机服务体系，
以方便读者通过手机能够更好地享受到数字图书馆的服务。

2 手机服务体系

手机服务体系，类似于手机图书馆，是利用互联网技术与移动设备技术，让读者用户通过手机设备享受到图书馆业务的形式。

从架构上来说，手机服务体系是一系列包含图书馆基础服务的模块集合，然后通过一个入口把服务模块做一个整合，方便读者查找到自己所需的服务。（见图1）

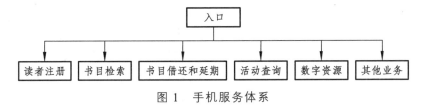

图 1 手机服务体系

手机服务体系主要分为两个部分：入口和服务模块。

（1）入口：所有服务模块入口的集合。一般为一个页面。在这个页面里，读者可以看到所有的服务模块，然后通过手机点击进入所选的服务模块。入口需要做到响应手机设备，美观大方。

（2）服务模块：主要基于图书馆系统提供的数据接口进行开发的能够为读者提供图书馆服务的模块，如读者注册、书目检索（OPAC）、书目借还和延期、读者活动查询和报名、数字资源浏览等业务。一般来说，服务模块有以下特点：

① 同步性：因为服务模块主要是基于图书馆业务系统提供的数据接口进行开发的，所以服务模块应与其他终端的相同性质服务数据同步。

② 易用性：服务模块是为了方便手机用户使用，所以从界面和操作性上都要符合手机用户的使用习惯。

③ 可维护性：服务模块可根据读者的需求进行修改和更新，达到为读者提供更好服务的目的。

④ 独立性：服务模块之间原则上是相对独立的，修改和更新一个服务模块的同时不会影响其他服务模块和业务系统。

3 实现手机服务体系的三种方式

就目前而言，手机服务体系有三种实现方式：手机网站、手机 APP、第三方平台。

3.1 手机网站

通过手机浏览器访问图书馆定制的手机网站的方式向读者提供服务。这种方式类似于电脑端，读者可以通过手机官网上的链接查找自己所需的服务链接，通过点击链接享受自己所需的服务。

手机网站需要一个能够响应手机端的门户网站、若干个业务系统的网站来构成手机网站的服务体系。

读者通过手机访问门户网站（通过手机浏览器输入网址或是通过搜索引擎搜索关键字查找）上所需的服务链接，打开链接跳转到响应的手机服务网址，享受到所需的服务。

搭建门户网站的时候，可以根据公共图书馆自己不同的网站做二次修改。若本馆官方网站是响应式网站，只需要在响应手机端的地方把业务网站替换成手机端的业务网站地址即可；若本馆官方网站是非响应式网站且没有相应手机端的话，可以考虑重新开发一个与电脑网站公用数据库的手机网站，挂上业务网站的地址。另外，业务系统的数据是在其他终端的服务数据基础上建立的，与其他终端同一业务系统上的数据没有出入。

需要注意的是，因为绝大多数服务需要用读者提供自己的信息，所以建议在门户网站上提供登录服务，通过登录传值的形式，将读者信息传递到下一层的业务网站上，避免读者重复登录造成的体验不佳。

手机网站形式的服务体系有以下优点：

（1）打开方便。读者只需要在手机浏览器上输入网址或者在搜索引擎上搜索公共图书馆名字即可进入网站门户界面。

（2）容易传播。只需要向其他读者分享网址，便可以使其他读者用户访问网址。

（3）功能开发自由不受限。网页不受第三方平台约束，可以更自由地开发。

但手机网络形式的服务体系也有以下缺点：

（1）信息存储有风险。登录门户网站的信息因为是通过 cookie 存储，如果读者用户不选择存到本地，那登录信息在关闭手机浏览器的时候就删除了；如果读者用户选择存到本地，则容易造成用户信息丢失（特别是 ROOT 过的手机）。

（2）对服务器安全有要求。因为储存了用户数据，对数据安全要求高，需要过等级保护三级，对后续的运维成本有一定要求。

3.2 手机 APP

手机 APP 即通过打开下载到手机上的 APP 向读者提供服务。所有的服务模块已经被封装到 APP 上。读者需要先在手机市场下载图书馆的手机图书馆 APP，打开APP 后选择对应的服务板块获得服务。

APP 形式的服务体系有以下优点：

（1）用户界面更优质。

（2）交互设计更华丽。

（3）用户消耗的流量也更少。

（4）登录信息能够存放足够久，不需要用户每次都登录。

（5）二次访问更方便，不需要像网页一样每次都在浏览器输入网址，只需要点击 APP 就可以了。

（6）功能扩展性更强，自主运营性也更好，用户数据安全性更高。

但也有如下缺点：

（1）开发成本更高。APP 需要同时开发入口和多个业务系统。

（2）需要数字资源服务商协作。数字资源模块的话需要数字资源商开发接口，或是需要内置浏览器带用户登录信息，跳转至数字资源手机网页上。

（3）后期维护成本更大。需要添加新的业务系统或修改业务系统功能的时候需要重新做一版新的 APP，测通无误以后再上线，然后读者更新。

（4）对数据安全要求高，需要过等级保护三级。

3.3 第三方平台

第三方平台是指独立于公共图书馆和读者两个主体之外，有一定公正性，能够为手机服务体系提供平台的第三主体，如支付宝平台、微信平台和天府市民云平台等。

以微信平台为例，公共图书馆手机服务平台可以利用公众号二次开发后的嵌入微信的网站作为入口，以微信小程序的形式作为服务模块，搭建一个手机服务平台。

第三方平台一般拥有庞大的用户，以微信为例，2019 年微信月活跃账户数超过 11 亿。在庞大的用户基础上，第三方平台的业务环境、网络安全都要优于公共图书馆自己搭建的服务体系。

第三方平台搭建的服务体系有以下优点：

（1）易查找。不需要下载 APP，不需要输入网址，只需要在第三方平台选择对应的程序就可以轻松查找到。

（2）易传播。可以通过分享，轻松传播给其他读者。

（3）维护成本小。涉及功能的修改和添加，只需要修改对应的功能模块，不会影响其他功能模块的正常使用。

（4）数据更安全。于第三方平台共同备案，享受第三方平台更为全面和方便的安全服务。

但也有如下缺点：

（1）开发功能受限。因为受到第三方平台的约束，开发自由度会受到限制。从功能接口，甚至到类别内容，都受到第三方平台的管控，部分敏感内容容易受到封禁威胁。

（2）读者数据获取不完全。因为是基于第三方平台开发的，读者数据没有保存到本地，要自由完全地获取到读者数据会受到第三方平台的限制。

（3）不可控性。与第三方平台稳定性相关，如果第三方平台因为某些原因在业务上有波动（网络波动、平台倒闭），服务体系都会受到不可控制的波动，甚至崩溃。

4 结 语

手机作为数字图书馆的新阵地，已经成为公共图书馆数字化建设不可忽视的一部分。未来，随着新技术的投入，手机功能的发展，手机数字图书馆的功能会更多，读者会享受到更便捷、更具交互感、更全面的服务。所以在这种情况下，研究手机方面的数字图书馆建设具有重要意义。

本文分析了实现公共图书馆收集服务体系的三种方式和他们的优缺点，为公共图书馆建设手机数字图书馆提供了一定的参考。但是由于笔者时间及精力有限，没有提供详细的数据支持，只是粗略地探讨了建立手机服务体系的理论依据。

参考文献

[1] 黄志景. 3G 时代图书馆服务模式创新的新契机——手机图书馆的发展及其功能的进化[J]. 图书馆工作与研究，2010（3）.

[2] 丁爱虹. 国内手机图书馆的现状调查与思考[J]. 大学图书馆学报，2008，26（1）.

[3] 龙思宇. 手机媒体在公共图书馆服务中的应用[J]. 农业图书情报学刊，2015，28（5）.

[4] 赖晓静. 4G 通信技术环境下手机图书馆的发展的研究[J]. 农业图书情报学刊，2015，27（6）.

[5] 张磊. 上海图书馆移动服务实践与创新[J]. 图书情报工作，2013（4）.

浅谈公共图书馆数字资源的特点及保存

孙建伟

（成华区图书馆　四川成都　610000）

【摘　要】　公共图书馆是文献信息资源的储存地，对公共信息资料的储存和传播具有不可替代的意义。随着科技的发展，公共图书馆信息资源储存方式也发生了变革，数字资源逐渐被引入，而数字资源本身的特性也给公共图书馆的数字资源长期保存和安全管理工作带来了严峻的考验。本文从数字资源本身的特性出发，基于公共图书馆数字资源保存和管理的现实问题，对当今公共图书馆数字资源的长期保存与安全管理措施进行简要探究。

【关键词】　公共图书馆；数字资源；长期保存；安全管理

1　引　言

公共图书馆是文献信息资源的储存地，汇集了大量信息资料，从而为读者提供其所需的文献资源，可以说公共图书馆对公共信息资料的储存和传播具有不可替代的作用。而随着科技的发展，公共图书馆信息资源储存方式也发生了变革，数字资源逐渐被引入。数字资源是科技发展下的产物，改变了传统公共图书馆以实体文献记载信息资料的信息储存模式，给公共图书馆的信息资料储存拓展了更大的空间，带来了更多的可能性。由于数字资源本身具有对储存介质依赖性高、数据易于修改、易被破坏、复杂性较高等特性，采用数字资源对信息资料进行保存在储存信息的广度和深度以及便携性上是大有裨益的。数字资源便于检阅检索和查阅，降低了读者检索所需要信息资料的难度，且信息资料占用的储存空间相对于传统的实体储存方式而言大大减小，但这同时也给公共图书馆数字资源的长期保存和安全管理工作带来了严峻的考验。互联网技术的发展也使人们获取信息的途径增多，通过上网查询信息资料相对于到公共图书馆线下查询而言更加方便和快捷，公共图书馆不能故步自封，必须顺应科技发展，加快对线上数字资源保存和安全管理建设的进程，为广大公众提供更好的信息查询服务。因此，为了使广大读者能够更加方便、快捷、高效地利用公共图书馆的数字资源，从数字资源本身特性出发，做好公共图书馆数字资源的长久保存和安全管理工作，对为读者提供更好的服务来说至关重要。

2 数字资源的特性

2.1 依赖性

数字资源有很强的依赖性。一方面，数字资源是虚拟的，其必须附着于一定的储存介质上才能得以显现，如果离开了储存介质，数字资源就是看不见摸不着的，便也失去了存在的意义。随着科学技术的不断发展，数字资源所依赖的存储介质也在不断更新换代，这也不断为数字资源的保存和管理带来新的挑战。另一方面，数字资源也依赖于技术系统和存储的人为因素。公共图书馆的数字资源便于读者查阅和检索，它是管理者通过收集、整理和系统储存的产物，因此数字资源的形态就依赖于拥有者对其的管理和保护，也依赖于存储它的技术系统，这决定了它的存在形态和利用方式。离开了这些因素的支撑，数字资源就可能成为毫无意义的信息资料堆积。[2]

2.2 易于更改

数字资源易于更改。传统公共图书馆以实体纸质形式储存信息资料，一旦形成难以更改，出现错漏只得重新印刷，而数字资源存储于物理媒介中，对于其中的内容可以随时读取、增减和复制，方便更改。而数字资源的这一特性是一把双刃剑，既有利于数字保护和管理者及时更新数字资源的内容和形式，使数字资源能够保持在准确且便于使用的状态；同时也使数字资源在传播过程中容易被篡改，增加使用者的辨别难度。

2.3 易被破坏

数字资源易于破坏，主要来源于 3 个不稳定因素：一是数字资源的存储介质。如果存储介质被破坏就会影响数字资源本身。对数字资源储存介质保存不当，就会导致数字资源本身失效。二是网络环境对数字资源的影响。网络波动或不稳定造成数字资源储存或读取过程发生意外，从而导致数字资源难以读取而被破坏。三是网络自身的风险。如黑客、病毒等网络负面技术，对存储与网络上的数字资源威胁性较大。一旦受其侵害，数字资源则极可能被破坏，出现传输和储存的障碍。这 3 种不稳定因素都增加了数字资源的易破坏性，无论是对数字资源暂时性的损坏还是永久性的损坏，如果数字资源在保存过程中没有及时进行备份或缺乏安全保护等措施，数字资源都很可能会失去自身的效用。因此，数字资源的易破坏性这一特性对数字资源的长期保存和安全管理是十分不利的。

2.4 复杂多样

数字资源的复杂性主要是因为其内容较为宽泛，不同的储存系统有不同的检索和查阅的策略，不同的公共图书馆也可以选择不同的数据结构来转化数字资源，也可以选择不同的数据库和平台来储存数字资源。不同数据结构或不同数据库的数字资源，往往存在较大差异，这也增加了数字资源利用、储存、保护的复杂性。除此之外，数字资源可以以多种语种和结构形式呈现，这也使数字资源具有多样性，这种多样性一方面使数字资源的存储信息范围扩大且呈现方式多元化；另一方面也会给数字资源的长期保护和安全管理带来挑战。

3 公共图书馆数字资源长期保存与安全管理措施

3.1 做好数字资源备份及迁移

公共图书馆数字资源相对于传统的纸质资源来说更脆弱，容易被更改和破坏，因此公共图书馆要做好防患于未然的工作。只有做好事先的防备，数字资源遭到损害时才能够将损失降到最小。备份公共图书馆的数字资源，将数字资源被破坏时公共图书馆遭到的损害降到最低。及时的备份是为数字资源的长期保存增加了一层安全防护，备份的内容与原数字资源一致，即使黑客、网络故障等原因使数字资源受到破坏，也能在短时间内耗费最少的人力、物力，将数字资源恢复到原始样貌，解决数字资源损失问题。而数字资源的迁移问题是在科技发展下公共图书馆信息资源的长期保存与安全管理迎来的新任务。数字资源由于具有对储存介质依赖性高的特性，加之其本身易于被移动、被复制，当数字资源所依赖的软件或硬件环境发生改变时，数据迁移就是无法避免的。系统的升级、数字资源保存技术的发展、软件或硬件的更新换代等原因都可能会需要数字资源迁移，而在这过程中如何让数字资源能够适应新的储存环境，并且能够及时被读取和使用是公共图书馆亟待解决的问题。因此，公共图书馆应当做好数据迁移工作，保证数字资源在迁移过程中不会发生意外，且在迁移后能够正常发挥其应有的价值。

3.2 建立数字资源恢复系统及归档系统

由于数字资源易破坏和易更改的特性，公共图书馆的数字资源长期保存与安全管理必不可少的一个措施就是建立数字资源恢复系统以及数字资源归档。数字资源恢复系统的主要任务是及时修复被更改或破坏的数字资源。一方面，要定期进行系统检查，及时发现数字资源被破坏的问题；另一方面，在数字资源被破坏后，利用数字技术手段及时将数字资源恢复到原始状态，最大限度地保证公共图书馆数字资源能够时刻准确和完整。数字资源归档系统是将数字资源统一整理，通过一定的技术手段进行分类编号，进行系统、全面的管理的系统。这一系统既可以便利数字资源的查询，赋予每一份数字资源独特的数字名称，同时也有利于实现对公共图书馆数字资源的长期保存和安全管理，尤其是被大范围接受并垄断性的数字资源归档系统，有利于实现对数字资源的统一管理，对我国文学、社会、经济等各个方面的发展都大有裨益。

3.3 规范业务工作流程

随着现代计算机技术的高速发展，公共图书馆的数字资源和数字信息利用都随之进步。公共图书馆的业务也从传统的纸质文献的管理及提供线下借阅服务增加提供大量与数字技术相关的服务。例如，数字信息的编目、标引、检索，数字资源的管理系统，都逐渐加入图书馆的业务内容中；又如在发生公共卫生事件时，公共图书馆的工作重心也由线下服务转移到线上服务，线上的信息服务平台和数字资源管理就显得尤为重要。相较于传统公共图书馆的服务形式，现今的公共图书馆增加了数字资源管理、信息服务平台等业务，因此规范业务工作流程对促进公共图书馆的服务有条不紊地进行十分必要。只有将公共图书馆的业务工作流程进行梳理、规范并予以制度保障，让每一服务都有规则可依，减少数字资源在服务过程中产生纰漏的可能性，一旦发生意外也能够根据整套流程的查验对问题进行具体把握，及时处理。由此可见，规范公共图书馆业务工作流程，既有利于数字资源的长期保存和安全管理，同时也有利于挖掘数字资源的多层效用，发挥数字资源的价值。

参考文献

[1] 徐速,王金玲,王静芬.DRAA引进数字资源的长期保存与利用研究[J].大学图书馆学报，2019（6）.

[2] 王春叶.数字图书馆应用云存储长期保存资源模式与策略研究[J].农业图书情报，2019（5）.

［3］ 孟庆宇. 基于区块链技术的图书馆馆藏数字资源长期安全保存策略研究[J]. 河南图书馆学刊，2019（2）.

［4］ 杨义民. 面向大数据的数字资源长期保存问题研究[J]. 四川图书馆学报，2018（5）.

［5］ 杨增秀. 中小科技图书馆数字资源长期保存思考——基于国家工程技术图书馆第一分馆数字资源现状分析[J]. 图书情报工作，2018（S_1）.

［6］ 刘晓英. 大数据时代图书馆数字资源长期保存问题研究[J]. 图书馆，2016（7）.

摄像在公共图书馆讲座中的应用

赖静斯

（成都图书馆 四川成都 610041）

【摘 要】 在图书馆事业发展中，公共图书馆讲座成为新的关注对象，是公共图书宣传工作中重要的组成部分。随着讲座的举办模式、数量、规模等的不断增加，讲座现场要通过摄像等数字化的手段展现。因此本文主要以摄像在公共图书馆中的应用及如何提高摄像水平等问题展开讨论。

【关键词】 摄像；公共；图书馆；讲座

在公共图书馆讲座落实过程中，为了塑造更好的文化氛围，取得更好的文化宣传效果，有必要在摄像方面，从不同的层面上进行改良，提高摄像的清晰度，在摄像过程中进行全面纳入和展现。在与电视、媒体衔接过程中，大家通过不同的渠道，对公共图书馆讲座进行更好的把握，从而实现线上、线下的多重互动。

1 公共图书馆讲座的发展现状

现阶段的公共图书馆讲座，表现出火爆发展的特点，在国家大力倡导与支持下，公共图书馆讲座所展现的魅力，以及创造的文化学习氛围，包括对于参与者的个人指导、帮助都非常大。因此，公共图书馆讲座的现状表现良好。第一，公共图书馆讲座的数量、规模有所提升。当代国民素质的提升，不仅需要专注于学者，更需要在大众化的解读和文化分析、指导力度上持续加强，文化素质的巩固、生活疑难的解答、读书进步都是未来讲座发展的途径，并可以在这些讲座的不同主题下，得到更好的指引和创新，从而提高群众的欢迎程度，获得良好的效果。第二，在公共图书馆讲座的执行过程中，并不是随意开展的，前期的调查研究，信息的整理和分析，以及参与人员的反馈和各类建议等，都会在公共图书馆讲座的持续革新过程中，进行适当的采纳和掌握。目的在于促使公共图书馆讲座，能够在长期发展过程中，更好、更丰富。第三，更新优化公共图书馆讲座的各类专业化设施、设备，特别是对于摄影摄像等数字化设备的运用，通过在专业性的辅助措施上良好优化，对讲座的长期发展奠定坚实的基础。

2　摄像在公共图书馆讲座中的应用

2.1　记录关键讲解信息

目前，公共图书馆讲座的受欢迎程度较高，摄像的应用，对于关键讲解信息的记录，是非常重要的措施和办法。例如，公共图书馆讲座的时间一般相对较长，当代年轻人未必能够完全从头到尾的听讲和分析。但在网络迅速发展的情况下，摄像对于关键讲解信息的记录、分析、剪接等，能够对公共图书馆讲座质量起到一个更好的改良，通过完整版、精剪版、简洁版的有效塑造，可以在公共图书馆讲座的综合表达过程中，满足不同群体的需求。第一，摄像在记录关键讲解信息的过程中，会通过全景、中近景及特写的方法来完成，对于专家、学者、参与者的一些重要观点进行高清拍摄、记录，目的在于传播正确的文化思想，同时引起大家的探讨和分析，共同在公共图书馆讲座的沟通过程中，从不同的层面进行优化，解决既往的"一言堂"现象，从而对公共图书馆讲座的综合水平，做出调整和提升。第二，摄像在记录关键讲解信息的过程中，如果遇到"网络喷子"的现象，同样可以由此来作为反击的证据，对于某些"键盘侠"的观点应对，能够做出科学的引导。

2.2　加强资料保存

公共图书馆讲座方面，资料保存的传统手段在于按照纸质记录来完成，但是其缺陷比较明显。纸质记录过程中，完全根据与参与保存人员的工作能力来完成，因此有可能出现疏漏的情况，对于公共图书馆讲座的一些重要信息，无法完全、精细化的记录。但是，在摄像的运用过程中，可以对公共图书馆讲座的各类资料进行分类保存，从而获得更加突出的成绩，从开始到结束，按照动态影音模式来记录，并拍摄现场照片给予辅助。这对于公共图书馆讲座的资料保存，以及各类资料的对比等，都会取得更好的效果。例如，在公共图书馆讲座的宣传过程中，摄像的拍摄内容，一方面会设定不同的人物和内容；另一方面可以结合不同的受众群体，在宣传片的设计过程中，抓住大家的心理需求和文化需求，从而引导更多人来参与和学习，提高公共图书馆讲座的受众面积，促进文化的传播和引导，从而取得更好的成绩。

2.3 建议加强摄像管理

公共图书馆讲座的举办过程中，摄像的运用，须在管理措施、方法上不断健全。摄像看似比较简单，但实际上需要遵从的规范、标准还是比较多的，在各项工作的具体安排上，应给出足够的保障。第一，摄像的位置，要提前做出设计和模拟测试，观察摄像的最佳角度，对于设备的摆放和现场的线路布置，以及备用设备的预备等，都要做出精细化的安排。摄像的过程中，不仅要有效地记录现场信息，如果是连接网络设备、电视设备开展同步直播的情况下，更加要对摄像的技术、设备、线路、稳定性因素等，做出有效的分析和调整，由此能够在摄像的预期效果，以及公共图书馆讲座的综合表现上，有更多的进步。第二，摄像的故障处理，以及现场的机械设备摆放调整，包括对于参与人员的循环录像，以及重要的发表讲话、现场互动等，都需要重点录制，这对于摄像所提出的专业要求较高，要在切换过程中保持流畅、自然。

2.4 建设专业团队

目前，在摄像上的应用方面，公共图书馆讲座开始在各类要求上不断提升，不仅要对专业素质进行巩固，同时在临场发挥和特殊问题的解决方面，需要专业的团队来完善。因此，为了在公共图书馆讲座的长期发展上取得更好的成绩，必须加强专业团队的建设。第一，摄像人员的培训、指导，要尽量通过专业性的衡量标准来完成。很多人对于摄像表现出一定的爱好，但是专业性不足，因此在具体工作过程中，表现出高度的随意性，主观态度不够端正，客观行为不受指挥，以致摄像质量不好，针对专业能力不足的人员，要持续性培养和改正。第二，专业团队建设过程中，摄像的操作人员、助理人员、现场维修人员等，要配备整齐，观察摄像可能出现的事故或者隐患，结合公共图书馆讲座的空间部署和人员流动现场，在线路保护和设备保护，以及摄像人员工作路线等方面，进行提前优化，至少准备两套方案，从而保持公共图书馆讲座的正常录制。

2.5 加强网络电视播放

摄像在公共图书馆讲座中的应用，是必要性的组成部分，但是当前的媒体发展速度不断加快，网络电视媒体的全面革新。这对于摄像而言，是全新的挑战，同时也是非常不错的发展机遇，应进行更好的创新和改变。第一，网络电视播放过程中，摄像的操作，必须保持信号方面的有效稳定。例如，摄像在各类设备应用之前，针对参数的调整以及设备的功能调整，要结合公共图书馆讲座的特点和要求来完成，尽量选择先进的设备、功能健全的设备来完成，以更好地提升网络电视播放的综合效果，对于一些隐患，也可以提前做出预防。第二，摄像对于公共图书馆讲座的网络电视播放，需要加强计算机网络的控制和调整。例如，现场发生争执现象或者是冲突现象时，可以直接通过计算机网络控制掐断，避免造成严重的舆论压力和播出事故，也可针对摄像的临时调整以及主办方的要求进行适应，从而将负面影响降到最低。

3 摄像的发展趋势

随着讲座在公共图书馆的持续发展、创新，对于我国文化事业的进步，以及文化宣传和国民素质提升，产生了非常好的效果。摄像的发展，对于公共图书馆讲座而言，是重要的组成部分。第一，摄像的设备，需要进一步的精简和优化。庞大的设备和现场的辅助设施过多，不利于公共图书馆讲座的正常举办，而且布置和拆除、调整难度较大，整体上不够灵活。因此，针对摄像的设备选择，要考虑公共图书馆讲座的综合需求，在设备的灵活度方面进一步提升，尤其是现场的指挥方面，要达到总控全局的效果。第二，摄像的技术，以及网络的连接、电视的播放、现场计算机的操纵，都要考虑一些特殊情况和意外因素的影响，坚持提前做好应对措施，从而更好地提升摄像的水平。

4 结 语

当前，公共图书馆讲座的摄像，能够结合多方面的需求来调整，对各项持续性不足的方面进行弥补，从而取得非常卓越的成效。另外，相关资料记录和观点表达、信息传播等方面，都可以得到不错的提升。在公共图书馆讲座的举办过程中，摄像的综合内容，要进一步的提升、创新，站在不同的层面上，做出深入的思考和解读；同时在公共图书馆讲座的需求满足过程中，应加强自身的体系完善，在摄像的各类举措上，给出更多的依据和肯定。

参考文献

［1］ 王睿. 摄影抓拍技巧在电视摄像中的运用[J]. 西部广播电视，2019（24）.

［2］ 张忠民. 探讨在摄像过程中光的应用[J]. 数字通信世界，2019（12）.

［3］ 王明珠，王康. 巧用电视摄像拍摄技巧 提升电视节目质量[J]. 西部广播电视，2019（22）.

［4］ 梅涛，徐敏. 简论手机新闻摄影摄像及拍摄技巧[J]. 新闻前哨，2019(11).

PART FIVE

公共图书馆管理服务

从文献采编的角度
看成都地区公共图书馆集群管理系统合并

徐 未

（成都图书馆 四川成都 610041）

【摘 要】 2020 年 5 月以来，成都市 22 家公共图书馆集群管理系统合并工作正式启动。预计到年底，成都地区所有的公共图书馆的书目数据库将合并成为一个集群式通借通还系统，方便读者借阅书刊，实现文献资源的共建共享。本文详细介绍了这一工作开展的背景、产生的意义、实施步骤、操作规范以及后期可能出现的问题。

【关键词】 文献采编；成都地区；公共图书馆；系统合并

2020 年 5 月以来，成都图书馆牵头、广州图创公司配合的成都市 22 家公共图书馆的书目数据集群管理系统的合并工作已全面铺开。截至 2020 年 7 月，青白江区图书馆、锦江区图书馆、蒲江县图书馆、大邑县图书馆相继将本馆的书目数据导入成都图书馆目前正在使用的 Intellib 图书馆集群管理系统中。初步计划到 2020 年年底，成都地区其余的公共图书馆还将陆续将本馆的书目数据合并为一个大系统。届时，成都地区的公共图书馆将实现真正意义上的书刊无障碍的通借通还。这项工作顺利完成将使成都地区公共图书馆成为继广州图书馆之后，作为整个西部地区首家使用同一个互通的图书集群管理系统的地区，走在全国公共图书馆行业的前列。

1 全市各区（市）县公共图书馆书目数据集群管理系统合并的背景

继成都市公共图书馆于 2015 年推出身份证注册通借通还服务后，2019 年 4 月 23 日，成都图书馆又在全国率先推出社保卡免注册服务功能。市民可凭新一代社保卡（包括电子社保卡）到全域成都范围内的 22 个公共图书馆免注册免押金借还图书和远程免费使用成都数字图书馆海量资源。虽然目前成都地区各区（市）县公共图书馆所使用的操作借阅系统相同，但各馆之间的书目数据是相对封闭的，造成了成都市通借通还工作的障碍。书刊在各个区县公共图书馆之间流通的不畅性越发明显。基于此，成都图书馆牵头开展此项工作。成都地区 22 家公共图书馆将自己馆的所有书目数据导入成都图书馆目前正在使用的 Intellib 图书馆集群管理系统。届时，成都地区所有的公共图书馆将使用同一套操作系统进行书目数据的处理，馆藏情况将在系统中一览无余，书刊在成都市各区（市）县公共图书馆之间的借还将变得更加顺畅和便利，更加方便了整个大成都范围内的读者借阅书刊。

2 系统合并的意义

2.1 打破各馆之间书目数据壁垒，完成跨系统借书，实现真正意义上的通借通还

成都市已于 2015 年实现了图书的通借通还，这一举措极大地方便了成都市民就近借阅书刊。例如，某读者在成都图书馆借的书可以在锦江区图书馆归还。但由于各个区（市）县公共图书馆都是使用的本馆相对独立、封闭的操作系统，就像一个关着门的小房间，只能看到本馆的馆藏情况及借阅数据。读者还到锦江区图书馆的原本属于其他图书馆的书，也不能及时上架再借出，只能堆积起来，定期归还到各个图书馆，实际上止步于通还。此次系统合并之后，就相当于把所有小房间的门都打开，变成一个通透的大房间，还可以相互串门，相互借还。

2.2 提高文献资源的使用率，制订更加合理的文献采访计划，使购书资金的使用更加科学、精准

一般公共图书馆的文献资源采访都是根据自身馆藏基础和读者的需求进行补充的，长期以来都各自为营。但是此次书目系统合并之后，文献资源可以互通有无、资源互补。各馆在文献采访时可以更有针对性、有重点、有系统地进行文献的补充，可有效避免资源浪费和重复建设，也可使购书经费的使用更加精准、有效，更大限度地满足读者需求和文献资源的典藏。

2.3 为下一步打造总分馆制，将通借通还延伸到村（社区）一级图书室奠定坚实的基础

此次系统合并之后，初步实现了成都地区各区（市）县公共图书馆之间的集群式通借通还系统，实现了文献资源的共建共享。今后成都市还将逐步扩大通借通还

的范围，将服务延伸至乡镇（街道）一级，最终遍布村（社区）一级图书室，方便广大市民随时随处都能阅读。

3 图书馆集群管理系统数据合并工作的步骤及应注意的问题

3.1 系统合并工作对操作人员的要求

目前成都市 22 家公共图书馆由于人员配置、专业技术水平不同等原因，对 Intellib 图书馆集群管理系统的利用率和熟悉程度不同。多数公共图书馆的书刊编目工作已整体外包，图书馆工作人员只承担数据审核工作。所以，在处理系统合并数据导入时，必须要由平时对书目数据进行具体操作的工作人员（外包公司的工作人员）亲自进行操作，否则，一旦出错，将是成千上万乃至几十万条数据的错误，并且不可逆。因此，各馆负责操作的工作人员在系统合并之前必须到成都图书馆来接受培训，并进行模拟操作，以保证能够准确无误地进行操作之后再回到本馆完成本馆的数据合并工作。

3.2 系统合并过程中导入数据的注意事项

3.2.1 设置采编参数

进入操作系统后，必须首先进行采编参数设置：在采编参数设置—设置采编参数里选择导入数据相应的 MARC 类型和书目控制号，如中文图书为：1-CNMARC，012020012560-012020999999。这一点和平时处理书目数据是一样的，但是必须要有这一步，否则当前 MARC 类型错误的话，这条书目数据将分库错误并且在正确数据库中查找不到。加之，系统合并涉及的数据数量巨大，一旦出错后果则非常严重。

3.2.2 书目数据中的 905 字段

以前各区（市）县公共图书馆的书目数据中的 905 字段比较混乱，无法通过馆代码识别出此条书目数据的隶属关系。此次系统合并明确规定，905 字段&a 必须统一为各图书馆的馆代码，如：青白江区图书馆的馆代码为 CD113，则 905&a 应为 905&aCD113。

各馆可根据成都市各区（市）县公共图书馆代码表中所属的馆代码（见表 1），作为书目数据 905 字段的&a。系统合并后，各馆的书目数据一目了然，方便借阅和检索。

表 1　成都市各区（市）县公共图书馆代码表

序号	图书馆名称	代码号
1	成都图书馆	101
2	锦江区图书馆	104
3	青羊区图书馆	105
4	金牛区图书馆	106
5	武侯区图书馆	107
6	成华区图书馆	108
7	龙泉驿区图书馆	112
8	青白江区图书馆	113
9	新都区图书馆	114
10	温江区图书馆	115
11	金堂县图书馆	121
12	双流区图书馆	122
13	郫都区图书馆	124
14	大邑县图书馆	129
15	蒲江县图书馆	131
16	新津县图书馆	132
17	都江堰市图书馆	181
18	彭州市图书馆	182
19	邛崃市图书馆	183
20	崇州市图书馆	184
21	简阳市图书馆	185
22	高新区图书馆	暂时使用 190

3.2.3　馆藏书目接收

做好前两步，则可以进行馆藏书目数据接收。接收时，需要特别注意以下问题：

（1）"书目数据重复时"选项，勾选"书目不覆盖馆藏合并"。只能选择这一选项，否则系统检测到书目数据重复时，会用区县馆的数据覆盖掉成都图书馆的数据。目前成都图书馆正在和广州图创公司协商，单独开发系统这一选项，只出现"书目不覆盖馆藏合并"这一选项，避免操作失误。

（2）不可以勾选"始终载入 905 字段（转换期刊数据用，把 905 字段保存到查重到×××的书目中）"。这条主要涉及期刊数据的转换。此次系统合并主要针对各馆馆藏图书的书目数据，各馆期刊数据都将保留下来，相同的期刊数据也不会覆盖。

3.2.4　查重设置

合并之前进行查重是这次系统合并的重中之重，因此必须严格按照要求进行查重设置。通过数据查重，同一本书的书目数据只保留一条（原则上保留成都图书馆的书目数据），所有馆藏情况都清楚显示在这条书目数据之下。此次数据合并主要针对图书，相同期刊的书目数据不会合并为一条，各馆的期刊数据均会保留。具体查重设置如下：

（1）查重设置中选择"标准查重方式"，勾选"标准查重方式"。

（2）选择"保存字段设置"。

（3）选择"确定"。这一步很容易被忽略，在操作过程中应多留意。

4　系统合并后可能会出现的情况

4.1　同一本书出现多条书目数据，对应不同图书馆的馆藏

同一本书在系统合并之前，由于某些图书馆书目数据著录不规范，或者著录规则不一致，易出现同一本书的某些关键检索信息不一致，以致在系统合并的查重环节中被系统认为是两本书，出现两条或者多条书目数据。书目数据又对应着不同的馆藏，容易造成借阅时的混淆。在后期增加验收时，需要仔细辨认，若成都图书馆有这本书的书目数据，则使用成都图书馆的数据；若没有这本书的数据，则使用本馆的数据。

4.2　成都图书馆的某些书目数据被覆盖

由于操作不规范，可能导致在接收数据时用本馆的数据覆盖了成都图书馆的数据。一旦出现这种情况，则只能由操作人员手动修改每一条出错的书目数据，使其恢复本来面貌。

5　结　语

此次成都地区 22 家公共图书馆的书目数据集群管理系统的合并工作是一次全新的尝试，能否达到预期的效果，还有待时间的检验。但这种敢为人先的精神将是我们砥砺前行的动力。相信这种坚持会让成都地区公共图书馆的工作更上一层楼，让更多的读者从中受益，让文献资源的共建共享更加普及。

参考文献

[1]　张斌. 高校合并后图书馆自动化系统整合[J]. 科技信息（学术版），2006（1）.

[2]　黄勇，周雨. 重庆公共图书馆通借通还服务存在问题及对策研究[J]. 图书馆界，2015（4）.

公共图书馆跨界合作和社会效能发挥

——以龙泉驿区图书馆为例

李 宁

（成都高新区巨力文化服务中心 四川成都 610000）

[摘　要] 公共图书馆在互联网时代面临巨大挑战和机遇，需要跨界合作，不断渗透、融合，突破行业内的约束及瓶颈，进入新领域寻求新发展。在公共文化体系不断健全的新时期，阐述公共图书馆目前存在的问题，提出跨界合作的意义所在，并且提出各种跨界合作新思路，并以龙泉驿区图书馆跨界合作为例，具体阐述。

[关键词] 公共图书馆；跨界合作；服务；效能

进入现代化社会，各行各业竞争激烈，"跨界"一词越来越频繁地出现在我们身边，跨界营销更加明显、广泛地应用在各行各业。各个独立的行业，在经过不断融合、渗透后，创造出更多新型的元素，行业壁垒也在逐渐被打破。新时代，公共图书馆面临巨大挑战也面临巨大机遇，也需要和其他行业进行跨界融合，相互渗透，共同发展。尤其是进入互联网经济时代后，基于"互联网＋"思维的跨界更加明显和广泛，各个行业不断融合、渗透，突破行业内的约束及瓶颈，进入新领域寻求新发展。可以说，跨界合作的本质核心是一种协同创新。[1]

1 公共图书馆的定义

传统公共图书馆是由地方行政机构税收支持的，设立和经营具有法律依据，并免费为所有居民服务的图书馆。公共图书馆的服务对象从儿童到老人，从普通居民、工人、农民到专家学者，服务各年龄段、各种不同职业市民需求，提供各种图书、期刊、报纸、数字信息等资源，提供阅览服务、参考咨询、文化活动等服务。

2 公共图书馆面临的问题

近年来，随着国家对提高公民文化素养、精神文明建设越来越重视，人们对公共图书馆的认知不断加强。2017 年，习近平总书记在十九大报告提出，要完善公共文化服务体系建设，实施文化惠民工程，丰富群众性文化活动。强调公共文化服务满足公民基本文化需求，提升公民阅读和文化素养，进一步促进社会和谐发展，促使公共图书馆转型，改善服务意识。公共图书馆作为公共文化服务的重要组成部分，面临着各种问题。

2.1 公共图书馆办馆理念单一

基于公共图书馆办馆由中央政府或地方政府主办的根本，目前公共图书馆办馆受经济发展水平和行政管理体制现状的影响，造成公共图书馆办馆观念单一，馆舍配置设计等不足以吸引市民入馆。

2.2 基层图书室不足

占全国人口大多数的广大农村地区目前是公共图书馆的盲区，农村人口的公共文化服务权利从根本上无法得到保障。尽管在乡镇由政府主办的乡镇综合文化站里，也都有 1 个图书室，但是实际社会效能也是非常低下的。而生活在广大农村行政村、自然村里的农民，几乎都无法享受到公共图书馆的服务。[2]

2.3 服务人口数不足

公共图书馆建馆立项管理由地方行政机构支持，形成辖区内建立一个公共图书馆的体制，目前城市人口流入逐年增加，城市之前也积极推出诸多人才引进政策吸引优秀人才落户，但是公共图书馆建设依然没有跟上时代步伐，数量增加有限，导致服务半径和服务人口数不足。

2.4 业务能力不能满足需求

在互联网时代，传统文化获取途径被越来越便捷的网络信息化途径所替代，读者不满足于通过文献资源获取信息，读者阅读需求更加多样化，阅读资源越来越信息化。公共图书馆因其历史原因，大多数无法满足读者越来越快捷的信息获取需求。现阶段，公共图书馆想提供多元文化服务，需各种社会力量参与，并继续保持优势，扩大读者群体。

3　公共图书馆跨界合作的意义

面对公共图书馆书刊借阅量持续下降，公共图书馆作为社会公共服务体系中的重要组成部分，需要引用跨界合作等思维模式来突破原有的办馆方式。跨界合作具有重要意义。

3.1　提升公共图书馆服务效能

公共图书馆的重要作用是提供公共文化服务，响应政府积极推广全民阅读，提高全民素质，建设书香社会，推进公共文化服务的政策号召。跨界合作可以实现公共图书馆互联网建设和资源共享，将信息推广作为提升服务效能的先导条件，某种程度上对提升公共图书馆的影响力有重大意义。

3.2　与其他机构合作共赢

公共图书馆与其他机构的跨界合作，也可以从自身行业发展模式中，提升公共图书馆和其他公共机构服务效能，拓展服务空间，丰富跨界合作资源、人力和技术。公共图书馆通过跨界合作达到服务效能提升，合作对象也能通过公共图书馆形象的宣传作用获得一定的利益和成效。如：铜陵市图书馆成功实现了公益性图书馆与经营性书店的合作；长沙的地铁自助图书馆及北京的"M 地铁·图书馆"也颇有成果。[3]

4　跨界合作

4.1　公共图书馆与其他公共文化服务机构合作

在公共图书馆自身发展同时，积极推动和其他公共文化服务合作，采取多种多样的文化宣传推广方式，可与文化馆、博物馆、美术馆等合作。如：龙泉驿区图书馆和区文化馆、区艺术团等公共文化服务机构合作，连续多年持续开展"世界读书日活动"，增加了宣传推广活动的趣味性，扩大了宣传的影响力，丰富了广大市民的文化生活。目前，世界读书日相关活动已经成为龙泉驿区图书馆的品牌特色活动，在龙泉驿区图书馆文化服务宣传工作中发挥重要作用。

4.2　与新媒体合作

目前常见的新媒体平台如包括微信、微博等，已经成为公共图书馆宣传的主要工具。除了日常的宣传推广，微信目前已经实现图书查询、续借、预约等服务，支付宝也随之加入文化服务阵营。目前已经有相当多的省市公共图书馆陆续开通支付宝线上图书馆服务功能。

4.3 与书店合作

互联网时代给传统实体书店带来的冲击可谓巨大，在电商价格冲击、实体店运营成本不断增加的今天，实体书店的经营方式也发生了翻天覆地的变化。如果还以原有的方式经营，只能陷入残酷的价格战中。结合公共图书馆目前阅读情况，将"书店-图书馆"模式整合，可以综合利用书店和图书馆的资源，为广大读者提供更丰富的阅读空间。

4.4 与基层社区合作

与基层镇、街道合作，落实到村、社区，充分利用图书馆资源，实现区域公共图书馆服务体系全覆盖，提高城乡阅读普及率，从而使全民阅读阵容不断扩大，弥补公共图书馆场馆集中的不足。

4.5 与其他企业合作

与数字化服务商和其他公共文化服务商合作，打破公共图书馆因为财政经费、图书馆位置局限、管理体制原因导致的服务效能低下等固有不足之处，共同推进智能化、高效化、集中化的公共文化服务体系。

5 龙泉驿区图书馆跨界合作案例

5.1 与其他公共服务机构合作

自 2004 年起，龙泉驿区图书馆联合区关工委、区文化馆、区艺术馆、学校等每年举办少儿诵读比赛，旨在为全区少年儿童坚定文化自信、勇担时代使命提供展示舞台。截至 2019 年，已连续举办十六届。2019 年 8 月，成功举办"2019 年'诵读中华经典，传承华夏文明'庆祝新中国成立 70 周年暨少儿国学经典诵读比赛"，影响群众达万余人次，吸引了人民网、中国网、中新网等多家媒体的关注和报道，取得了良好的社会效果。

2017 年，成立"龙泉记忆"戏剧社，一直面向社会提供免费戏剧培训，致力于以"真人图书馆"暨话剧形式讲述龙泉、传播龙泉。以"身边人讲身边事、身边人讲自己事、身边事教身边人"的形式，创新全民阅读推广路径。在营造全区阅读氛围的同时，进一步繁荣群众文化生活，增强文化自信，已成为群众易于参与、乐于参与道德建设的平台和载体。

2019 年 3 月 26 日，成功举办"桃花吟·龙泉礼赞"龙泉人谈龙泉作品分享会，邀请龙泉本土作家和学者分享、讲解自身作品。活动以对话互动的方式，为广大读者及书友带来了一场生动的文化分享盛宴。

5.2 与社区合作，全民阅读遍地开花

龙泉驿区图书馆自 2005 年启动总分馆制建设以来，构建了以城乡联合共建为覆盖基础、以跨行协作共建为有效补充、以统筹直建为提档总领的多模式"总分馆制"。至 2019 年，已建成以区图书馆为主干、4 个直属分馆、12 个街道（乡镇）图书室、144 个村（社区）图书室、32 个馆外流通服务点为枝叶的总分馆体系，全面实现了区域公共图书馆服务体系全覆盖和城乡阅读公平、服务均等化，全民阅读阵地不断发展壮大。

2019 年，新建直属分馆——怡和新城 F 区 24 小时自助图书馆，为辖区居民提供特色现代化自助借阅服务；与企事业单位新建馆外流动服务点 4 个——北干道派出所图书流动服务点、西河专职消防队图书流动服务点、龙泉驿区政府图书室、龙泉驿区组织部图书室，努力打通公共文化服务"最后一公里"。

5.3 与书店合作，携手推进多层次阅读需求

龙泉驿区图书馆携手新华文轩开展"你选书、我买单"阅读活动，让读者参与图书馆的采访工作。截至 2019 年，该活动已连续举办三届；同时，通过开设网上意见箱、发放读者需求调查表等形式，向广大读者征集图书购买"金点子"，有计划、分类别地购买市民需要的书籍、喜好的图书。这些途径能更好地提升读者的阅读自由感和获得感，使龙泉驿区馆资源效益倍增，有效推动全民阅读工作开展。

5.4 与学校合作，培养阅读基础

长期开展"义务小馆员"志愿者活动，旨在为学生读者们提供社会实践的机会与平台，帮助其更好地了解图书馆，利用图书馆的"书香气"培养学生读者爱读书的好习惯，助力全民阅读推广。

2019 年 11 月 8 日，联合区实验小学、四川音乐学院传媒学院举办"馆校牵手诵古韵，经典涵养人生"展演活动，以多种表演形式展现了一幅幅新时代爱国画卷。活动共吸引 300 余人参与，受到师生们的热烈欢迎。

5.5　与数据商合作，打造自助服务新模式

2019 年 1 月，龙泉驿区首个 24 小时自助图书馆——怡和新城图书分馆正式开馆。该馆致力于打造以街道公共图书馆＋特色阅读空间＋自助式公共阅读的特色服务模式，拥有 7 000 多册纸质图书供读者选择，具有辐射范围广、服务人口多、使用率高等特点。

紧跟时代节拍，购买超星移动图书馆，为读者提供 3 万册 epub 格式电子书全文阅读、1 000 种电子报纸资源以及读秀及百链的访问权限。读者可通过微信公众号菜单栏中的"森林阅读"进入移动图书馆，线上进行借阅、查询、预约、续借、到期还款等操作。

不断丰富数字资源，读者通过微信公众号菜单栏可直达新语听书、龙源微阅读、博看期刊、博看有声读物、少儿图书馆等在线数字资源。种种措施皆为方便读者利用碎片时间进行阅读，随时随地尽享阅读之美。

2018 年，引进芝麻信用自助借还机。该设备具有预约借书、现场借书、取书（含扫描二维码、刷卡、输入取书密码等三种方式）、还书（含 RDID\条码等两种方式）、查询借阅信息、自助借阅及电子文献浏览等功能，可为读者提供 24 小时自助服务。

5.6　与服务商合作，提高公共文化服务效能

龙泉驿区图书馆一直致力于提高服务效能，实行公共文化服务外包，从业务管理、读者服务、活动宣传、内部机构协调运转四方面综合要求服务商，明确岗位设置，划分职责权限，鞭策社会力量提高公共文化服务质量与水平，增强公共文化服务受众的体验感，从而更好地完成公共服务的有效供给。并且定期对服务商进行专业的考核，时刻鞭策服务商提高自身服务水平。

6　结　语

跨界合作为公共图书馆提供了新的发展方向，推动了全民阅读的积极性，响应了国家各级政府对目前全民素质提高、加快构建现代化公共服务体系的具体要求，以社会主义核心价值观为引领，巩固基层文化阵地，促进精神文明建设，保障人民群众的文化权益。

参考文献

[1]　司姣姣.“互联网＋”环境下图书馆跨界融合的实践与模式[J]. 图书情报工作，2017（20）.

[2]　杨玉麟，闫毅. 多元化的公共图书馆办馆主体更符合中国国情——学习《中华人民共和国公共图书馆法》的体会[J]. 图书馆建设，2018（1）.

[3]　王洪波，耿晓宁.“IN LIBRARY”和地铁图书馆跨界合作比较研究[J]. 图书馆，2016（3）.

新冠肺炎疫情下公共图书馆服务方式的探索
——以成都图书馆为例

付利翔

（成都图书馆　四川成都　610041）

【摘　要】 面对新型冠状病毒疫情，作为公共场所的图书馆如何实施疫情防控，是对公共图书馆管理水平和服务水平的一项重大检验。本文以成都图书馆为例，分析其在疫情危机应对中，一方面加强疫情防控，另一方面推广线上阅读，建立了疫情防控常态化机制，采取了线下与线上相融合的服务方式，安全有效地发挥出了公共图书馆的社会功能。

【关键词】 公共图书馆；新冠；疫情；防控

1　疫情危机下图书馆面临的状况

2020 年年初，一场新型冠状病毒肺炎疫情防控战役，在全国各地轰轰烈烈打响。图书馆作为公共场所，空间相对封闭，人员密集且流动性大，一旦有疫情发生，无法及时追溯相关接触人员。初步研究表明，新冠病毒在物体上最长能存活 48 小时，假设有病毒残留在书籍等物品上，触摸后则可能通过口、眼、鼻黏膜形成传染。2020 年 1 月，我省依法依规启动突发公共卫生事件一级应急响应。停止公共场所聚集性活动，全市各级公共图书馆、文化馆、公共博物馆全部暂行闭馆。

2　疫情危机下图书馆的防控措施

2020 年 2 月 26 日，根据四川省新冠肺炎疫情防控形势，四川省应急委员会将疫情防控应急响应级别由突发公共卫生事件一级响应调整为二级响应。2 月 28 日，成都图书馆重新开放，启动闭架开馆程序，实行网上预约入馆；3 月 16 日起开放部分阅览外借区域，读者可进馆自行借还图书；3 月 23 日起恢复馆内阅览、自习。同时，在线上开展丰富多样的阅读推广活动，让读者足不出户就能享受到 24 小时不打烊的数字阅读服务。

2.1 加强馆内防控，线下杜绝感染风险

2.1.1 建立疫情快速反应和应急处理机制

疫情发生后，成都图书馆在第一时间成立以馆长为组长、其他班子成员为副组长、全体部门负责人为成员的疫情防控专项工作领导小组，将新型冠状病毒感染的肺炎防控工作作为重点工作，各部门分工实施全馆职工身体健康状况监测及去向数据采集、场馆巡查及内外区域消毒、物资采购发放等。每日监测在岗职工、窗口工作人员、保洁人员及安保人员健康情况，通过网络开展防控制度、个人防护与消毒等知识技能培训。

2.1.2 采取限流措施，保障安全距离

疫情期间制定限流措施，及时排查消除安全隐患，确保疫情不发生、不在成都图书馆蔓延。成都图书馆建筑面积 2 万平方米，原有 1 320 个阅览座位，撤除了将近 50% 的座位数，现一张桌子只保留 2～3 个座椅，让读者之间保持安全距离（见表 1）。对进馆读者人数进行限流，根据（3～5 人）/100 平方米的标准控制人数，将全天进馆总人数控制在 1 000 人以内。设置双重关卡，一是对所有进馆人员严格执行口罩佩戴与体温监测，体温在 37.2 ℃ 以下方能入馆；二是设置登记窗口，进馆读者需使用身份证实名制登记，并如实填写登记表，写明居住地、联系方式、是否去过重点疫区以及是否有病例接触史等。同时，图书物流配送等业务相关人员由所属公司提供健康管理及信息报送工作，尽量减少到馆次数。

表 1 成都图书馆疫情期间座席数量

楼层	座席数量
一楼少儿阅览室	53
二楼盲文阅览室	4
二楼大厅	48
三楼电子阅览室	87
三楼自修室	178
三楼回廊	16
四楼期刊、报纸阅览室	205
五楼中文图书外借室	42
五楼外文图书阅览室	16
合计	649

2.1.3 加强馆舍消毒，不留卫生死角

建立公共区域清洁消毒台账制度，每天清洁消毒不少于 2 次，详细记录每个点位的消毒情况，包括日期、地点、消毒时间和消毒人员，确保消毒工作责任到人，不留死角。做好书籍消毒杀菌工作，每日闭馆后，将还书箱的图书移至集中点统一消毒，再行上架。

保持馆内空气流通，各楼层区域每日通风 3 次，每次 20~30 分钟。根据成都市卫健委发布的《新冠肺炎疫情期间成都市办公场所和公共场所集中空调使用指南》检查中央空调通风系统的类型、供风范围、设施设备等，对空调系统定期清洗，对关键设备，如空气过滤器、表冷器、加热（湿）器、冷凝水盘等定期消毒。

设置临时隔离室，临时隔离室的位置相对独立。人员出现发热等症状时立即进行暂时隔离，并通知卫生防疫部门。

2.1.4 贴心服务，全方面为读者考虑

在闭架开馆期间，实行网上预约制，有借书需求的读者，可在成都图书馆官网、微信公众号上提供所借书信息（书名、作者、出版社等）并留下联系方式，工作人员代为查找书籍并做消毒处理，再通知读者来馆借阅。为解决广大读者疫情期间无法及时归还图书的实际困难，成都图书馆联合全市 22 家公共图书馆为所有读者办理了纸本图书自动延期到 9 月 30 日的归还服务，这期间产生滞纳金的将在归还时全部给予免除。并在馆内公共区域设置消毒用品摆放台，免费为读者提供洗手液、75°乙醇消毒液等疫情防控用品。

2.2 线上活动实现"隔离空间但不隔离阅读"

受疫情影响，进馆读者人数有限，但成都图书馆推出了一系列线上文化服务，将线下与线上相结合，注重线上阅读推广，营造"隔离空间但不隔离阅读"的氛围。

2.2.1 全国首创社保卡作为读者证

成都图书馆在全国首创社保卡作为读者证，所有已激活成都市社保卡（人社功能）的持卡人，都是成都图书馆的有效读者，可免押金免注册使用成都数字图书馆的资源。这一创新服务，吸引了广大成都市民在疫情期间，开启掌上阅读。2020 年 1 月 24 日到 2 月 9 日，成都图书馆线上服务数量超过 70 000 人次，实现大幅度增长。

2.2.2 市民畅享海量数字资源

在成都图书馆微信公众号上提供"书香成都""畅想之星电子书""龙源期刊"

等 10 万余册经典电子书、近 3 000 多种知名刊物。其中，微学习中心拥有各类职业能力培训以及新东方的精品课程；"云图有声图书馆"为市民提供不少于 15 万小时的有声读物，涉及国学经典、政治法律、经济管理、名人名家、历史地理、自然科学等多个领域；"微视少儿馆"专为 3～12 岁的少年儿童提供各类电子图书、绘本、视频，家长可带领孩子在家进行艺术、科学、语言等亲子活动。通过电脑端访问，还可享受到海量的数据库资源，包含学术论文、图书报刊、学习考试、休闲娱乐等8 800 万篇册次的各类数字资源。

2.2.3 科普宣传科学防疫

作为科普宣传阵地，成都图书馆及时上线"新型病毒肺炎专题"，适时更新针对疫情的国内外权威学术资料，同时上线中国疾病预防控制中心发布的《公众预防新冠状病毒感染肺炎指南》《新型冠状病毒预防绘本》《新型冠状病毒感染的肺炎 11 类人群心理干预与自助手册》《病毒星球》《人类抗疫全记录》等疫情防控相关资源，让读者足不出户就能及时了解防疫知识，消除恐慌心理。

2.2.4 推广微信"云阅读"平台

除了官方网站、公众微信号，成都图书馆还开发了微信小程序"成都图书馆云阅读平台"，整合各大主流数字阅读资源，为读者提供多渠道的数字阅读体验。该平台包含每日精读、精品资源、课程、主题书单、精彩视频等多个栏目，阅读界面好操作，可以自行设置字体大小、阅读模式，还可以将喜欢的书籍加入书架或者生成阅读海报分享给好友。

2.2.5 开展丰富多样的线上活动

因疫情原因取消人流聚集的"成图锦城讲堂·传统文化国学经典""成都市民道德讲堂""家长沙龙"等现场讲座。以网络视频方式，录制专家讲座，上传至图书馆官方。开展"线上闹元宵"征集疫期读书金句，"以读攻毒、全民战疫""我听·我读"少儿读者主题朗诵和居家阅读摄影大赛等活动，传递社会正能量，鼓励全民阅读，消除焦虑恐惧，增强市民战胜疫情的决心。

3 疫情常态化下公共图书馆服务模式的思考

目前国内疫情基本得到了有效控制，但是境外输入、复工反弹、季节更替、病毒变种等问题不时发生，疫情就像关不紧的水龙头一样，还看不到终止的迹象。人类未来或将长期同新冠肺炎疫情共存，这意味着疫情防控将长期处于常态化。

3.1 适应疫情常态化，打造安全馆舍环境

公共图书馆要严格出入口管理和员工管理，尽量采用预约服务来控制流量，严格环境清洁消毒制度、严格落实防控规范、严格疫情应急处置措施。把公共图书馆服务与常态化疫情防控一同推进，针对季节性变化，做好预防预案，确保各项防控措施落实到位，不断巩固来之不易的防控成果。

3.2 线下与线上联动，互相融合

线下图书馆丰富的藏书资源、良好的阅读环境、馆员的业务知识水平等是无可替代的。而在疫情闭馆期间，线上图书馆发挥了巨大的作用，各地图书馆纷纷免费开放数字资源以满足读者的阅读需求，实现"闭馆不打烊"。随着互联网的发展，公共图书馆也应当思考如何进一步将线下实体图书馆与线上阅读平台结合，打造"互联网＋图书馆"的模式，真正建立起线下线上相融合的文献信息共享平台。

3.3 活动形式仍需创新

目前，成都图书馆的各类阅读推广活动与之前类似，宣传平台依靠纸质媒体、微信公众号、微博、官方网站等传统宣传渠道，活动内容和形式不够新颖，对读者的吸收力有限。图书馆应充分利用抖音、快手直播 APP、实景 VR 等目前流行的新媒体平台，开展更加丰富多彩的阅读推广活动，增加互动性和代入性，吸引更多的年轻读者参与其中。另外，还应针对不同读者群体的需求来设计推广，使阅读推广更有效。

参考文献

[1] 刘波. 成都市卫生健康委发布疫情期间办公场所和公共场所集中空调使用指南[EB]. 四川在线，2020-05-10.

[2] 王欢. 成都图书馆服务再升级，满足市民宅家学习新需求[EB]. 人民看点新媒体，2020-02-18.

[3] 朱晓梅. 数字图书馆线上模式的优势、问题与对策[J]. 中小企业管理与科技，2014（3）.

[4] 涂世文，金武刚. "互联网＋图书馆"服务创新发展——《公共图书馆法》"线上线下相结合"要求研究[J]. 图书馆，2018（7）.

[5] 疾病预防控制局. 新型冠状病毒感染的肺炎防控公众预防指南汇编[EB]. 中华人民共和国国家卫生健康委员会，2020-01-27.

[6] 边珏. 线上服务不打烊，云端图书馆以读攻毒[N]. 四川日报，2020-02-28（2）.

公共图书馆为弱势群体服务探析

李 敏

（简阳市图书馆 四川成都 641499）

【摘 要】 本文从公共图书馆为弱势群体服务的必要性展开论述，分析了公共图书馆服务弱势群体的现状及存在的问题。为构建和谐社会，实现均等化服务，进一步保障弱势群体的文化权利，提出了公共图书馆弱势群体服务措施。

【关键词】 公共图书馆；服务；弱势群体

十九大报告指出：中国特色社会主义进入新时代，我国社会主要矛盾转化为人民日益增长的美好生活需要和不平衡不充分的发展之间的矛盾。从目前来看，我国社会发展的不平衡主要表现为城乡不平衡、地区不平衡和个人收入不平衡，这是弱势群体问题凸显的重要原因。

弱势群体是指社会上的部分人，由于某些障碍及缺乏经济、政治和社会机会而在社会上处于不利地位的人群，具有竞争力、生存力、抗风险力弱，占有社会资源少，收入少，自身难以改善的特点。

1 公共图书馆为弱势群体服务的必要性

1852 年，英国的曼彻斯特出现了世界上第一个依法建立的公共图书馆。在当时，这所图书馆对社会所有公众免费开放，惠及社会底层。因此，公共图书馆从成立伊始就是人民的、大众的。公共图书馆为弱势群体服务有其历史根源。

1994 年，国际图联和联合国教科文组织在《公共图书馆宣言》中指出："每一个人都有平等享受公共图书馆服务的权利，而不受年龄、种族、性别、宗教信仰、国籍、语言或社会地位的限制。由此看出，公共图书馆服务的对象应该为所有人，包括老龄、弱小、残疾以及身体受限等特征的弱势群体。

2004 年 9 月 19 日，中国共产党第十六届中央委员会第四次全体会议上正式提出了"构建社会主义和谐社会"的概念。公共图书馆作为"社会信息、文化服务中心""人类的精神家园",应充分发挥自身的资源优势和人力优势,健全公共图书馆的社会职能,营造和谐的社会氛围,以关爱弱势群体为己任,促进社会文明不断提升。

2 公共图书馆服务弱势群体的现状

2.1 图书馆阵地服务中有欠缺

目前,由于先进的 RFID 射频识别技术的采用,图书借还服务由人工转变为自助,窗口压力大大减轻。以窗口借还为重心的工作已发生转移,窗口馆员减少了与读者面对面沟通、交流、探讨的时间和机会。公共图书馆读者群中不乏弱势群体,仍需协助。窗口馆员由于兼有其他工作任务需要处理和完成,对于读者服务工作,特别是对弱势群体服务有所欠缺。智能技术设备的使用为读者服务提供了便利,但绝大多数图书馆,尤其是基层公共图书馆还达不到完全不需要馆员,读者自助完成服务。馆员在面对读者,特别是弱势群体读者查找文献信息和窗口咨询时,应多点耐心,多帮助查找和联系。尽可能满足所有到馆读者对知识和信息的需求,是图书馆馆员提供的最好服务。在公共图书馆阵地服务中,馆员应拥有职业知识、职业技能外,还需要大爱精神和人文情怀,才能做好服务弱势群体的本职工作。

2.2 知识信息需求调研欠缺

公共图书馆服务一般都有"请进来"和"送出去"的服务。"请进来"就是我们的阵地服务,包括窗口服务、讲座服务、读书会服务等。"送出去"包括流动图书便民服务,送文化下乡服务等内容。目前,这些属于基本服务项目,但其中欠缺对弱势群体知识和信息的需求调研,如本辖区内弱势群体分布情况,都是怎样构成的。图书馆应组织人员,深入弱势群体集中的区域,广泛了解他们的生活状况,需要哪些方面的支持和帮助。在掌握第一手资料的基础上,利用有效知识和信息针对性地开展文化帮扶。只有真正走近弱势群体,才有可能实现"缩小数字鸿沟""促进社会阅读""保障其信息公平获取"等,实现弱势群体和其他公民的无差别服务。

2.3 服务系统性、连续性和长期性欠缺

例如:① 对未成年人的阅读指导,应该成为常态化的读者服务工作,而不是偶尔才开展的读者活动。② 未成年人对图书馆服务利用和需求是公共图书馆未成年人服务发展成熟的基础,而现状是未成年人信息素养教育仍不尽如人意,公共图书馆

有必要规划连续性和长期性对未成年人开展信息素养教育活动。③ 为残疾人、留守儿童、老年人、农民工等开展的阅读推广活动、培训活动、专题讲座等活动，仍缺乏系统性、长期性。

公共图书馆为弱势群体开展的服务活动项目多，亮点也多。然而，服务项目欠缺持续开展的总体设计、规划出希望达到的目标或成效等，欠缺社会影响力和社会效益的评估，缺对服务活动的经验进行认真回顾、总结和完善，以致没有形成有效的反馈机制和良性循环。

3　公共图书馆为弱势群体服务的措施

3.1　服务制度化、标准化、职责化

2018 年 1 月 1 日《公共图书馆法》施行。如：《公共图书馆法》从法律制度层面保障了少年儿童、老年人、残疾人等弱势群体的权益。"政府设立的公共图书馆应当设置少年儿童阅览区域，根据少年儿童的特点配备相应的专业人员，开展面向少年儿童的阅读指导和社会教育活动，并为学校开展有关课外活动提供支持。""政府设立的公共图书馆应当考虑老年人、残疾人等群体的特点，积极创造条件，提供适合其需要的文献信息、无障碍设施设备和服务等。"

公共图书馆仅有《公共图书馆法》还不能完全落实弱势群体权益，应结合已施行的《公共图书馆条例》等地方性法规，进一步细化图书馆内部规章制度，明确不同的弱势群体对应的服务内容和服务标准。图书馆服务内容应包含所有的服务项目，针对弱势群体开设了哪些，并且从制度上保障其获得相关服务；图书馆服务标准是规定应满足弱势群体在内的所有人的知识信息需求以确保其适用性的标准。公共图书馆内部规章制度建设应对自身服务行为有约束力。

公共图书馆馆员，在服务弱势群体工作中，起着决定性作用。馆员培训项目中应该有"公共图书馆馆员如何做好为弱势群体服务的工作"。从思想上认识到此项工作的重要性和意义。一方面，图书馆应明确馆员服务职责，并引入日常服务评价机制；另一方面，图书馆应强化馆员主动作为意识，内化馆员的职业服务精神。公共图书馆馆员应尊重每一个生命个体，实现"均等化服务"，进一步保障弱势群体的文化权利，彰显文化权利的核心——公平性。

3.2　服务团队化，进一步整合和利用社会资源

有条件的公共图书馆，应该成立弱势群体服务部。服务部人员深入辖区内弱势群体集中区域做调查研究，形成报告性文字，在此基础上展开工作。弱势群体应"因

群施策"，努力实现为弱势群体服务的社会效益最大化。

公共图书馆应努力提升服务弱势群体的社会效益，需要内在动力和外在力量的结合，具体做法如下：① 不断总结和完善团队服务项目，打造为品牌或精品服务项目，逐步提升弱势群体的社会适应性、生存能力、幸福指数等。② 向政府相关部门争取专项经费作为开展服务活动的保障。③ 整合社会力量。公共图书馆在志愿服务工作中已经积累了一定的资源和经验，为弱势群体服务可以邀请各志愿者团队服务于弱势人群，并加强与机关工委、共青团委、工会、妇联、残联等组织的联系，形成合力，共同关心、爱护、服务弱势群体。

3.3　加强馆藏资源建设和加强设施、设备建设

目前，公共图书馆的馆藏资源建设进入印刷型资源和电子型资源并存的阶段，应充分考虑弱势群体的需要。弱势群体由于自身身体特征或心理特征处于社会不利地位，更加大了知识获取、信息获取的困难。如果没有专门的社会机构实施帮助或者提供服务，会加大社会资源分配的不公，社会矛盾会愈加突出。公共图书馆馆藏资源建设应全盘考虑资源的受众。弱势群体知识信息的需要，应是馆藏资源建设要着重考虑的因素。公共图书馆，还可以在弱势群体集中的地方选址，建设分馆，资源向弱势群体汇集，使馆藏资源建设更有针对性。

公共图书馆为了更好地服务于老年人、未成年人、残疾人弱势人群，增加他们对图书馆的利用率，需加强设施、设备建设。服务设施的便利对他们方便、快捷、顺利地获取馆内知识信息起了决定性作用。馆内外应做到通道设施无障碍，标志设施无障碍，借阅设施无障碍，并设置方便识别的引导标志。大到建筑设计的空间布局，小到阅览桌椅是否方便适用，有无无障碍卫生间，饮水设备位置安全、适宜与否等，都应整体规划，注重细节。设计者应站在全民的角度上，以人为本，有益于更多人。公共图书馆有促进社会包容的使命，公共图书馆的公共空间确有最能促进社会包容的价值。

3.4　实行导阅制度

商场有"导购"，医院有"导医"，都是为了实现精准服务。鉴于弱势群体查找文献资料的不便，公共图书馆馆员应积极主动提供"导阅"服务，如：提供图书物理位置的准确信息，政府信息公开的有效信息，互联网上可靠的知识信息，本馆数据库及联网数据库的可用知识信息，以及目前无法提供，联系参考咨询专家后，再回复的定题知识信息等。"导阅"制度要求变被动服务为主动服务，以保证弱势群体得到馆员良好、高效、精准的"导阅"服务，逐步提升获得感和满意度。

3.5 提供信息检索培训

"授人以鱼，不如授人以渔。"信息检索能力是获取知识信息的有效工具。如今，数字资源呈几何级数增长，为了让弱势群体更好地融入信息化社会生活，公共图书馆有必要为有一定基础的弱势群体制订信息检索培训计划，增强知识信息获取能力。信息检索不仅可以快速检索到馆藏图书的信息，还可以检索如求职、升学、国家福利政策、劳动保障法规、文化娱乐活动等信息。这是一个互联网的时代，信息检索培训可以让弱势群体与社会发展同步，逐渐弥合数字鸿沟带来的不利影响，实现全民共享物质文明和精神文明带来的丰硕成果。

4　结　语

总之，在"知识经济"和"信息经济"的大背景下，"知识信息"呈爆发式增长。弱势群体由于自身的局限性，极易被边缘化，由此加剧社会分化。公共图书馆作为"没有围墙的大学"——知识中心，"信息资源的集散地"——情报中心，有保障每一个公民平等获取图书馆公共资源的责任和义务。公共图书馆在调和社会公共利益分配不均，构建和谐社会以及推动全社会共同进步方面，应起到积极作用。

参考文献

[1] 人民网. 人民日报：深入理解我国社会主要矛盾转化的重大意义[EB/OL]. http：//opinion. people. com. cn/n1/2017/1116/c1003-29648734. html.

[2] 康来云. 弱势群体是价值弱势吗？[N]. 学习时报，2004.

[3] 燕金武，等. 公共图书馆为弱势群体服务的制度建设研究[J]. 图书馆界，2012（3）.

[4] 范并思. 维护公共图书馆的基础体制与核心能力——纪念曼彻斯特公共图书馆创建 150 周年[J]. 图书馆杂志，2002（11）.

[5] 白芳，等. 对公共图书馆为弱势群体服务的再思考[J]. 农业图书情报学刊，2010（6）.

[6] 中央政府门户网站. 中共中央关于加强党的执政能力建设的决定[EB/OL]. http：//www. gov. cn/test/2008-08/20/content_1075279. htm.

[7] 王平，等. 美国公共图书馆弱势群体服务实践分析[J]. 国家图书馆学刊，2014（4）.

[8] 中华人民共和国中央人民政府网. 中华人民共和国公共图书馆法[EB/OL]. http：//www. gov. cn/xinwen/2017-11/05/content_5237326. htm.

[9] 范并思，等. 公共图书馆与社会包容[J]. 图书馆理论与实践，2010（2）.

移动新媒体环境下公共图书馆公益讲座服务模式的转变与发展

康嘉琦

（成都图书馆　四川成都　610041）

【摘　要】　在移动新媒体不断更新进步的当下，图书馆公益讲座的工作得到了社会各界的肯定与支持，但其在服务模式方面却显得与时代相脱节，建立多元化的服务体系是大势所趋。多元化服务具体体现为智能化、个性化的特征。笔者从图书馆新媒体服务现状出发，总结公益讲座服务模式中存在的问题，让多元化的文化服务去满足不同的文化需求。

【关键词】　图书馆；公益讲座；移动新媒体；服务模式

随着互联网信息技术的发展，人们的阅读环境发生了巨大的变化，移动图书馆、微博、微信等新媒体的出现，又将我们带入一个全新的新媒体时代。图书馆作为文化信息枢纽，也积极开展图书馆公益讲座，不仅能够丰富人们的精神世界，同时也能够发挥图书馆对社会的服务作用，增强其社会影响力。然而，在移动新媒体不断发展的环境下，传统的线下讲座形式就显得较为单一，将移动新媒体技术引入公益讲座服务模式并促进自身的发展成为当下图书馆的重要工作之一。

1　移动新媒体环境下图书馆公益讲座服务模式的主要类型

1.1　网络视频传播模式

图书馆公益讲座网络视频传播模式，是网络视频的具体应用之一，并且随着网络技术、视频技术的进步而不断发展。先是由专业人员使用设备将现场的讲座录制下来，形成影像资源，然后通过网络上传到互联网上，分享给广大网络用户。多媒体在线点播、多媒体数据传输、纯文本数据传输，均是网络视频传播的主要具体形式。而随着现代媒体技术的进步发展，网络视频传播的速度、质量都在不断改善，为那些不能到现场听讲座的人们提供了便利。就目前而言，大多数图书馆都已有了独立的网站、独立的宣传平台，或者与优酷等一些大型的视频软件合作，将馆内的公益讲座视频传到网站或软件上，人们可以随时、随地观看，并且还可免费下载一些视频，为广大网民提供了更多的便利服务。

1.2 社交软件传播模式

随着社交软件的发展和成熟，其功能也越来越丰富多样，而公共图书馆如果想要做出、做好属于自己的网站或者 APP，必然会耗费许多资金、人力等资源，并且受众面较窄，用户基本上都对图书馆本身较为熟悉或了解，因此不利于图书馆的广泛推广和宣传。所以，众多图书馆就开发利用现有的社会资源，借助微博、微信等用户颇多的社交软件，开设图书馆独立的官方账号，将公益讲座视频传到社交软件的平台上，从而就让更多人看到，社交软件的内容可广泛传播的特性也有利于图书馆影响力的扩大。并且，借助成熟的社交软件的传播方式，也为图书馆减去了许多复杂的工作。另外，随着微信公众号的发展，许多图书馆也建起了属于自己的公众号，将公益讲座以短视频的方式放到公众号中发表，也能够为用户带来便利。并且此种方式的视频制作过程更加便捷，减轻了工作人员的工作负担。

1.3 专属的 APP 客户端

虽然独立 APP 的制作需要耗费大量的资金和人力等，但随着现代科技的进步成熟，其制作成本也在逐渐降低，因此也不乏有一些图书馆开发属于自身的 APP。APP 是移动应用程序的英文简称，依托于移动互联网技术发展而来。此项技术的发展使信息的获取更为便利、信息的推送更加精准，并且网络用户间还能进行互动交流，丰富了人们的网络生活。因此，不少有条件的单位和组织等都在开发自己的软件，而图书馆中，中国国家图书馆、上海图书馆等都已有了独立的、属于自身的图书馆 APP。但这些图书馆 APP 基本上都较少以讲座为主要内容，但也有此方面较为成功的例子，如湖北省图书馆推广的"长江讲坛"APP，在早期就投入了使用，并且拥有较多的用户数。

2 移动新媒体环境下图书馆公益讲座服务模式的转变策略

移动新媒体使信息的传播更加及时与广泛，而传统的传播方式是单向、线性、不可选择的服务模式，容易使人产生疲倦，从而信息的传播也会变得艰难。因此，众多图书馆应对目前自身的服务模式进行审视，找到问题所在积极解决，同时在此基础上进行创新改革，转变服务模式，构建具有自身特色、符合时代要求且能发挥长效作用的公益讲座服务模式。

2.1　丰富服务形式

目前，大多数图书馆公益讲座的服务模式都还较为单一，因此需要丰富其服务模式，为广大用户提供多元化的服务，提升服务品质。例如，将冗长的讲座视频进行剪辑，只留下必要的、精练的内容，再将碎片化的公益讲座整理，按照类别进行合辑，将讲座的内容系统化，然后再上传到网络分享平台上，让更多人能够学习到系统化的、精简化的知识，使大家感受到图书馆的优质服务。同时，图书馆应该多关注移动新媒体的走向，紧跟新媒体的发展趋势，为用户提供更多的服务形式。在直播形式迅猛发展的当下，图书馆可以开展线上公益讲座直播活动，让更多的人能够与现场进行互动，增强用户的参与感，并且为一些无法来到现场但又有疑问的用户提供巨大的便利。给用户提供讨论、发言的渠道，在丰富图书馆服务形式的同时也能增强公益讲座的吸引力，提高讲座的效果。此外，图书馆也要注重后期的开发和维护，使公益讲座资源的利用最大化，得到授权后对公益讲座的视频进行剪辑处理，再上传至新媒体平台上，从而使得用户能够通过网络观看学习或者下载。另外，也可转变传统的图书馆主办公益讲座的形式，与其他社会单位或机构进行合作，整合双方资源，图书馆提供图书、场地等资源，同时也能够吸引合作方的用户资源，使图书馆的影响力不断提升。

2.2　创新服务手段

移动新媒体的技术是不断发展更新的，因此，在此背景下的图书馆公益讲座的服务模式也应该紧跟时代的步伐不断创新，注意移动新媒体的发展动态以及流行趋势，将其应用于公益讲座中，从而增强其吸引力、提升图书馆的服务水平。一方面，在公益讲座的开展方面，可以广集民意，将公益讲座策划中的一部分拿给网络用户去做，图书馆只要从中筛选并洽谈合作，就能得到较好的创意。或者面向广大网络用户征集高质量的讲座视频，再将这些优质视频上传到网络平台上，推送给网络用户。此外，还要对用户的相关数据进行整理分析，利用各种现代化的信息技术，对每一类视频的点击率、播放量等进行统计分析，掌握用户的喜好，从而为用户制作、推送符合其喜好的公益讲座视频，促使图书馆服务质量不断优化。

2.3 丰富服务内容

在图书馆公益讲座的内容方面，需要在类型、针对人群等多方面不断丰富，以吸引更多的用户，提高服务水平。作为服务性质的单位，图书馆应以用户为中心，不断开拓自身的用户，开展能够吸引各个年龄段用户的公益讲座，或者针对不同年龄段群体开展一些公益讲座。但同时也要有着重点，抓住大多数人关心的话题，从而吸引更多的用户。例如现当代人们最为关心的健康问题、教育问题等，都有着较为广泛的受众面。另外，也要丰富其内容，改变传统的以文化、历史等为主的讲座内容，联系人们的实际生活，将切合实际的民生、金融、健康、儿童教育等话题也带到公益讲座中，使讲座具备学术性与实用性的双重特性。此外，图书馆公益讲座服务在新媒体化的时代背景下，也要区别于其他众多图书馆，使自身具有更高的辨识度。这就要求图书馆结合自身的区域特色，或者融入一些当地较为突出的元素，赋予自身独特的内容，从而给用户呈现出别具一格、具有地域特色的服务内容。

2.4 加强服务宣传

除了本身的服务质量较高外，图书馆要想扩大自身的影响力，就必须采取有效的宣传手段，将自身呈现到更多人的面前。在宣传的形式方面，就需要借助移动新媒体的力量，通过转发抽奖等形式进行散发式的宣传，开通微信、微博公众号留言功能，积极与用户互动，增加与读者的参与感，从而提高图书馆公益讲座服务的影响力。另外，图书馆也可采取一定的营销手段，与支付宝、抖音等大型网络平台合作，将自身的服务窗口放到其城市服务中，让更多的人能够了解到相关信息，从而扩大图书馆的知名度。在公益讲座即将开展或上线前，通过各种渠道充分做好宣传工作，在微博、微信公众号、图书馆相关网站或 APP 上，着重进行宣传，将讲座的主题、时间、地点等告知大众，确保宣传的真实性。此外，也可与其他拥有广大用户群体、影响力较大的媒体进行合作与引流，借助其力量扩大宣传范围，增强图书馆的知名度和影响力。

3 结 语

新媒体已经融入我们生活的方方面面，我们正处于一个全新的信息时代。图书馆公益讲座服务模式在不断发展的移动新媒体环境中，还需找出自身的不足，丰富服务的内容和手段，借助移动新媒体技术，加快传播信息多元化，有机整合自身和社会的资源，使其利用最大化，以扩大自身影响力、提高自身的服务水平和质量，从而更好地服务于社会。

参考文献

[1] 凤莎莎. 网络新媒体环境下图书馆自出版服务模式的创新与发展[J]. 中国中医药图书情报杂志，2018（3）.

[2] 叶翠娴. 图书馆服务创新常态研究——以网络新媒体环境下图书馆自出版服务模式创新为例[J]. 河南图书馆学刊，2018（7）.

[3] 张冉. 新媒体环境下图书馆阅读推广服务模式研究[J]. 数字化用户，2018（46）.

[4] 潘宇光，程克敏，李红艳. 新媒体环境下高校图书馆学科服务模式研究[J]. 农业图书情报学刊，2018（5）.

对后知识服务时代图书馆讲座服务的创新思考

贺 磊

（青白江区图书馆 四川成都 610300）

【摘 要】 在以大数据、云计算、人工智能、区块链等新技术为主要工具的后知识服务时代，以公共文化服务为使命的图书馆应该积极参与到创新变革之中，注重跟随科技进步的步伐，善用新技术提升公共知识服务能力。本文主要分析了在后知识服务时代下，图书馆讲座服务的现状和不足，针对讲座服务的评估体系、资源利用和服务模式进行了论述，提出了建议和思考。

【关键词】 后知识服务时代；图书馆讲座；创新；思考

改革开放 40 年来，我国公共图书馆取得了长足的进步，逐步得到了制度、财政、法律等多个层面的有力保障，图书馆从最开始的"藏书阁"慢慢发展到今日的现代化公共服务主阵地。随着图书馆服务内容的不断拓展，图书馆讲座应运而生，并逐步发展成图书馆的核心业务之一，成为图书馆发挥社会教育功能、信息知识传递导航功能、群众智力开放等功能的主要方式之一。如今，图书馆转型时代到来，进入后知识服务时代，需要从开展研究、图文借阅的场所转变为提供人们学习、创造和分享的社区中心。在此背景下，图书馆的各项服务也应该进行相对应的转变和提升。

1 后知识服务时代下的图书馆服务要求

"后知识服务时代"是学者柯平、邹金汇针对当今的信息与知识环境发生的剧烈变化，对图书馆知识服务特性进行的一个定义划分，认为目前的知识服务应该是结合数据分析的智慧型服务，使图书馆的海量资源在信息数据的处理加持下，对读者的服务更具有针对性，同时也使读者对资源的获取更具有方向性。为了能使信息时代图书馆知识服务的内容不断拓展与深化，图书馆转型势在必行。所以提及图书馆的后知识时代服务，本质上是对图书馆的知识服务提出了新要求，即对知识服务进行转型的要求。这一要求在国际上由来已久，从 2014 年美国图书馆协会（ALA）发起图书馆转型运动，成立图书馆转型团队到 2018 年 8 月第 84 届国际图联（IFLA）大会以"图书馆转型，社会转型"为主题，转型发展俨然成为全球图书馆事业的主要方向。

讲座作为图书馆常态化知识服务内容中的一个主要组成部分，其诞生和发展也是紧随着时代前进的脚步，比如在新中国成立初期，全国只有极少数图书馆开设有讲座活动，受众群体极小。但是到了 20 世纪后期，随着我国经济建设的不断发展，图书馆也随之进入到一个新的高速发展时期。伴随着知识经济的到来和终身教育、学习型社会理念的不断深入，图书馆业务开展也有了制度和财政上保障，故而讲座在我国图书馆特别是公共图书馆得到了长足的发展，越来越多地受到人们的关注，逐渐成为图书馆的一项核心业务。因而，在 21 世纪数字化时代的背景下，图书馆讲座进行适应性的转型变革，也成了必然趋势。

2　图书馆讲座面临的问题

2.1　讲座服务的评估体系不完善

对图书馆讲座服务工作进行评估，是指通过对与讲座有关的一系列系统进行检测与考核，将讲座实现状态与预定目标相比较来评定讲座的效果与目标实现程度，进而对讲座做出相应的价值判断以期改进的过程，促进图书馆讲座业务能够持续、良性开展，并且依此促进图书馆业务不断提升的重要手段之一。然而现阶段，大部分的图书馆讲座服务开展过程中都没有建立一套完备的评价体系，在服务主体与服务对象之间缺乏有效的沟通、反馈，致使讲座服务的质量良莠不齐，读者听众的参与热情得不到激发，图书馆的讲座服务团队得不到锻炼和进步，讲座服务的价值和效能没能得到有效的、完全的展现。

2.2　讲座资源区域分布不协调

现阶段，我国图书馆的讲座服务呈现出在资源上分布不协调的状况，具有明显的地域差异性。经济发展程度好的地区，图书馆讲座业务开展频次高，质量好；在经济条件不好的地区，图书馆讲座服务由于经费和人才等因素的制约，对讲座的经营和服务意识淡薄，零星开展的讲座流于形式，有的甚至完全无法开展讲座服务，以至于陷入一个越办越不景气，甚至要动用行政命令才能召集到听众的程度，最终也无法充分发挥讲座服务的实际价值。

2.3　讲座形式单一、创新少

大多数的图书馆在馆员专业构成上都存在着单一性现象，即多为图书馆专业人才，在讲座活动的策划上缺乏创新，这就导致了开展的讲座活动中规中矩，形式上单一乏味，往往是讲师在台上讲，读者在台上听的灌输式授课模式，讲座效果完全取决于讲师的个人魅力，对于人民群众日益增长的精神文化需求和不同群体的诉求不一形成了巨大的供需矛盾。长此以往只会陷入一个讲座效果不断下滑的恶性循环。并且在讲座的延伸推广层面也只是局限于讲座课堂，即便录制了光盘也是束之高阁，讲座的效益在课后就戛然而止。其实一场讲座的价值远不止于此，但是没有得到更深入的挖掘。

3　对策与思考

3.1　建立符合后知识服务时代特点的讲座服务评估体系

大数据、云计算、人工智能、区块链是后知识服务时代的四大主题，当 24 小时自助图书馆紧随着无人超市、餐厅走入人民群众的寻常生活、智能机器人出现在各个服务窗口的时候，标志着以智能技术为核心的新技术已经在潜移默化中与我们的现实生活紧紧联系在了一起。若是将这项技术融入于图书馆讲座服务的政策实施、经费使用、业务管理、人员配置、服务反馈等各个评估环节之中，做到指标化权重评价讲座服务效果，并且与读者共享绩效评估结果，进而实现读者与图书馆的无缝链接，实现读者与图书馆沟通无障碍，资源获取无障碍，且图书馆信息实时更新无障碍的数字化讲座服务。

3.2　灵活、高效使用市场化资源

随着 21 世纪以来信息产业的崛起，居民消费能力的提升，知识版权保护法律的不断完善，消费者逐步树立了知识付费的意识和观念，知识付费经济也随之逐渐兴盛起来。这之中的佼佼者——得到 APP，就是一个商业化运作知识服务的龙头企业。这个由逻辑思维团队主推的知识服务型平台，于 2015 年年底上线，是国内首创的知识付费平台，其上线在一定程度上标志着国内知识付费经济年代的开始。该平台致力节省用户的时间，给用户提供知识内容服务，目标是帮助用户实现知识的升级。在短短的四年之间，平台用户累计突破 3 870 万。并且其内容在不断优化升级、APP 版本也不断更新迭代、功能设计越发人性化，在取得大基数的用户数的同时，更是有众多的黏性用户，不仅现阶段位于知识付费产品的前列，未来更是具有十分可观的发展前景。

相比于公共图书馆提供的免费知识服务，商业化运作的知识付费平台提供的知识服务更具有吸引力。从该产品的成功上，至少可以获得两点启发：首先，公共知识服务该朝什么方向去做，才能获得公众的喜爱和支持，使图书馆的服务效益最大化；其次，图书馆在自身发展条件不具备的情况下，能否通过购买已经获得市场检验的成熟知识服务产品来给读者提供喜闻乐见的高质量服务，而不是继续形式化、常态化的故步自封，脱离市场自我经营。

3.3 多角度拓展讲座开展模式

讲座的开展模式可以从 3 个方面来理解：首先，讲座信息的宣传推广形式。现如今大多数的公共图书馆都开通了微信公众号或微博官方账号等新媒体账号进行各自的信息发布，但是只是建立账号并不代表宣传口径得到了有效的扩大，许多图书馆的新媒体账号粉丝寥寥，发布的信息阅读量甚微，这样的新媒体实际上并没有发挥出其本应该有的效果。其实无论图书馆的规模大小，其每日到馆读者的人流量还是较大的，排除那些不会使用智能手机、没有社交账号的老年人和未成年儿童来说，依旧有一个庞大的使用智能手机的读者群体，他们都是理应值得开发的粉丝发展对象，同时也只有让他们关注了图书馆的新媒体账号，才能把这些账号的设立初衷践行到实处，这就意味着需要图书馆自身的努力宣传与推广。其次，讲座的组织形式。传统的讲座模式是课堂式的授课，但实际上，讲座的组织形式可以丰富多样。比如在厦门市图书馆举办的讲座就多种多样，有带领读者到实地的解说式讲座、有包含演奏的音乐会式讲座，甚至还有结合当地赛事举办的赛事周边讲座。这些形式各样的讲座都有一个共同的精神内涵，那就是做到了因地制宜的创新。而这也是对后知识服务时代图书馆讲座服务的新启发和新要求。最后，讲座的反馈再组织形式。一个讲座举办得好不好，要由参与者的反馈来决定。但是在现实生活中，大多数的讲座服务并没有注重采集读者的反馈信息，这就使读者并没有真正地参与讲座的决策，使讲座的适应性调整缺乏机动性，更重要的是也没能催生出讲座在读者间的口碑传播，没能很好地激发出读者参与讲座的积极性，导致图书馆输出的服务没能落实，甚至造成资源的浪费。在人与人沟通更密切、更便捷，数据化处理信息更智能的后知识时代，这些现象并不应该存在难以改变的障碍，而是应该成为我们努力创新的方向。

3.4 思 考

在时代变迁的大背景下，图书馆的服务使命也随之发生了相应的改变，中国公共图书馆的创新发展应当面向未来，应当以包容性为发展战略，应当符合公共图书馆服务社会的初心要求。而其包容性发展就是要实现"每个人的自由发展是一切人的自由发展的条件"的联合体愿景。所以，后知识时代的图书馆发展只有"不忘初心"方能行稳致远，"牢记使命"才能开辟未来。图书馆讲座服务作为一种免费的教育资源，已成为公共图书馆开展读者服务的重要载体，它是公共图书馆传播知识、进行读者教育的重要形式，是开展公共文化服务的一项基本内容，也是图书馆构建公共文化服务体系的一项重要举措，所以针对其目前存在的种种不足，不断开拓创新，进行适应性转型必不可少。

参考文献

[1] 柯平，邹金汇. 后知识服务时代的图书馆转型[J]. 中国图书馆学报，2019，45（1）.

[2] 林宏. 浅论图书馆讲座[J]. 福建图书馆理论与实践，2013（3）.

[3] 张惠梅. 试析公共图书馆讲座服务工作评估[J]. 图书馆论坛，2011，31（2）.

[4] 樊惠勇. 探讨图书馆讲座服务的实际状况及其发展前景[J]. 才智，2015，（35）.

[5] 傅宝珍. 全媒体环境下公共图书馆讲座服务探究[J]. 图书馆研究，2014，44（3）.

[6] 得到 2020 年，得到团队给用户的一封信[EB]. https：//mp.weixin.qq.com/s/DnZ92fzQi0HEMtyqTg3hgQ. 2020-07-16.

[7] 杜伟民. "得到"APP 内容运营策略研究[D]. 河北：河北大学，2018.

[8] 张晨鑫. 新媒体环境下对图书馆公益性讲座的思考[J]. 文渊（中学版），2019（1）.

[9] 郭霖. 公共图书馆讲座的发展与突破——以厦门市图书馆讲座的发展与进步为例[J]. 中文信息，2017（5）.

[10] 王世伟. 论面向未来的公共图书馆包容性发展[J]. 中国图书馆学报，2020，46（2）.

[11] 宋萌. 打造公共图书馆讲座活动的"新时代版"——以苏州市九所公共图书馆公益讲座为中心[J]. 山东图书馆学刊，2018（3）.

图书馆如何开展公民金融素质教育

周　艳

（青羊区图书馆　四川成都　610000）

【摘　要】　2020 年除了新冠疫情，还有频频爆发的各种金融产品"地雷"。严谨如信托，散漫如 P2P 平台，防不胜防、避无可避。究其原因，是普通投资者存在认知的误区。作为文化知识推广的重要基地，图书馆有责任对公民金融素质教育贡献一份力量。本文以美国图书馆案例介绍了公民金融素质教育在国内公立图书馆推广的可行性。

【关键词】　金融素质教育；教育推广；公立图书馆；专业机构；合作模式

近年来，随着社会经济的蓬勃发展和居民存款的稳步上涨，金融行业得到迅猛发展。经济秩序与金融产品的高速扩容，同步衍生出金融产品的良莠不齐。相对广大普通的投资者来讲，市场给予了更广阔的财富增值空间的同时，也繁衍了越来越复杂的金融环境。例如中国银行"原油宝"事件，素来以"刚性兑付"雄霸高净值客户群的信托产品也出现违约情况。如果将这都归咎于新冠疫情，未免有失偏颇。群众需要提升金融素质，提高风险防范。

1　图书馆与金融素养

在公立图书馆漫长的历程中，与金融是不沾边的。或者说，与金融业务相关的商业活动在图书馆界推广甚为缓慢，国内如是，国外也如是。譬如，知名的连锁咖啡馆进入公立图书馆自负盈亏，结局一般是惨淡经营。公共图书馆在读者的印象中，仅提供免费服务，免费的认知误区等同于基础接待、简单罗列、缺乏专业性。

事实上，随着国内以及国际互联网金融的异军突起，个人与家庭甚至企业与社会都不得不开始面对越来越复杂的金融环境，问题与风险日益凸显，焦虑与愤怒影响着各需求主体对金融行业的满意度。金融风险的诱因，缘于认知的缺乏。因此，政府、企业、个人以及金融机构金融素养的提高则是化解这一系列风险的关键。公立图书馆一直是广大公众读者生活中重要的文化教育力量，在金融知识的普及中起着重要的导向作用；同时，为用户提供可信赖的信息和渠道，提升全民终身学习的能力。

近年来，金融素养被美国大学图书馆协会列为年会的重点，而在国内，越来越多的专家开始明确图书馆作为经济体系中的社会角色。可以认为金融素养的主要目标是提高人们获取、解释、学习和使用金融信息的能力，从而使学习者对资金的使用和管理做出明智的判断、有效的决策。从这个角度看，对公众金融素养的培养与提升是公立图书馆无法忽视的重要领域。从国内外的实践经验看，当前图书馆还不是金融素养提升的主要机构，可以借鉴美国的经验，探索可行的路径。

2　以美国图书馆为例学习金融素养实践

2020 年国内金融机构的一项统计表明：中国家庭的投资 77% 集中于房地产，余下的 23% 投资于金融产品；同期，美国家庭的投资分配 30% 集中于房地产，70% 集中于金融产品。从投资分散的角度来讲，美国民众的投资种类比中国民众更丰富一些。这或许也和美国的各级非营利性的机构推广较早有密切的关系。

20 世纪初期，国外一些公共图书馆就开始建立了独立的商业部门。1922 年，英国谢菲尔德公共图书馆就面向大众提供面向商业的咨询服务，但在整个 20 世纪，与商业化相关的服务推广在整个图书馆业界进展缓慢。进入到 20 世纪末期，由于经济形势的变化趋于多元化和复杂化，图书馆金融素养工作得到快速发展。以美国图书馆为例，82% 的美国公共图书馆馆员在接受调研时表示自己所工作的图书馆已经提供了某种形式的金融素养项目。

2.1　美国图书馆金融素养的具体实践

2.1.1　全国性的公立图书馆金融教育项目

美国图书馆开展金融素养教育的实践是建立在与其他专业的机构合作基础上的。美国金融业监管局是经美国国会授权成立的组织机构，其成立的目的是对证券业进行监督。旗下 FINRA 投资者教育基金会是全美最大的致力于投资者教育的基金会。2007 年开始，基金会与 ALA 合作，共同开展了图书馆的金融教育项目。项目开展以来，FINRA 基金会和美国图书馆协会已协助 1 000 多家公共图书馆满足了全国图书馆读者的金融教育需求。

再如芝加哥联邦储备银行项目。2001 年，芝加哥联邦储备银行开发了 "Money

Smart Week"为期一周的全国性金融素养活动，目的是丰富消费者的理财知识，提升消费者对资金的管理能力。在其后的 10 年间，学校、金融机构、政府、图书馆等数百个机构参与其中。在此活动中，图书馆与各类组织一起合作，通过提供免费的一对一辅导、研讨会等互动活动，使消费者获得知识和技能，从而更好地了解个人金融决策。值得肯定的是，2019 年来自美国 50 个州的 1 000 多个公共图书馆、学术图书馆和其他图书馆参加了该活动，影响十分广泛。

2.1.2 图书馆受益

项目的不断推广，对图书馆本身也有很多益处，主要体现在以下几个方面：

（1）支持图书馆参与到全国性的活动中去。为了让开展活动变得更加容易，不给图书馆员增加额外的负担，其中不乏一些国家级的教育计划。由赞助商提供书籍作为奖品，图书馆方只需要根据合作者需要的条件履行职责即可。

（2）协助图书馆与本地机构发展长期稳定的伙伴关系。项目委员会可以通过定期举行各种类型的在线研讨会以及提供交流论坛，以交流信息、案例、资源等为图书馆馆员、管理人员提供更多的发展合作伙伴的机会。

（3）提供教育资源。

（4）为图书馆获得赞助的机会。在芝加哥联储银行的政策中，所有"Money Smart Week"的合作伙伴可以独立筹集资金寻求活动赞助。这种背景模式下，图书馆方开展此类活动的经济压力减轻了，使图书馆可以顺利开展活动。

3 我国图书馆金融素养的活动形式

当前，美国图书馆的金融素养教育形式主要包括金融类课程、研讨会、讲座和展览、营利性的培训课程，因此在课程内容的设计、专业培训机构的筛选上，都需要进行有效的界定。杜绝潜在的风险，以免违背图书馆进行金融素养推广服务的初衷。

中国国内图书馆若采取与合作机构合作的原则，则无须强求图书馆馆员在自己不熟悉的金融领域扮演专家的角色，让其转向资源收集、活动组织、场所安排等更擅长的领域发展。专业的事交给专业的人来做，各司其职，事半功倍。具体而言，建议国内图书馆可以在以下几方面进行尝试，开展金融素养教育推广。

（1）基础金融课程普及培训。旨在为读者提供基础的金融知识普及，形式可以包含公共课程和专题学习班，甚至可以是大学的学分课学习内容。授课形式可以是线上学习，也可以采用线下交流的方式。

（2）讲座、展览、竞赛、征文等活动。这是图书馆最常见的活动形式，也属于图书馆最常用的非正式的金融素养教育形式。前两项活动旨在为公众提供特定主题的知识，后两项则可以用来评估学习效果。

（3）专家讲座或专家服务。图书馆通过邀请专家实现了针对用户的专家服务，包括咨询专家与金融相关的知识、一对一的金融辅导等。这在国外的图书馆金融素养工作中已经取得了一定的成绩。或者未来也会成为图书馆增值服务的发展趋势之一。但若在图书馆金融素养服务推广的初期，涉及专家的费用问题，建议将基础教育工作试行一段时间且有效果之后再进行服务升级。

4 我国图书馆金融素养的教育主题

借鉴美国图书馆的实践成功案例，同时结合国内图书馆的实际情况，建议进行如下类别的基础教育（见表1）。

表 1 基础教育类别

序号	推广类型	详情
1	投资	金融产品常识、公司信息解读、投资计划
2	住房	房屋购买、租赁、贷款、公积金
3	社会医疗保险	医疗保险、补充医疗、社会保障、长期照护险
4	职业问题	就业计划、失业保险、劳动法相关的补偿、就业机会
5	商业保险	遗产规划与人寿保险
6	税务	申报、表格、退税
7	信用	信用卡、信用评分、信用咨询
8	债务	身份盗窃、减少债务、个人破产
9	退休	退休计划相关的财务规划、退休金申领

5 我国图书馆金融素养服务的补充

5.1 图书馆应该成为提升公众金融素养重要的一环

国内的图书馆应该逐渐意识到，随着公众文化水平的不断提供，图书馆长期以来承担的传播、引导、教育的作用日益凸显。作为知识的海洋，图书馆所拥有的海量资源也是用户获取金融知识的良好选择。这在国外已经是通过实践证明了可行的以及有效的。未来，随着国内互联网金融产业超常规的发展，相关的金融素养教育也会得到快速的发展。为用户提供金融信息、提升公众金融素养是图书馆未来为公众服务的必然趋势。

5.2　图书馆金融素养教育拓展需要合作机构的共同介入

从美国的经验可以看出，图书馆提供金融素养教育是与非常多的机构合作，才能最大限度地发挥图书馆作为平台的整合优势，而不是需要强求图书馆馆员往自己不熟悉的金融领域发展。与各级机构的合作不仅能帮助图书馆开展相关的服务，也能为图书馆馆员带来大量的资源——提升馆员的金融素养。图书馆可以主动与相关的金融机构和伙伴机构建立业务联系。建立这种联盟可能需要时间和有关各方做出相当大的努力，但这对图书馆实现金融素养至关重要。

6　结　语

随着社会经济的快速发展，金融已经成为公众生活中不可回避的问题。因此，提高全民金融素养已经成为迫在眉睫的社会需求。图书馆肩负着重要的使命，应该抓住机遇，广泛开展合作，丰富图书馆金融素质教育平台，推动图书馆事业的蓬勃发展。

参考文献

[1]　田霖. 互联网金融视角下的金融素养研究[J]. 金融理论与实践，2014（12）.

[2]　周伟. 图书馆多元素养教育的兴起及思考[J]. 图书馆工作与研究，2019（6）.

[3]　任勇旗. 美国图书馆金融素养教育实践及对我国的启示[J]. 图书馆学研究，2020（5）.

新冠疫情下县级公共图书馆提升服务效能的探索与思考

——以金堂县图书馆为例

罗 瑜

（金堂县图书馆 四川成都 610000）

【摘 要】 新冠疫情下我国县级公共图书馆的读者服务面临巨大挑战，也迎来重要转型机遇。以金堂县公共图书馆为例，笔者统计了其在疫情期间微信公众号所开展的各项线上活动，分析了县级图书馆在疫情常态化防控下面临的问题，并提出自己的思考和建议。

【关键词】 疫情；县级图书馆；数字图书馆；常态化防控

2019 年年底以来，新型冠状病毒肺炎疫情以武汉为中心蔓延中华大地。由于公共图书馆是一个向社会公众免费开放的公共文化服务阵地，环境相对封闭、人员密集且流动性大，自全国各地启动突发公共卫生事件一级响应以来，各图书馆均以"闭馆"为措，避免人员聚集带来的传染风险，全力做好疫情防控。随着 2020 年 4 月 8 日武汉解封，标志着我国疫情防控进入常态化阶段。虽然各地公共图书馆已经恢复开馆，但在疫情影响下，公共图书馆如何总结反思疫情期间的运营服务，以疫情防控为底线思维，进一步提升服务效能，成为图书馆人面临的新课题。

1 新冠疫情下县级公共图书馆公共服务的困境

1.1 硬件建设带来的公共图书馆疫情防控的困境

文化自信，是更基础、更广泛、更深厚的自信。近年来，全国各级政府高度重视公共文化建设，加大公共文化设施投入。以笔者所在的金堂县图书馆为例，新馆于 2017 年 5 月正式投入使用，在疫情防护方面，虽然独立的新馆舍具有更加系统周全的日常卫生管理，但却具有所有的图书馆新馆舍建筑普遍存在的弱点与不足：新建大型图书馆舍采用了较为普遍的玻璃幕墙和更多的装饰材料，从设计上减少了窗户的数量，根本上造成图书馆普遍存在的自然通风不良的现象；为设置超大的阅览空间，新馆舍摒弃了传统图书馆那种单一书库和阅览室独立设置的空间布局，内部采取大流通大开间开放式空间布局；新配置的公用电梯、中央空调、公共借阅机、电脑键盘等，这些公共资源的消杀工作等都成为疫情防控的不利因素。

1.2　疫情防控常态化下对图书馆核心业务的影响

文献资源借阅是公共图书馆向读者提供的最基本服务之一，传统借阅服务（读者到馆借阅实体书）是县级图书馆的核心业务。以金堂县图书馆为例，拥有纸质藏书 15 余万册，电子图书 30 余万册，其中工具书 200 余种。2019 年征订杂志期刊 300 余种、中文报纸 40 余种。2019 年度，金堂县图书馆（本部）累计接待咨询读者 6 万余人，服务读者达 181 415 人次，累计外借图书 52 642 册次；所设 10 个馆外图书室，累计服务读者 15 500 余人次。

随着疫情防控进入常态化，公共图书馆等人流密集场所依然保持较高的防控措施，大批读者难免会对疫情防控常态化时期图书馆实体空间的安全性有所担忧。同时，按照各级防控要求，金堂县图书馆自 3 月 18 日有序恢复开放以来，虽然开放区域已从最初的限时限流开放一楼阅览大厅到开放一楼阅览大厅、盲人阅览室、少儿阅览室、期刊阅览室、多功能厅、电子阅览室、自习区；从仅提供线上阅读服务、限时限流图书借还服务到全面开放；即使人员限流也已从周一至周五 9:00—12:00 限额 40 人，13:00—17:00 限额 40 人，增长到开放日上午限流 100 人，下午限流 100 人。但依然可预见，在这两方面因素叠加影响下，2020 年金堂县馆传统借阅服务"断崖式"下降。因此，县级图书馆必须高度重视疫情带来的"认识余震"在短期内继续冲击县级图书馆传统借阅服务的问题。

1.3　疫情影响下对馆员综合素质提出了更高的要求

随着疫情防控进入常态化，公共场馆消杀工作日常化，图书馆专业化卫生防疫工作人员的缺失逐渐凸显出来。一方面，长期以来，县级图书馆缺乏专业化、标准化的应急事件应对的制度和方案，没有预警网络运行机制，人员配置基本上都是图书馆学专业和其他相关学科专业的人员，不具备专业的卫生防疫知识和突发情况的判断与处置能力，难以采取及时、有效的处置措施。另一方面，疫情防控期间的线上服务，对馆员数字时代的工作能力提出了新要求。疫情期间，公共图书馆暂停实体服务后，积极创新服务方式，利用互联网优势做好线上服务，大力推进线上的文化交流传播与书籍宣传推广活动。但个别馆员因年龄偏大等多方面因素，无法全面适应线上服务的工作要求，职业能力不足的矛盾凸显出来。随着疫情防控常态化以及在线服务数字化，公共图书馆馆员的数字素养的重要性日益凸显，这不仅关系到馆员自身的服务能力与职业发展，而且关系到数字时代公共图书馆服务能级的强弱，攸关公共图书馆社会功能的实现与拓展。

2 疫情影响下金堂县图书馆的实践

疫情防控期间，许多基层图书馆在党委政府和文旅局的领导下，深入辖区社区防控一线承担疫情防控工作。以金堂县图书馆为例，为抗击疫情，金堂县图书馆成立了疫情防控志愿服务队，积极参与指定社区乡村一线疫情防控工作，对值守小区来往车辆、人员进行出入登记，尤其是对返乡人员进行精准排查，正确引导群众积极配合，并讲解新冠肺炎的防护知识，让居民有序参与到疫情防控工作中。如何在做好疫情防控的同时，为广大"宅家抗疫"的普通居民提供文化服务，金堂县图书馆按照省、市、县三级防控要求，第一时间暂停到馆读者服务和展览等线下活动，通过微博、微信公众号等，开启"闭馆不闭网 服务不打烊"的线上服务模式。

2.1 做好数字资源库建设

长期以来，数字资源库建设一直是县级图书馆建设的短板，但在疫情防控的大背景下，网上数字资源服务成为公共图书馆为读者提供的最直接、最方便和最主要的服务。金堂县图书馆第一时间在微信公众号向读者推荐了本馆数字资源服务，通过微信一站式进入云阅读平台、博看书苑、少儿数字图书馆、新语听书等线上资源，无论是看书、看报、看杂志还是听书，足不出户就能得以实现。

2.2 做好线上资源利用

疫情防控期间，国家各级陆续推出了各类数字资源共享计划，县级图书馆"大借东风"普遍实现了基础性的数字资源服务。但如何使数字资源真正走入普通读者中，是一个新课题。金堂县图书馆去繁就简，采用更多读者使用、更易入手的"微信公众号"平台，先后为读者推介了多种形式的各类活动。

（1）线上答题。

运用"答题赢红包"的形式，丰富居民疫情期间的文化生活，实现居民"宅"家，即可趣味过元宵，"得知识闹元宵"线上互动赢红包；参与博看网"书香阅读 智赢战疫"红包答题活动，进一步普及新型冠状病毒肺炎相关防控知识，帮助广大读者树立科学防疫的意识。

（2）做好阅读推广。

文化传播与交流是图书馆最主要的职能之一。金堂县图书馆先后参与推广由中国图书馆学会阅读推广委员会举办的"悦读·悦听·悦览 码上同行"悦读推广公益活动开展读书月、书屋上新等荐书主题四期；结合五一劳动节，举办《致敬匠心"智"造时代》阅读推广活动。

（3）做好线上课程与展览。

线上展厅与云上课堂，是图书馆为读者提供的专题化、特色化的数字资源。金堂县图书馆先后结合节庆日期，举办《景和清明——清明节传统习俗展》《实干兴邦 劳动爱国——全国劳动模范先进事迹选》五一特展，通过线上展览的形式，为读者提供视听盛宴；针对县内文学爱好者和疫情宅家的大学生，举办"读写成书"线上作文编辑课程，帮助学生在家学习，沉淀自己。

3 思 考

3.1 树立应急管理理念，创建安全阅读空间

加强制度建设，根据《国务院应对新型冠状病毒感染肺炎疫情联防联控机制关于做好新冠肺炎疫情常态化防控工作的指导意见》（国发明电〔2020〕14 号）的总体要求及省市县疫情防控工作有关要求，结合金堂县图书馆工作实际，制订了《金堂县图书馆疫情防控工作指南》，从安全有序开放、坚持限流管控、严格限流、做好检测登记、加强现场巡查、做好健康监测、做好发现疫情时的应对处置等 7 个方面对疫情常态化期间疫情防控工作做了全面部署。强化落实管理，安排和培训值班人员每日对书库、阅览空间、研讨空间等馆内公共开放区域、公共设施设备进行消毒，重点对馆内大厅、电梯、扶梯、中央空调进行无死角消杀，为读者营造安全智慧的图书馆阅览环境。有条件的单位，可对原有书馆实体空间进行改造，如回归到传统书库借阅模式，将阅览空间集中改造到靠窗通风处等。

3.2 创新工作方法，提升图书馆核心服务能力

坚持传统借阅服务阵地不丢，县级数字设备普及率低、居民实体阅读需求大，在做好委托借阅、自主借阅的同时，设立了名人名家作品鉴赏室暨地方文献室，广泛收集并整理了金堂县名人名家作品进行馆藏并宣传推广，进一步加强总分馆建设，

拓宽图书馆服务范围，在现有县武警中队图书室、县拘留所图书室、县看守所图书室、北滨社区阳光故事屋、县离退休干部活动中心等 10 个馆外图书室基础上，进一步加强与社区和行业单位的合作，做好分管建设和日常消杀工作，将基础服务延伸到更广阔的社会领域，惠及更多读者。

利用省、市成熟的数字图书馆资源，做好具有本地特色的数字资源建设。《中华人民共和国公共图书馆法》明确指出，图书馆要完善数字化服务体系，配备相应的设施设备，建立线上线下融合的文献信息共享平台。疫情期间，金堂县图书馆转发利用四川省图书馆制作的《决策参考：新肺疫情系列》等 6 期专题资料，接入成都图书馆"成都数字图书馆"平台，进一步拓展整合网络资源，发掘中国图书馆学会等网络资源，通过"大数据＋"充分发掘 "虚拟馆藏"；将读者通过年龄、职业、兴趣爱好等进行个性化分类，为读者推荐可能感兴趣的各种书籍，拓展个性化服务；主动在辖区内做数字阅读服务下沉的践行者，探索出一条契合当地经济社会情况的数字图书馆服务推广方案。

3.3 提高馆员素养，提供高水平图书馆公共服务

建立了完善、切实可行的学习制度，将图书馆打造成"学习型组织"，全面提高工作人员业务素质。加大馆员应急能力培训，制订人才培养计划，严格要求在职职工全年学习培训不低于到 15 天，加强应急处置队伍的建设，做好常态化疫情防控工作。在此基础上，利用馆员学习培训掌握的技能知识，做好图书馆应急教育，重点目标是学生、老年人和低学历人群，切实落实图书馆疫情宣传教育工作；加大对员工的业务培训力度，培养高素质、高水平的数字化专业化人才队伍，具备现代化技能，利用大数据统计分析，精确把握用户的阅读和知识情报需求，以提供更具有针对性的高质量阅读内容，帮助用户从泛化阅读向精准阅读转变，做好数字时代阅读推广工作。

4 结 语

县级公共图书馆作为本辖区内最大的公共信息中心、学习中心、社会交流中心，一方面要在疫情防控常态化和后疫情时期，高度重视图书知识交流传播的同时，做好卫生防疫工作，为市民提供安全、舒适、卫生的阅读环境和丰富多彩的读书活动。同时，要把危机转化为机遇，积极适应数字时代图书馆的建设要求，积极运用新技术、新平台，推动县级图书馆高质量发展。

参考文献

［1］ 郭欣萍. 应对新冠肺炎疫情的公共图书馆实践与思考——以太原市图书馆为例[J]. 图书与情报，2020（2）.

［2］ 习近平. 在庆祝中国共产党成立 95 周年大会上的讲话[EB/OL]. http：//www.xinhuanet.com//politics/2016-07/01/c_1119150660. htm.

［3］ 宁浩. 疫情防控对图书馆的冲击与对策研究[J]. 传媒论坛，2020（15）.

［4］ 程丞. 新冠肺炎疫情下的图书馆公共卫生防疫工作新思考[J]. 图书馆研究与工作，2020（4）.

［5］ 中华人民共和国公共图书馆法 [EB/OL]. http：//www.law-lib.com/law/law_view. asp?id = 598375.

浅谈图书馆的设备管理
——以成都图书馆为例

何明翔

（成都图书馆　四川成都　610041）

【摘　要】　目前，国内各地都在大力加强公共文化服务体系的建设，但对场馆的设施设备综合管理维护这一工作还不够重视。本文针对图书馆设备管理的特点，结合日常设备管理工作中的经验，提出图书馆设备综合管理的方式及思路。

【关键词】　图书馆；设备；管理；模式

在相当长的时期内，图书馆设备很少，谈不上设备管理，更谈不上对设备管理理论的研究与应用。随着《关于深化文化体制改革 推动社会主义文化大发展大繁荣若干重大问题的决定》的提出，公共文化服务体系建设也随之发生了巨大变化。近年来，全国各地都在加大对公共文化服务的投入，公共文化服务体系进一步完善。作为公共文化服务的重要场所，图书馆也在积极发展软硬件阅读环境建设。图书馆的主要功能早已转变为多元化服务，图书馆的文化信息共享服务离不开设施设备等硬件系统的技术支撑。建立科学有效的设施管理机制，更新先进的各类硬件设施，提供可靠又优良的技防设备是目前图书馆后勤保障的重要工作。只有建立健全设备管理机制，以现有设备为基础，充分利用改造升级、功能拓展、操作培训的方式，保证设施设备安全高效运行，达到合理使用图书馆软硬件设施实现资源共享的目的。

以往一谈起图书馆资源，人们一般想到的大多是图书资料，对于图书馆各类设备有所忽略，图书馆设备从消防监控系统、阅览室书架、中央空调，小到书车、开关配件等，设备管理相比图文资料在持续性模式上有较大差别。设备管理若不规范，也极易造成相关阅读服务设施设备的缺损，从而产生不必要的影响。

1　重视设备管理，加以充分利用

管理好图书馆设备，首先要树立正确的认识和负责的工作态度。图书馆中的设施设备类别繁杂，数目很大，流动性强，不时有新设备入馆和旧设备淘汰，以及设备在馆内各部门的交换使用。设备管理是一项长期而又烦琐的工作，要做好这一工作，需要各个部门的足够重视，将设施设备的管理列入图书馆日常工作范围之中，对设备管理人员开展工作给予精神和物质上的支持。管理员更要端正工作态度，对于图书馆设备管理的必要性和基础性要足够重视，明确这不是可有可无，要充分树立责任感，同时要培养管理员耐心细致、有条不紊的工作。设备管理工作的开展，需要全馆工作人员具备相关意识，积极配合设施设备管理工作。通过实施设备管理，在全体员工心中树立爱护公共财产的观念，从思想上杜绝全体馆员不重视设备管理以及公私不分的思想，从而防止图书馆设备流失。如果全馆每一个人树立起爱护图书馆设备，将设备的管理视为己任的思想，那么设备管理的难度就会大大降低，从而实现设备管理良好的长效机制。

有了良好的工作态度与工作环境，必须配以良好的工作方式才能取得最佳效果。其实设备管理工作可采取基层管理和专人负责制相互配合的方法：专人管理方式杜绝了过去因多头管理而造成的混乱局面。设备的统一进出，便于工作人员随时了解馆内设备的种数和总量。特别值得一提的是，图书馆设备的统一管理，对充分利用馆内资源以及设备的合理调配使用有着不可低估的作用。图书馆设备杂，并且分散在各个部门，若无专人掌管，容易发生重复购买的情况。同时，一些长久未用的设备容易被遗忘，没有充分发挥其作用。当某一部门急需某些设备而没有，另一部门却有富裕空闲，这时设备的统一管理就可充分地发挥它的把关、调配作用，使馆内设备物尽其用，避免一些不必要的开支。例如：成都图书馆结合实际情况，根据各楼层、各阅览室读者流量差异安装不同容量的净水器设备，为读者提供安全方便地纯净饮用水。同时，与净水设备公司协商处理，需要时可根据具体情况随时调配更换部署位置和型号配置；针对来馆中老年读者和冬季特点，安装暖手器及无障碍设备，等等。

设备的管理不仅仅是财产清点和登记这么简单，它还包含了物质资源的调配和合理利用的丰富内涵。在专人管理的前提下，设备的管理工作同时落实到基层，实行基层负责制：即设备的管理不仅仅是直接管理员一个人的事，各个部门对本部门的设备亦负有管理责任。基层负责制的方法是：各部门主任将本部门所使用的设备登记归档，详细记录设备的种类、规格、数量、调配情况等。各部门负责人对本部门的设备有以下管理责任：一是随时将本部门设备的增添、调移及报废等变更情况告之馆设备管理员，以便管理员在图书馆设施设备管理系统上及时做出相应的变动；二是对本部门的设备妥善管理，若有丢失，则追究本部门主任及具体使用人员的责任。

2 图书馆设备综合管理流程

图书馆设施设备类型可分为阅读服务设施、基藏图书设备、采购目录编制设备、消防安全设备及电力设备等。从实施流程看，是一个事前采购、日常使用、维修维护、设备报废的过程。

2.1 加强设备采购准备工作

2.1.1 事前准备的重要性

图书馆各类设备是阅读服务的硬件基础，在设备采购前，各部门现场调研设备需求，对必需和重要的核心设备的采购做出事前判断。在进行设备规划时，成都图书馆的方法是提前制定技术参数，对采购设备相关市场信息进行可行性分析，拟订采购计划，向维保单位咨询设备的实用性、可靠性、性价比和后续服务信息，尽可能在经费有限的范围内采购性价比相对较高的设施设备。

2.1.2 科学合理的性能与价格

目前，采用公开招投标的方式是现代公共图书馆设备采购的标准，在公开、公平、公正的基础上，结合"三重一大"制度，在设施设备政府采购招投标上把好关，让有资质认证、信誉服务高的企业参与进来，实现顺利采购，保障设备采购程序公平合理进行。

2.1.3 严格验收，保证设备质量

在设备安装调试环节，成都图书馆有需求的部门与技术部门都会参与进来，认真验收，掌握设备操作方法，检测设施设备正常运行参数。同时，会建立相关设备档案，设备技术资料由专人负责。同时与各类设备的维保单位随时保持联动，维保单位定期将设备运行情况及时反馈给我们，从而为各项设施设备的高效运行提供有力保障。

2.2 注重设备维护、维修跟踪服务，充分利用硬件优势

现代公共图书馆服务注重转换传统模式，让硬件设备成为广大读者与图书馆工作人员的基础支撑，软件服务成为读者获取图文信息的桥梁。

2.2.1 提高设备使用效率

无论何种设备，其使用效率是衡量设备管理的关键指标。如若设备的使用效率不高，未能完全发挥出其功能，无疑是巨大损失。所以我们需要思考怎样对空间和时间加以调整，利用现有设备最大化地为读者提供阅读服务，是设备管理中迫切需要解决的课题。

2.2.2 充分利用硬件优势

任何设备都有一定的寿命，新设备不断涌现，现代图书馆阅读设备也在加速更新换代。因此，图书馆各类设备在使用中要尽可能地发挥其性能优势，借助日常工作经验提升使用效率。

2.2.3 共享设备资源

无论是馆内各部门，还是与分馆之间，都可以在现有服务模式上更进一步，以分享交流为纽带，取长补短发挥各自的设备优势，减轻设备维护管理工作带来的压力。如成都图书馆与分馆之间采取的"通借通还"服务极大地方便了广大读者，实现了可就近借还图书、全馆数字资源统一查找功能，受到了读者的好评与肯定。

2.2.4 降低能耗，节省耗材

成都图书馆是一个面向社会各阶层、各年龄、所有市民开放的公共场所，因此做好全馆的节能工作的宣传教育，对提升馆员节约资源意识、促进良性设备管理发展具有积极作用。在这一方面，成都图书馆相继制定了《成都图书馆关于加强节约能源资源工作管理制度》《成都图书馆关于严格执行公共建筑空调温度控制标准的管理规定》，对全馆节能工作做出了具体、详细的规定，使全馆的节能工作有章可循。

（1）成都图书馆照明灯全部换装 LED 节能型灯泡和灯管，白天充分利用自然光照，尽量不开照明灯；闭馆后，值班电工、保安做好馆内各楼层电源电器安全关闭的巡查保护工作并做好巡查记录。中央空调开放使用期间，由中央空调专业维保公司随时检查运行情况，对空调机组设备定期进行检修、保养，保证夏季、冬季全馆空调的服务效果和节能工作取得实效。

（2）对成都图书馆所有用水设施设备定期进行检修、全体职工主动节约用水，广泛宣传自带饮水杯，尽量减少一次性纸杯的使用；努力实现办公资源再生和循环使用，提倡双面用纸和复印纸的再利用，严格控制文件发放的范围和资料复印数量。

2.3 规范设备管理模式

结合专业的设备管理模式，规范设备管理运行机制，就能够让图书馆借阅设备的良性运转得到切实保障。

2.3.1 造册入账，建立档案

在设备购入后，我们根据不同设备的用途、品类、数量分门别类地实行设备档案管理。对测试合格的设备计入馆内固定资产档案，按照记录的明细清单定期核对设备使用状况。成都图书馆在建立健全设备管理制度在基础上，重视加强设备档案专业管理，如说明书、设备清单、设备更新等参数资料，尽可能做好设备使用的前期准备、后续跟踪、保养维护和统一管理。

2.3.2 技术培训，合理使用

在日常工作中特别注重对设备使用、管理人员进行专业技术培训和应急演练，使他们不断提高吸收新技术能力，学会正确使用方法，有效地保障设备正常运行，如每年定期举行"成都图书馆消防、安全保卫以及电力、电梯应急演练和技能培训"等。此外，我们还针对各设施设备特点制定出馆内各类设备的操作、使用、维护、检修规程等。

2.3.3 设备折旧，计入成本

严格遵守财经制度，是设备管理工作的有力保障，不仅能对设备产品特征、技术参数、数量核实、使用动态加以如实反映，而且能对设备的折旧成本、折旧率进行有效评估，对已使用设备的维护和超期折旧设备的更新也有促进作用，从而保证图书馆各项设备正常的新旧交替、平稳过渡。以消防设备为例，成都图书馆严格执行《中华人民共和国消防法》规定，每年我们都会定期进行消防设施联动测试与消防设备的安全检测，对达到使用期限的消防灭火器、温度及烟雾感应器等消防安全设备进行更换补充，对可折旧的设备在折旧后，将其费用上缴财务用于消防设备的后续保养。

3 结 语

图书馆设备管理需要合理规划、有效利用、不断更新。比如成都图书馆与成都市急救中心合作在馆内主要阅读楼层公共区域设置"AED心脏急救复苏系统"就是一次大胆的尝试，以让突发心脏骤停病人能得到有效救治，挽救生命。成都图书馆成为首家安装"AED 心脏急救复苏系统"的图书馆，也使"读者安心阅读服务"得到了充分保障。只有以科学性为基础、规范性为前提，采取积极有效的设备管理运行机制，才能不断提升图书馆设备合理使用和科学管理的潜力。

参考文献

[1]　中国大百科全书：图书馆学、情报学、档案学[M]. 北京：中国大百科全书出版社，1998.

[2]　王立荣. 数字图书馆安全与维护[J]. 河北科技图苑，2002（1）.

[3]　于长维. 必须建立设备管理约束机制[J]. 林业机械与木工设备，1998(7).

基于疫情背景下公共图书馆服务探讨

罗　锋

（成华区图书馆　四川成都　610000）

【摘　要】　突如其来的新冠肺炎疫情，扰乱了整个社会秩序，公共图书馆作为公共服务性机构也受到了极大的影响。疫情背景下人们居家隔离，减少外出，使公共图书馆的服务重心由线下移至线上，给公共图书馆的服务带来了很多新的挑战。本文基于疫情背景下公共图书馆服务的现实问题，对公共图书馆服务理念、服务制度、服务方式、服务效能方面进行探索，以期优化公共图书馆服务，给广大读者带来更好的体验。

【关键词】　公共图书馆；服务理念；服务制度；服务方式；服务效能

1　危机服务理念

在疫情背景下，公共图书馆承担着不可替代的社会责任，为了能够更好地发挥公共图书馆服务的效用，公共图书馆首先应当做好服务理念的探索。服务理念是公共图书馆服务的方向和思路，决定了公共图书馆应当提供怎样的服务。

第一，公共图书馆仍然应当以读者为中心，坚持为读者服务的理念。以读者为中心意味着公共图书馆应当平等地对待每一位有阅读需求的读者，应当始终保持积极的工作态度和服务热情为读者提供服务，对于读者的合理需求应当尽量满足，让读者真正能够感受到公共图书馆服务的帮助作用。公共图书馆自身的发展应当与读者的需求挂钩，无论是硬件设施还是服务都应当将读者的需求作为重要考量因素。只有能够提供让读者满意的服务，公共图书馆才能得以长远发展。

第二，公共图书馆的服务理念应当顺应时代和社会的需求，不断创新和发展。时代和社会的发展将会相应的伴随着科技进步、读者需求变化，故步自封的公共图书馆服务理念是不可取的，公共图书应当顺应时代发展，以不懈创新的服务理念，提供需要、社会需要的优质服务。以本次新冠肺炎疫情来说，公共图书馆应当坚持公益服务理念，充分发挥公共图书馆公共教育功能。一方面，应当尽快根据国家政策调整公共图书馆的服务方式。线下服务难以开展，应当尽快拓展线上服务业务，让读者足不出户就能够通过网络享受公共图书馆的服务。另一方面，应当承担起疫情相关知识普及的重任，面对新冠肺炎疫情，群众的惶恐情绪十分严重，公共图书馆应当秉持社会教育性和公益性的服务理念，向人民群众传达正确的疫情知识、相关政策，及时澄清疫情相关谣言。

2 应急服务制度

公共图书馆作为人群聚集地，对于新冠肺炎疫情防控的反应和处理十分重要，疫情背景下公共图书馆服务制度的缺陷也被暴露出来。部分公共图书馆缺乏应急服务机制和应急机构，员工的应急服务能力较弱，以致在疫情暴发初期公共图书馆的服务发生混乱，给读者带来了不好的阅读体验。许多公共图书馆由于缺乏应急处理经验，也没有相应的应急机制，部分公共图书馆的工作人员对于疫情的暴发没有及时做出防控反应，体现出治理能力和应急能力的短板，出现了许多服务不当、信息不畅、手段单一的问题。不但没有将公共图书馆在疫情背景下的作用发挥出来，反而甚至可能起到了相反的作用。公共图书馆没有及时采取应急措施，在疫情防控中缺乏章法规则、手忙脚乱，使应急服务没有达到良好的效果。没有应急服务机构进行指挥，使公共图书馆的应急服务缺乏专业指导意见且没有统一的有效措施，应急预案往往流于形式，在疫情暴发后没有发挥应有的作用。

首先，公共图书馆应当成立危机防控中心，主要负责公共图书馆应急服务的统一调度，以及疫情相关物资如口罩、酒精、劳保用品的购买、储存和发放。一方面，要做好公共图书馆自身的疫情防控工作；另一方面，要在确保安全的基础上，对疫情期间的图书馆服务进行统一指导、细节规划、任务分配、部门协调等。其次，公共图书馆要建立健全疫情应急处理制度，无规矩不成方圆，只有明确的规章制度才能够确保疫情防控工作有条不紊地进行。明确各部门在疫情服务中的职责，各项工作应当如何不受影响、持续推进，确保读者能够享受到优质的服务。另外，还要提前做好应急预案，尽量避免手忙脚乱的情况发生。最后，对于公共图书馆内部的服务人员应当定期进行培训，提升工作人员的专业水平和应急能力，从而能够在疫情下更好地配合公共图书馆各项工作的推进，提升公共图书馆服务的质量。类似于此次新冠肺炎疫情的突发危机的事件难保以后不会再次发生，公共图书馆应当按照事件的严重程度将其分为不同等级，每一个等级分别规划相应的应急预案，从而确保公共图书馆的应急服务能够既细致又迅速，以在危机暴发时快速部署、及时应对。

3 应急服务方式

新冠肺炎疫情发生后,公共图书馆亟须迅速调整服务方式,发挥在疫情背景下公共图书馆的公共服务、公共教育职能。公共图书馆的服务可以从以下几个方面开展:

第一,迅速打开线上服务模式,打造线上服务平台。网络科技的发达一定程度上便利了公共图书馆线上业务的开展,公共图书馆可以通过微信公众号、微博、微信小程序等软件或功能开展线上服务,向读者介绍线上业务的运营时间、功能和使用方式,减少由于新冠肺炎疫情防控工作导致的读者无法到馆借阅图书带来的不便。同时,公共图书馆可以开通线上服务热线、公共邮箱,读者有意见、建议或者需求都可以通过电话或邮件的方式联系到公共图书馆的服务人员,解决读者的问题,完善公共图书馆的线上服务。

第二,公共图书馆要及时更新数字资源数据库。随着数字时代的到来,增加线上数字资源数据库的操作已经屡见不鲜,数字资源相对于纸质图书来说能够储存的信息资料种类更加丰富,且占用的空间较小,便于读者查询、复制、利用。公共图书馆拓展线上数字资源数据库,让读者能够足不出户就获取到自己想要的信息资料,很大程度上解决了读者难以到馆借阅、资料查询困难的问题。但是由于数字资源具有易更改、受网络风险影响较大等特性,需要公共图书馆的服务人员定期予以管理和维护,以做好数字资源的长期保存和利用。

第三,公共图书馆可以开展丰富的线上活动。疫情背景下,很多群众由于无法外出生活缺乏调味剂,休闲活动较为单一和枯燥,而图书馆可以开展线上活动,丰富读者的生活,营造阅读学习氛围,同时可以普及多类型的知识和常识。最简单的就是开展公益讲座或者线上课程。公益讲座可以挑选读者们感兴趣的主题定期开展,线上课程可以以社会热点话题为系列主题,开展多个系列的课程。读者可以根据个人的需求和兴趣进行挑选,通过网络免费观看,在家也能学习知识和技巧,充分发挥了公共图书馆公共教育的职能。另外,还可以开展阅读马拉松活动、网上博物展览、线上读书会、阅读接龙、知识竞赛等活动,给读者的阅读增添趣味性;同时为志趣相投的读者提供平台相互交流,丰富公共图书馆服务的方式。

第四,公共图书馆要建立与疫情相关的专题教育。疫情专题教育主要包含两个服务工作要点:一是要及时报道疫情的发展态势以及相关科研进展和成果,汇集疫情相关要闻信息,普及疫情防控知识,对疫情相关的谣言及时予以辟谣和科普。公共图书馆通过线上疫情信息科普,缓解群众对疫情的惶恐心理,让公众能够掌握疫情的实时动态,采取科学、正确的手段防控疫情。二是要及时推介党和政府的通知、方针和政策,让群众能够及时了解疫情防控的官方消息,同时要注重对抗击疫情先进事迹的宣传,以榜样的力量感化群众积极配合疫情防控工作,让民众意识到疫情的严重性和疫情防控的重要性。与此同时，这些与疫情相关的信息资料，公共图书馆可以通过技术手段进行整理和分析，对形成的抗击疫情的资料进行留存，充分发挥公共图书馆文化传承的功能，将此次疫情下众志成城的疫情阻击战以文字的形式保存。

4　应急服务效能

疫情背景下，公共图书馆的服务与传统服务存在很大差距，加之公共卫生事件下服务经验的匮乏，专业人才、相关技术的缺乏，一定程度上影响了公共图书馆服务的效能，使公共图书馆难以发挥应有的效用。公共图书馆服务效能的提升是基于优秀的服务理念，通过建立健全的服务制度，不断创新发展服务方式，最终达到提升服务效能的效果。但除此之外，公共图书馆为了能够提供高效、有益的优质服务还需要做出很多努力。

首先，公共图书馆要做到数字化、智能化、网络化。在数字时代，数字资源的利用逐渐普遍，读者更需要能够便捷地获取到信息资源，传统的线下服务模式已经难以满足读者需求和时代发展，尤其是在疫情背景下，利用科学技术促进公共图书馆服务数字化、智能化、网络化是必不可少的。但是与此同时也不能忽略了传统的纸质资源建设，公共图书馆应当在两者间寻求一个平衡，从而真正地发挥图书馆的效用。

其次，公共图书馆服务要增强个性化。个性化服务能够为读者提供更好的体验，建立读者数据库对读者的阅读喜好和需求进行收集、整理和分析，并据此向读者推荐图书馆资源，使图书馆的服务更加合适、有效。疫情背景下读者无法到馆挑选所需的书籍资源，个性化服务可以给读者更多优质的选择。另外，公共图书馆还可以辅以外送业务将读者所需书籍邮寄到家。

最后，公共图书馆自身要加强管理，无论是自身的疫情防控，还是疫情期间服务的提供都离不开严格、有序的管理。线上服务需要统一管理和维护，数字资源的保存和管理也需要倾注大量的心血，但是只有做好管理工作，各项服务才能够按部就班地开展。

参考文献

［1］　杜希林，刘芳. 基于重大公共安全突发事件视域的图书馆线上空间服务研究[J]. 图书馆学刊，2020（3）.

［2］　高峰. 基于疫情环境下图书馆应急服务的冷思考[J]. 图书馆学刊，2020.

［3］ 张盼. 基于新冠肺炎疫情背景下的公共图书馆服务效能再思考[J]. 晋图学刊，2020（4）.

［4］ 李蔚蔚. 新冠肺炎疫情期间公共图书馆的网络服务研究[J]. 科教文汇（上旬刊），2020（6）.

［5］ 张军，李波. 新冠肺炎疫情下公共图书馆读者服务的思考[N]. 新华书目报，2020-03-20.

［6］ 魏永丽，韦汉淬. 图书馆突发公共卫生事件应急机制现状分析[J]. 四川图书馆学报，2014（3）.